쏭쌤 & 별별샘의

유튜브로 끝내는 미술놀이 50

유튜브 미술 콘텐츠 놀이와 만나다
쏭쌤 & 별별쌤의 유튜브로 끝내는 미술놀이 50

제1판 제1쇄 인쇄 2020년 03월 12일
제1판 제1쇄 발행 2020년 03월 23일

지은이 송성근, 양세진 **발행인** 조헌성 **발행처** (주)미래와경영
ISBN 978-89-6287-210-1 03370 **값 18,000원**
출판등록 2000년 03월 24일 제25100-2006-000040호
주소 (08590) 서울특별시 금천구 가산디지털1로 84, 에이스하이엔드타워 8차 1106호
전화번호 02) 837-1107 **팩스번호** 02) 837-1108
홈페이지 www.fmbook.com **이메일** fmbook@naver.com

■ 좋은 책은 독자와 함께합니다.
책을 펴내고 싶은 소중한 경험이나 지식, 아이디어를 이메일 fmbook@naver.com로 보내주세요.
(주)미래와경영은 언제나 여러분께 열려 있습니다.

유튜브 미술 콘텐츠 놀이와 만나다

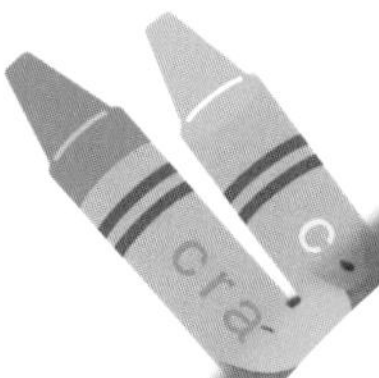

쏭쌤 & 별별샘의

유튜브로 끝내는 미술놀이 50

송성근, 양세진 지음

미래와경영

Prologue

by 쏭쌤

미술은 지도하기 어려운 교과이다. 교사로서 매 수업마다 다양한 활동거리를 연구해야 하며 활동에 따른 준비물도 사전에 준비해야 한다. 수업 중 학생들이 쉽게 따라 할 수 있게 지속적인 교사의 안내와 지도도 필요하다. 또한, 미술 기능에 약한 교사일수록 학생을 지도하며 겪는 어려움은 크다. 이런 어려움을 해결하고자 '미술교과를 보다 손쉽고 재미있게 지도할 수 있는 방법은 없을까?'라는 고민을 통해 만든 미술 콘텐츠를 모아 책으로 출간하게 되었다.

어릴 때부터 미술에 대한 경험은 매우 중요하다. 나는 어릴 적 학교에서 하는 미술활동보다 집에서 편하게 놀며 하는 미술활동이 훨씬 재미있었다. 달력 접어 탱크 만들기, 연 만들어 놀기, 찰흙놀이, 색종이 접어 놀기 등 형제 또는 또래 친구들과 뭔가를 만들고 꾸미며 노는 것은 언제나 즐거웠다. 그런 경험을 떠올리며 『미술놀이』라는 단어를 생각했다. '미술을 좀 더 쉽고 편한 마음으로 노는 것과 같이 배우고 경험하면 어떨까?' 미술을 경험하는 입장에서 미술에 쉽고 재미있게 접근한다면 미술에 대한 긍정적인 생각이 쌓여 미술에 대한 거부감과 부담감은 줄어들 것이다.

유아 및 초등학생들이 부담감 없이 언제든 몰입할 수 있게 본 책에서 제공한 미술놀이 콘텐츠는 다음과 같은 장점이 있다.

1. 재미있다

미술에 대한 거부감 없이 언제든 쉽고 재미있게 활동할 수 있다.

2. 준비가 간단하다

주변에서 쉽게 구할 수 있는 용품을 활용해 준비물 준비에 대한 부담감을 줄였다.

3. 시기에 맞다

'다음 주면 ㅇㅇ날인데 뭐하지?'의 고민을 해결해 줄 수 있는 시기별 맞춤 미술활동을 제시하였다.

4. 미술에서 시작해 다양한 활동으로 끝난다
그림을 그리고 색칠하는 단순한 표현 활동뿐만 아니라 친구들과 즐겁게 공유하고 체험할 수 있다.

5. 활동이 다양하다
색종이 접기, 그리기, 만들기, 꾸미기 등의 다양한 미술활동을 체험할 수 있다.

6. 도안이 제공된다
제공된 도안을 활용하다 보면 보다 쉬우면서 결과물은 멋진 작품으로 완성되어 활동에 성취감을 느낄 수 있다.

7. 자신의 개성을 더할 수 있다
제시한 활동 과정에서 개인의 창의적 미적 활동(그리기, 꾸미기, 만들기 등)을 자신이 개성에 따라 재량껏 더할 수 있는 기회를 제공한다.

8. 활동영상이 제공된다
모든 활동에 영상 콘텐츠(QR코드)가 제시되어 보다 쉽게 활동 방법을 익힐 수 있고 다양한 활용 방법을 이해할 수 있다.

9. 초등 학급경영에 도움이 된다
활동을 통해 만들어진 작품으로 시기에 어울리는 환경구성뿐만 아니라 활동을 하며 자연스럽게 친구와 더욱 친해지고 친구를 알아가는 시간을 가질 수 있다.

미술활동의 다양한 재미를 느낄 수 있게 본 책은 총 4가지 파트로 구성하였다.

PART 01. 색종이 놀이
수많은 색종이 접기 중에서 학생들이 직접 가지고 놀 수 있는 색종이 장난감 만들기 활동을 모았다. 다양한 놀잇감을 직접 만들어 노는 학생일수록 창의력과 문제해결력은 증진된다. 색종이를 접고 만드는 재미뿐만 아니라 가지고 노는 방법도 상세하게 안내되어 만들고 노는 즐거움을 느껴 보기 바란다.

PART 02. 특별한 날 미술놀이
특별한 날을 기념하여 미술활동을 하는 경우가 많다. 특별한 날을 더욱 특별하게 만들어 줄 시기별 맞춤미술활동을 제시하였다. '다음 주면 ○○날인데 뭐하지?'의 고민을 한방에 해결해 줄 세련된 활동을 모았다. 시기에 따라 의미가 풍부하면서도 계기교육으로도 좋은 미술활동을 해보기 바란다.

PART 03. 계절별 환경구성

교실 게시판을 어떻게 꾸밀지에 대한 고민을 많이 한다. 계절에 따라 학급 환경구성을 할 수 있는 학생 작품 활동을 제시하였다. 방법은 간단하면서도 계절의 분위기와 느낌이 물씬 날 수 있는 미술활동을 통해 환경구성에 대한 부담감이 줄어들길 바란다.

PART 04. 3D PAPER 시리즈

유아 및 초등학생들에게 미술활동을 통해 즐거운 성취감을 주기 위해서는 과정도 중요하지만 결과물도 중요하다. 모든 활동에서 제공된 기본 도안을 바탕으로 자신의 개성을 살려 그리고 꾸미며 만드는 과정을 거친다면 누구나 멋진 작품을 만들 수 있다. 단순한 컬러링이 아닌 입체적인 결과물이 나와 환경구성에도 좋다. 3D PAPER 활동을 통해 시기에 따라 의미 있고 재미있는 활동을 해보기 바란다.

교실놀이, 놀이체육, 학급경영놀이 등 다년간의 놀이 콘텐츠 개발 경험을 통해 나온 놀이감각으로 미술 콘텐츠를 제작하였다. 대부분의 활동은 인디스쿨, 유튜브, 쏭쌤 네이버 밴드 등의 커뮤니티에서 긍정적인 평가를 받아 이미 검증된 자료이다. 미술활동을 지도하는 입장에서의 고민거리는 해결하고 활동하는 입장에서도 보다 신선하고 재미있는 활동거리를 제공하고자 하였다. 본 책은 초등학교뿐만 아니라 유·초등 자녀를 둔 학부모님의 미술교육에도 도움이 될 것이라 생각한다.

책 공동 출간에 선뜻 함께 해주신 별별샘에게 감사드린다. 종이접기, 유아 미술 & 초등 미술 분야에 전문가이신 별별샘과의 공동작업이 없었다면 책 출간까지 이뤄지지 못했을 것이다. 항상 긍정적인 마인드로 함께 고민하고 작업을 해준 별별샘이 계셔서 미술 콘텐츠 개발에 큰 힘이 되었다. 별별샘의 독창적이면서도 대중적인 미술 콘텐츠는 어렵기만 한 미술을 모두가 즐길 수 있는 미술로 한 단계 발전시켰다.
미술 콘텐츠 제작을 하는 데 있어 큰 도움을 받은 분은 나의 평생 반려자 김주영 선생님이다. 도안 제작, 작품 제작 영상 촬영 등의 도움이 없었더라면 미술 콘텐츠 제작을 시도조차 못했을 것이다. 또한, 김주영 선생님은 종이접기 자격증을 소지할 정도로 종이접기를 좋아한다. 평상시 종이 접기를 하는 김주영 선생님을 보며 '종이접기를 왜 하는 거지?'라고 의구심을 품었던 나에게 종이접기의 좋은 점과 즐거움을 자연스럽게 알려주었다.
미술 콘텐츠 제작은 나에게 큰 도전이었다. 도전 상황에 직면하면서 콘텐츠 하나하나 디자인하고 촬영하고 편집하면서 '미술활동을 지도하는 입장과 경험하는 입장에서 미술활동 자체로 모두 행복하고 즐거웠으면 좋겠다.'라고 생각했다. 나의 고향과 같은 『쏭쌤의 놀이를 적용한 주간 체육수업』(네이버 밴드)의 회원님과 『쏭쌤TV』(유튜브)의 구독자 분들께 감사드리며, 앞으로도 "교사와 학생 모두 행복한 다양한 콘텐츠 제작"이라는 초심을 잃지 않고 열심히 나아가겠다.

- 쏭쌤, 송성근

Prologue

by 별별샘

미술을 통해 아이들에게 더 많은 경험을 하게 해줄 수는 없을까?
미술에 자신감이 없는 아이들도 좋은 결과물을 만들어 낼 수 없을까?

초등학교 선생님이 되면서 끊임없이 던져왔던 질문이다. 어릴 때부터 무언가를 만지고 꾸미는 것을 좋아했기에 언제나 미술교과에 대한 욕심이 있었고, 미술교과를 통해 아이들에게 좀 더 재밌는 수업과 다양한 활동을 만나게 하고 싶었다. 그런 고민을 하며 한 해에 하나둘씩 미술 콘텐츠를 만들었고, 내가 맡은 아이들에게 적용해 가며 그 자료들을 모아가기 시작했다.
그리고 두 아이의 엄마가 되면서 다시 한 번 새로운 고민이 시작되었다. 이제 학교의 아이들이 아닌 나의 두 아이를 위해 어떤 것을 해주면 좋을지 하는 새로운 고민이 시작된 것이다. 아이와 긴 시간을 함께하는 주말. 매번 나갈 수만은 없고 특별한 목적 없이 집에서 하루 종일 있자면 그보다 곤혹스러울 때가 없었다. 영상매체만 보여주자니 양심에 가책이 느껴지고, 그렇다고 하루 종일 아이와 놀아준다고 씨름하다 보면 녹초가 되어 주말이 괴롭게 느껴졌다. 주말 시간을 즐겁게 보낼 수 있는 방법을 생각하다가 학교에서 하던 미술놀이들을 내 아이에게 적용하기 시작했다. 처음은 어려웠다. 미술하면 물감이 있어야 할 것만 같아 어린 아이들과 물감을 가지고 미술놀이를 하자면 여간 귀찮고 부담스러운 것이 아니었다. 그래서 내 아이의 눈높이에서 집에서도 좀 더 쉽게 할 수 있는 미술놀이를 고민하게 되었다.

그렇게 내가 학교에서, 그리고 가정에서 아이들과 함께하는 미술을 놀이와 같이 즐거움으로 받아들이게 하기 위해 고민하며 만들어낸 결과물이 바로 이 책이다. 내가 그런 고민을 해 왔던 것처럼 많은 선생님과 부모님도 같은 고민을 할 것이라 생각한다. 그리고 이 책은 그러한 고민을 함께 해결할 수 있는 통로가 될 것이다.

요즘 아이들은 유튜브라는 플랫폼에 완전히 젖어 있으며, 텍스트 세대가 아닌 영상세대로 탈바꿈하고 있다. 불과 몇 년 사이에 엄청난 변화가 온 것이다.

그렇다면, 우리 아이들에게 좀 더 친숙하고 쉽게 다가가기 위한 방법은 무엇일까?
무조건 영상은 나쁘다고 보지 말라고 하는 것이 답일까?
아이들에게 친숙한 영상을 활용해 더 많은 것을 전달할 수 있지 않을까?

그러한 생각 끝에 그동안 쌓아왔던 미술자료들을 영상으로 제작하기 시작했다. 그렇게 시작된 나의 미술놀이 영상이 유튜브라는 플랫폼을 통해 세상에 나왔고, 나와 같은 고민을 가지고 있던 많은 선생님, 부모님과 미술놀이를 공유하는 기쁨도 누릴 수 있었다.
이제 또 한 번 영상과 책을 접목하여 더 많은 선생님, 부모님, 우리의 아이들에게 미술놀이를 접하게 하고자 한다.

이 책의 가장 큰 특징은 모든 미술놀이 자료에 영상이 함께 제공된다는 것이다. 영상을 통한 미술놀이에는 다음과 같은 장점이 있다.

1. 쉽다

활동 전 영상을 통해 미술놀이 활동의 전체적인 내용을 보기 때문에 이해가 쉽다.

2. 정확하다

말이나 글로 설명하면 받아들이는 사람에 따라 이해를 달리 할 수 있지만, 영상을 통해 활동 모습을 그대로 볼 수 있으므로 미술놀이의 과정을 정확하게 받아들이게 된다.

3. 실제 활동 시간 확보에 유용하다

미술놀이는 대체로 많은 시간이 필요한데, 영상을 보며 설명하는 것이 학생들이 받아들이는 속도가 훨씬 빠르기 때문에 실제 활동하는 시간을 많이 확보할 수 있게 된다.

4. 자신감이 생긴다

영상을 보면, 전체 활동을 쉽게 담아 놓았기 때문에 나도 할 수 있다는 자신감을 가지고 놀이에 임할 수 있게 된다.

5. 스스로 할 수 있다

말로만 하는 것보다 전체적인 과정을 한눈에 볼 수 있으므로 미술놀이 활동의 대부분을 스스로 계획하고 해결할 수 있게 된다.

이러한 영상 콘텐츠의 장점은 이 책을 통해 미술놀이를 한 번만 진행해 본다면 바로 느낄 수 있을 것이다. 책 속의 영상을 잘 활용한다면, 그동안 미술에 대해 많은 고민을 해왔던 선생님들과 학부모님들에게 해결책을 제시해 줄 것이라 생각한다. 또한, 이 책을 통해 우리 아이들이 좀 더 다양한 미술놀이에 대한 경험과 그로 인해 생긴 자신감을 바탕으로 더 큰 발전을 이끌어 낼 수 있을 것이다.

이번 책을 함께 집필하고자 제안해 주었던 쏭쌤, 송성근 선생님께 감사드린다. 쏭쌤의 제안으로 그간 흩어져 있던 나의 자료들을 정리할 수 있었고, 놀이 전문가이신 쏭쌤의 다양한 놀이 아이디어는 나의 미술 콘텐츠를 한 단계 더 발전시켜 주었다. 출판 작업에 막막했던 나에게 늘 조언과 격려를 해주신 덕분에 책 출간을 무사히 마무리할 수 있었기에 다시 한 번 출간 제안을 해주신 쏭쌤에게 깊은 감사를 드린다.
또한, 늘 무모한 도전을 하다 갈 곳을 잃어 방황하는 나를 항상 바른 길로 이끌어 주는 김재희 선생님이 없었다면 출간 작업을 마무리하지 못했을 것이다. 출간 작업을 하는 동안 옆에서 많은 아이디어를 제시해주고 응원해 준 나의 평생 반려자인 김재희 선생님에게도 감사드린다.
내가 운영하고 있는 『별별샘 무지개교실』의 유튜브와와 네이버 블로그 구독자 분들께도 감사드리며, 책 출간에 큰 도움을 준 우리 반 학생들과 촬영에 동의해 주신 학부모님들께도 감사의 마음을 전한다.

이 책을 통해 그동안 쌓아왔던 미술놀이 콘텐츠를 세상에 내놓을 수 있다는 것이 감격스럽다. 앞으로도 끊임없는 고민과 노력으로 더 많은 미술놀이 콘텐츠를 만들어 내어 우리 아이들에게 미술을 통해 세상을 긍정적으로 볼 수 있게 하고 싶다.

- 별별샘, 양세진

CONTENTS

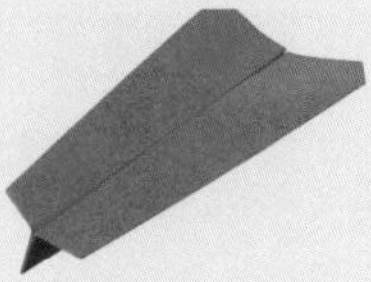

PART 01
색종이 놀이

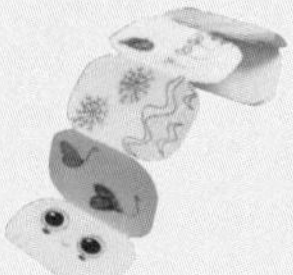

PART 02
특별한 날 미술놀이

PART 03
계절별 환경구성

PART 04 3D PAPER 시리즈

<준비물 사용설명서>

주변에서 쉽게 구할 수 있는 용품을 사용하여 누구나 쉽게 본 책의 자료를 활용할 수 있습니다.

사진	이름	설명
	색종이	색종이는 접거나 오려 붙여 꾸밀 때 사용합니다. 단면, 양면, 무늬 등 다양한 색종이가 있습니다. 그중 양면 색종이를 가장 많이 사용합니다. 다양하게 준비해 놓고 활동에 따라 선택해 사용하기 바랍니다.
	가위	종이나 물체를 자를 때 사용합니다. 유아용 안전 가위가 있으니 연령에 따라 가위를 선택해 사용합니다. 가위를 안전하게 사용하는 법을 익혀 사용하기 바랍니다.
	커터칼	커터칼은 가위로 종이의 가운데를 뚫어야 하거나 가위보다 정교한 자르기가 필요할 때 사용합니다. 손잡이를 눌러 밀어서 칼집에 든 칼날을 필요한 길이만큼 뺀 뒤 사용하며, 날이 무뎌질 경우 일부를 자르거나 칼날을 갈아 끼워 계속 쓸 수 있습니다.
	A4용지	A4용지는 미술활동 때 흔히 사용하는 종이입니다. 복사지(흰색), 칼라용지, 한지 등 종류가 다양합니다. 미술활동 시 흔히 A4용지에 도안을 인쇄해서 사용합니다.
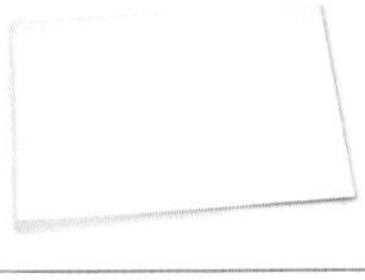	도화지	도화지는 그리고 색칠할 때 사용합니다. 도화지의 종류는 사이즈에 따라 2절, 4절, 8절, 16절, A4 등이 있으며, 흰색을 기본으로 색에 따라 다양한 색도화지가 있습니다.
	OHP필름	OHP필름은 OHP기계의 투명한 필름으로 미술활동 시 투명하게 그림을 그리거나 색칠할 수 있는 용품입니다. 도안을 대고 그리거나 도안을 인쇄하여 사용할 수 있습니다.

	풀	풀은 물체와 물체를 붙일 때 사용합니다. 흔히 종이를 붙일 때는 물풀이나 딱풀을, 종이 외의 것을 붙일 때는 목공풀을 사용합니다.
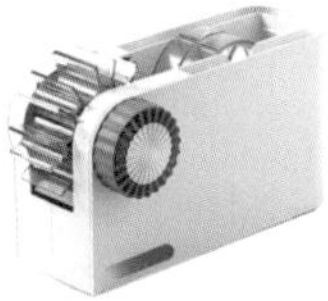	스카치테이프	스카치테이프는 물체를 붙일 때 사용합니다. 스카치테이프는 사이즈에 따라 12/16/24/48mm 등이 있으며, 커터기에 넣고 사용하면 쉽게 잘라 쓸 수 있습니다.
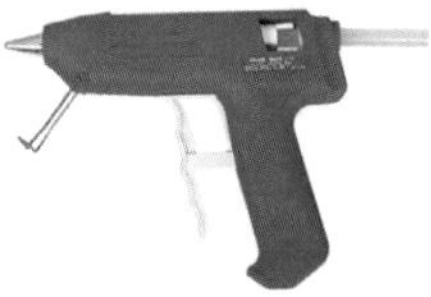	글루건	플라스틱, 나무 등 풀로는 잘 붙지 않는 물체를 접착할 때 사용합니다. 총 모양의 본체가 있으며, 안에 원통 모양의 접착제 심을 끼우고 전기를 활용해 녹여 사용합니다. 뜨겁기 때문에 사용 시 주의가 필요합니다.
	색연필	색연필은 종이에 색을 칠할 때 사용합니다. 색연필의 종류는 돌려 쓰는 색연필, 연필처럼 깎아 쓰는 색연필 등이 있습니다. 12색, 16색, 24색, 36색, 48색, 60색 상품이 있으며, 색이 다양할수록 다양한 채색 활동이 가능합니다.
	사인펜	종이나 물건에 진한 선을 그을 때 사용합니다. 수성과 유성이 있으며, 일반적으로 수성사인펜을 많이 사용합니다. 색상에 따라 다양한 상품이 있으며, 색이 다양할수록 다양한 작품 활동이 가능합니다.
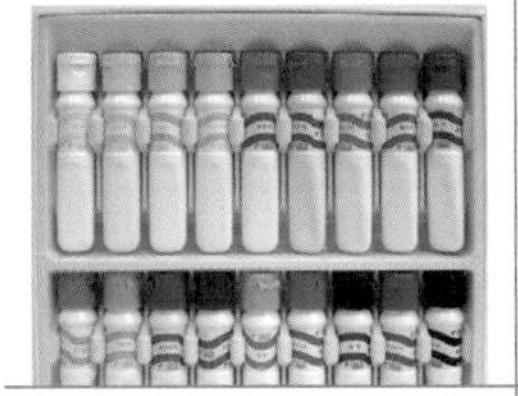	물감	그림을 그리거나 섬유 등을 물들이는 데 사용하는 재료입니다. 물감의 종류로는 수채용 물감, 유화용 물감, 아크릴 물감 등이 있으며, 학교에서 가장 많이 쓰는 물감은 물과 함께 쓰는 수채용 물감입니다.
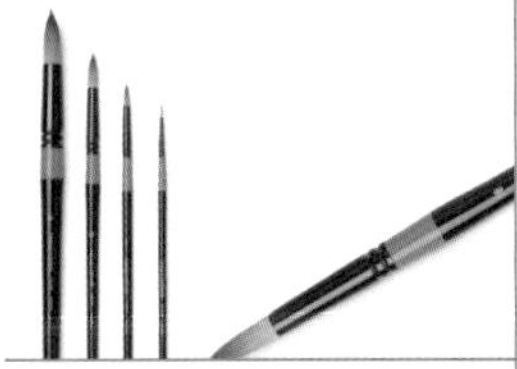	붓	글씨를 쓰거나 그림을 그릴 때 사용합니다. 수채 물감을 사용할 때 쓰는 수채용 붓, 아크릴 물감을 사용할 때 쓰는 아크릴 붓, 서예를 할 때 사용하는 서예 붓 등이 있습니다. 호수에 따라 굵기가 다른데, 숫자가 클수록 두꺼운 붓으로 상황에 맞는 붓을 선택하여 사용합니다.
	파레트	물감을 사용할 때 물감을 짜놓는 도구입니다. 작게 나뉘어진 칸에 각각 다른 색상의 물감을 짜놓고 사용하며, 넓은 곳은 물을 섞어 쓰거나 다른 색상과 혼합할 때 사용합니다.

<책 사용설명서>

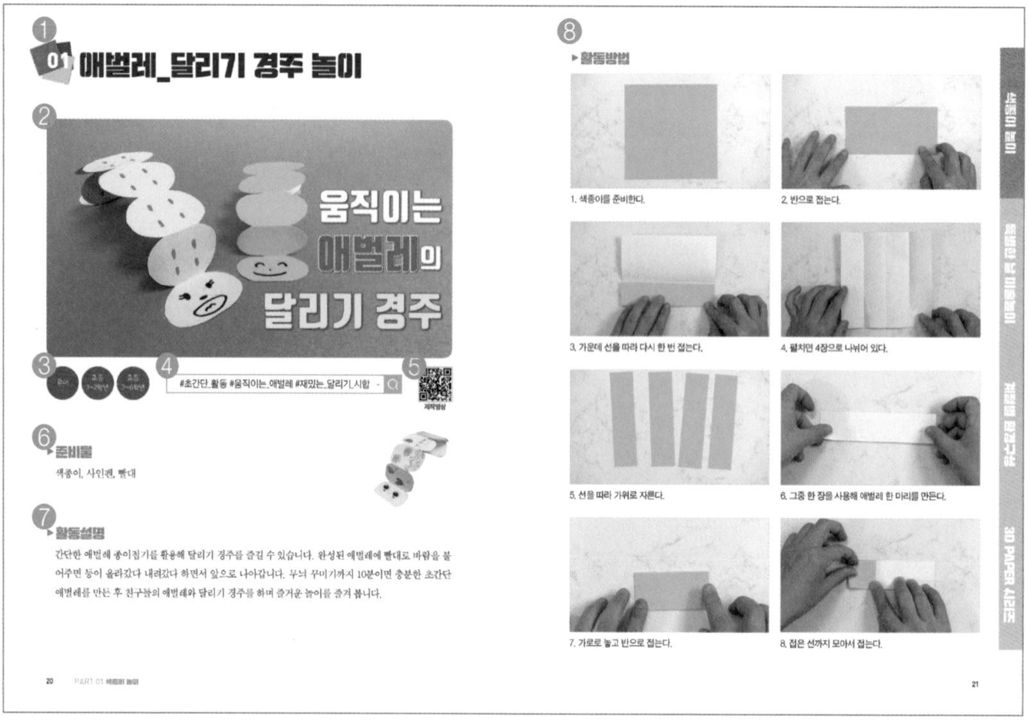

❶ 놀이제목 : 놀이의 제목입니다.

❷ 대표사진(썸네일) : 유튜브 영상에 활용한 썸네일을 대표사진으로 했습니다. 직관적으로 어떤 내용의 활동인지 쉽게 이해할 수 있습니다.

❸ 추천연령 : 본 활동이 어떤 연령에 어울릴지 음영으로 표시했습니다. 저자의 추천일 뿐 활동내용을 보고 개인 능력에 따라 도전해 보기 바랍니다.

❹ 해시태그 : 본 활동을 직감적으로 이해하기 쉽게 활동방법, 느낌 & 생각 등을 해시태그 형식으로 간단하게 제시하였습니다.

❺ 제작영상 : 본 활동을 스마트폰으로 QR코드를 인식시켜 영상으로 확인할 수 있습니다. 활동영상을 따라하면 보다 쉽게 미술활동을 할 수 있습니다.

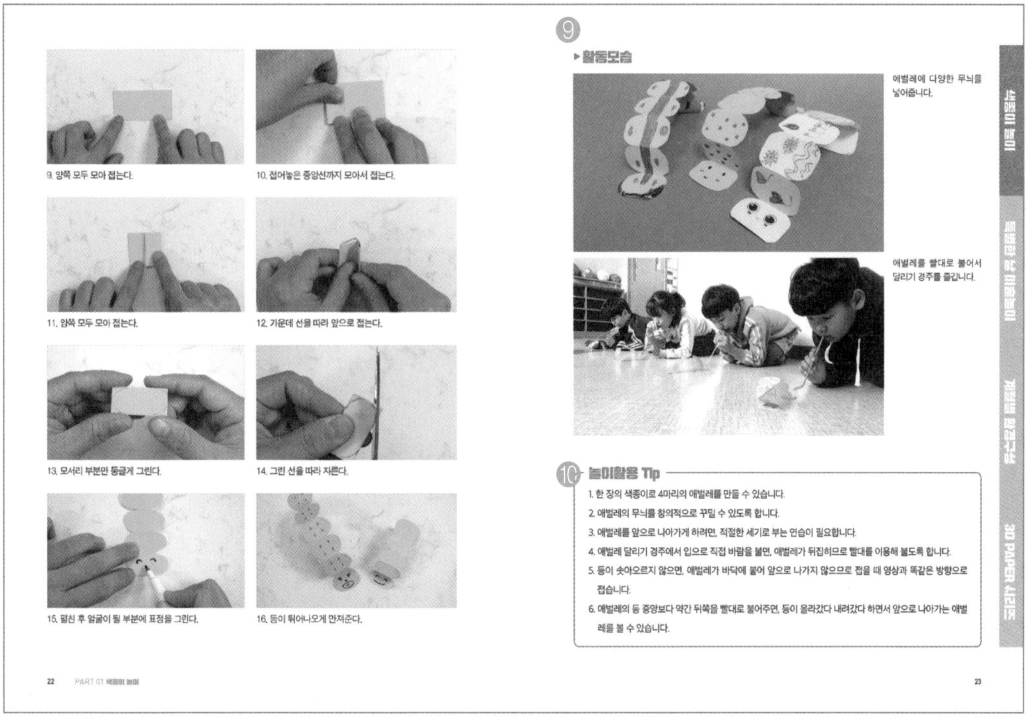
9. 양쪽 모두 모아 접는다.

10. 접어놓은 중앙선까지 모아서 접는다.

11. 양쪽 모두 모아 접는다.

12. 가운데 선을 따라 앞으로 접는다.

13. 모서리 부분만 둥글게 그린다.

14. 그린 선을 따라 자른다.

15. 펼친 후 얼굴이 될 부분에 표정을 그린다.

16. 등이 튀어나오게 만져준다.

22 PART 01 색종이 놀이

⑨

▶활동모습

애벌레에 다양한 무늬를 넣어줍니다.

애벌레를 빨대로 불어서 달리기 경주를 즐깁니다.

⑩ 놀이활용 Tip

1. 한 장의 색종이로 4마리의 애벌레를 만들 수 있습니다.
2. 애벌레의 무늬를 창의적으로 꾸밀 수 있도록 합니다.
3. 애벌레를 앞으로 나아가게 하려면, 적절한 세기로 부는 연습이 필요합니다.
4. 애벌레 달리기 경주에서 입으로 직접 바람을 불면, 애벌레가 뒤집히므로 빨대를 이용해 불도록 합니다.
5. 등이 솟아오르지 않으면, 애벌레가 바닥에 붙어 앞으로 나가지 않으므로 접을 때 영상과 똑같은 방향으로 접습니다.
6. 애벌레의 등 중앙보다 약간 뒤쪽을 빨대로 불어주면, 등이 올라갔다 내려갔다 하면서 앞으로 나아가는 애벌레를 볼 수 있습니다.

색종이 놀이

3D PAPER 시리즈

23

⑥ 준비물 : 본 활동에 필요한 준비물을 제시하였습니다.

⑦ 활동설명 : 본 활동에 대한 전반적인 설명으로 내용과 방법을 쉽게 이해할 수 있습니다.

⑧ 활동방법 : 본 활동에 대한 세부적인 설명으로 16컷의 사진과 활동내용으로 정리하였습니다.

⑨ 활동모습 : 활동을 활용한 모습(학생 작품, 놀이 모습 등)을 제시하였습니다.

⑩ 놀이활용 Tip : 미술놀이 활동을 활용하는 팁과 활동 시 유의사항 및 안전사항을 제시하였습니다.

PART 01

색종이 놀이

(#접는_법_간단 #다양한_활동 #접는_재미+노는_재미)

01 애벌레_달리기 경주 놀이

유아 | 초등 1~2학년 | 초등 3~6학년

#초간단_활동 #움직이는_애벌레 #재밌는_달리기_시합

제작영상

▶ 준비물

색종이, 사인펜, 빨대

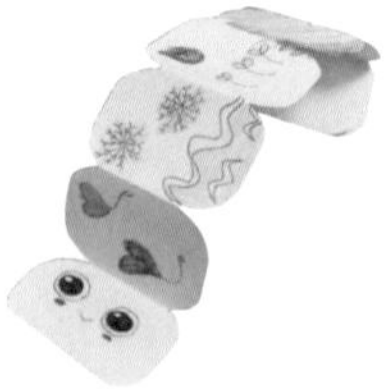

▶ 활동설명

간단한 애벌레 종이접기를 활용해 달리기 경주를 즐길 수 있습니다. 완성된 애벌레에 빨대로 바람을 불어주면 등이 올라갔다 내려갔다 하면서 앞으로 나아갑니다. 무늬 꾸미기까지 10분이면 충분한 초간단 애벌레를 만든 후 친구들의 애벌레와 달리기 경주를 하며 즐거운 놀이를 즐겨 봅니다.

▶ 활동방법

1. 색종이를 준비한다.

2. 반으로 접는다.

3. 가운데 선을 따라 다시 한 번 접는다.

4. 펼치면 4장으로 나뉘어 있다.

5. 선을 따라 가위로 자른다.

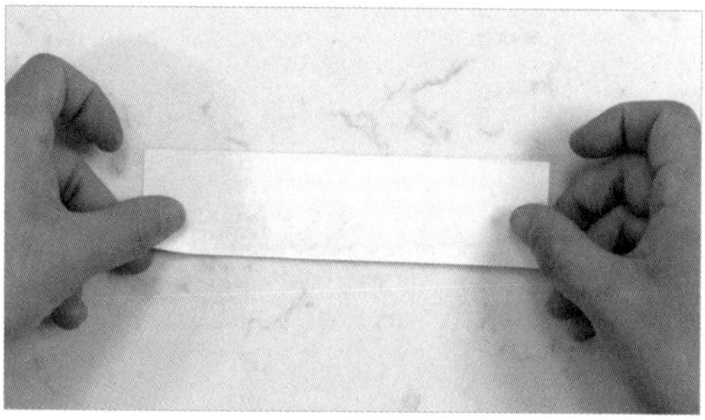

6. 그중 한 장을 사용해 애벌레 한 마리를 만든다.

7. 가로로 놓고 반으로 접는다.

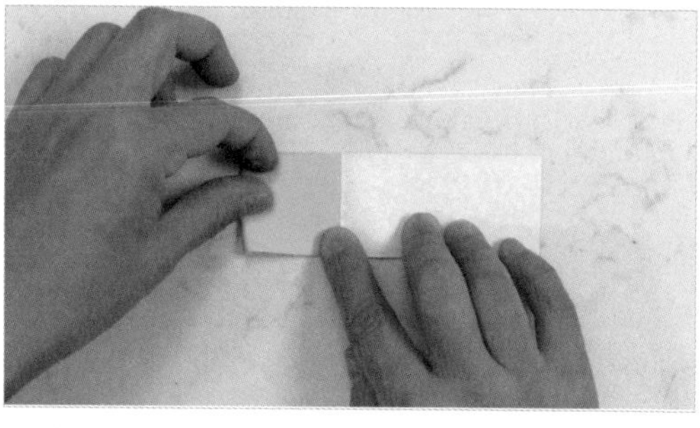

8. 접은 선까지 모아서 접는다.

9. 양쪽 모두 모아 접는다.

10. 접어놓은 중앙선까지 모아서 접는다.

11. 양쪽 모두 모아 접는다.

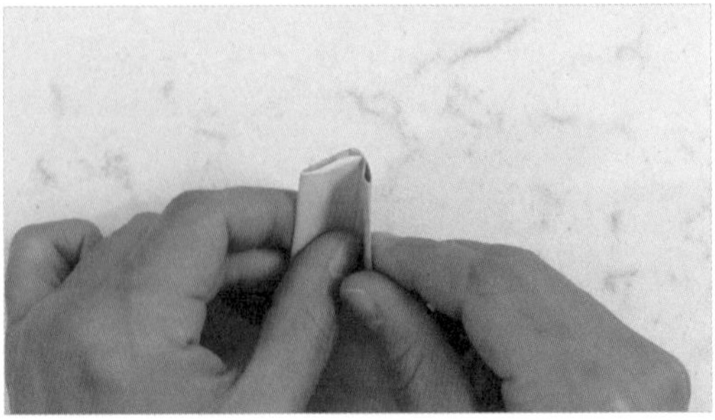

12. 가운데 선을 따라 앞으로 접는다.

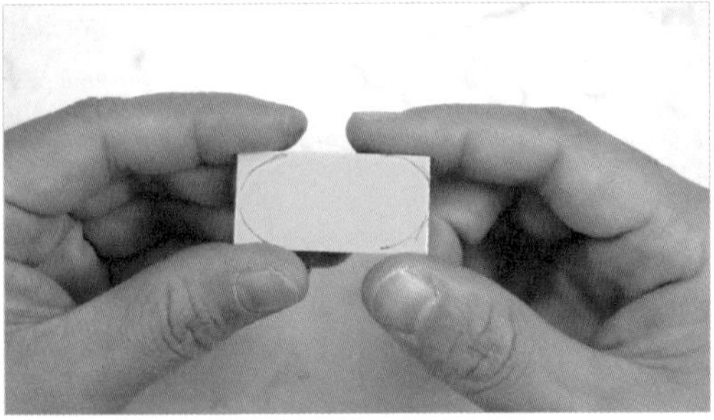

13. 모서리 부분만 둥글게 그린다.

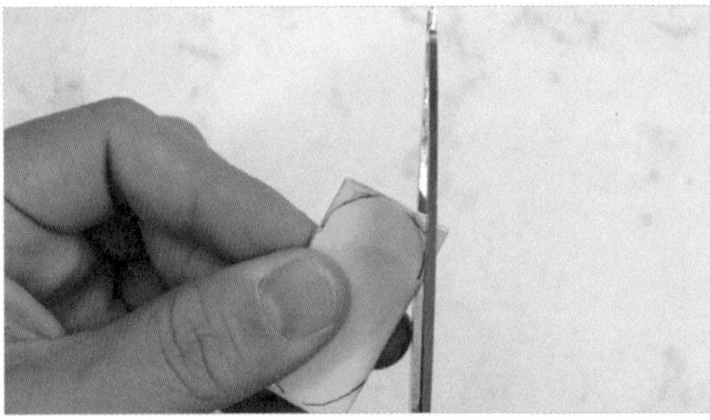

14. 그린 선을 따라 자른다.

15. 펼친 후 얼굴이 될 부분에 표정을 그린다.

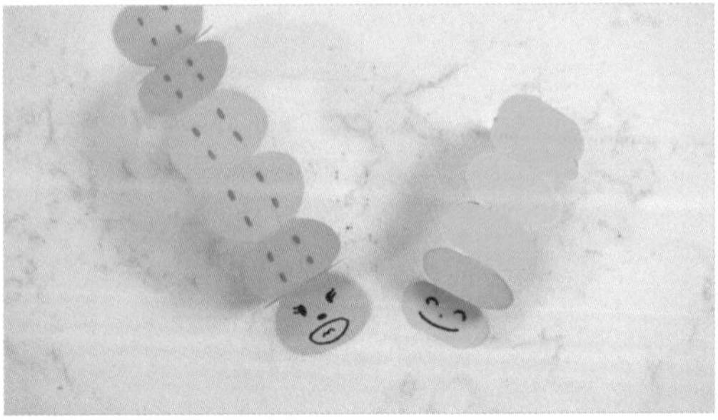

16. 등이 튀어나오게 만져준다.

▶ 활동모습

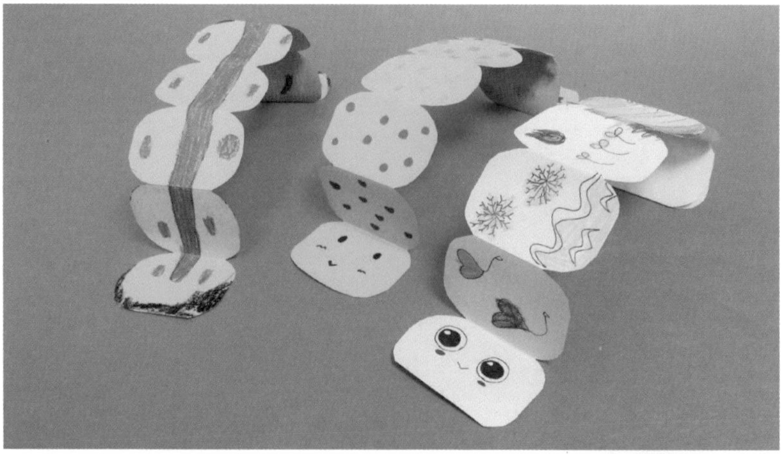

애벌레에 다양한 무늬를 넣어줍니다.

애벌레를 빨대로 불어서 달리기 경주를 즐깁니다.

놀이활용 Tip

1. 한 장의 색종이로 4마리의 애벌레를 만들 수 있습니다.
2. 애벌레의 무늬를 창의적으로 꾸밀 수 있도록 합니다.
3. 애벌레를 앞으로 나아가게 하려면, 적절한 세기로 부는 연습이 필요합니다.
4. 애벌레 달리기 경주에서 입으로 직접 바람을 불면, 애벌레가 뒤집히므로 빨대를 이용해 불도록 합니다.
5. 등이 솟아오르지 않으면, 애벌레가 바닥에 붙어 앞으로 나가지 않으므로 접을 때 영상과 똑같은 방향으로 접습니다.
6. 애벌레의 등 중앙보다 약간 뒤쪽을 빨대로 불어주면, 등이 올라갔다 내려갔다 하면서 앞으로 나아가는 애벌레를 볼 수 있습니다.

02 매직큐브_길이재기 놀이

유아 | 초등 1~2학년 | 초등 3~6학년

#매직큐브 #길이재기 #1m_어림활동 #내_키보다_더_크게

제작영상

▶ 준비물

색종이, 풀

▶ 활동설명

아이들이 좋아하는 매직큐브 종이접기를 활용하여 길이에 대한 양감을 익혀 보는 활동입니다. 매직큐브 한 칸을 접은 후 한 변의 길이를 재어보고, 1m가 되려면 몇 개의 매직큐브를 이어 붙여야 하는지 생각해 볼 수 있습니다. 1m 길이의 매직큐브를 만들면서 종이접기의 즐거움을 느끼고, 소근육을 발달시킬 수 있습니다.

▶ 활동방법

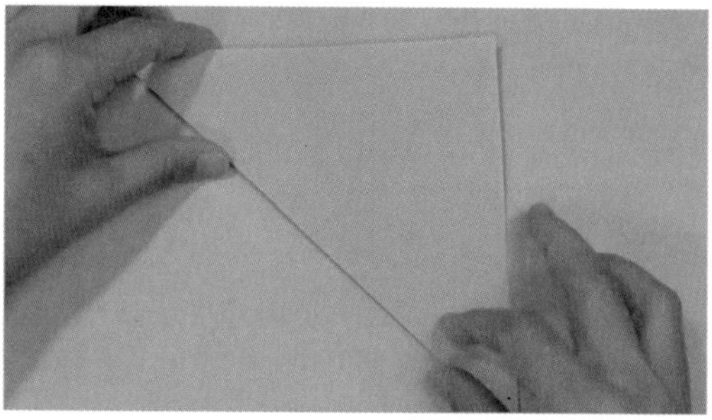

1. 대각선 방향으로 양쪽 모두 반으로 접는다.

2. 펼친 후 마주 보는 두 모서리를 중앙선까지 접는다.

3. 위, 아래의 종이를 다시 중앙선까지 접는다.

4. 한쪽 끝부분이 반대편의 홈까지 닿도록 접어 올린다.

5. 접어 올렸던 종이를 사진과 같이 꺾어 접는다.

6. 반대편도 같은 방법으로 접는다.

7. 먼저 접었던 부분과 맞춰 접어 올린다.

8. 꺾어 내려 접는다.

9. 똑같은 방법으로 2개를 만든다.

10. 한 개를 펼쳐서 다른 한 개를 뒤집은 후 가운데에 놓는다.

11. 다시 원래대로 접는다.

12. 튀어 나온 양쪽을 가운데로 접는다.

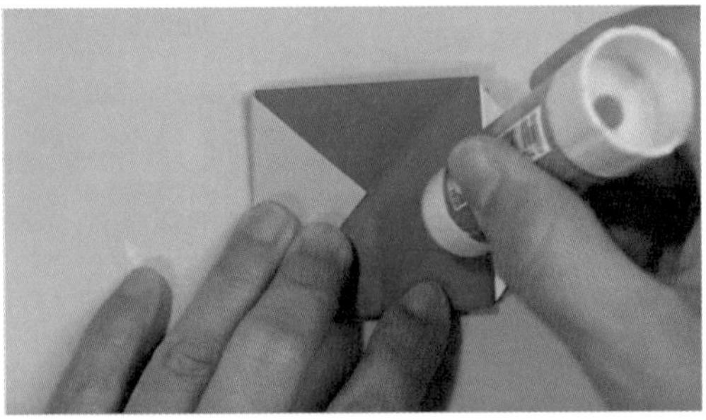

13. 양쪽 모두 풀로 붙여 고정한다.

14. 같은 방법으로 2개의 큐브를 만든다.

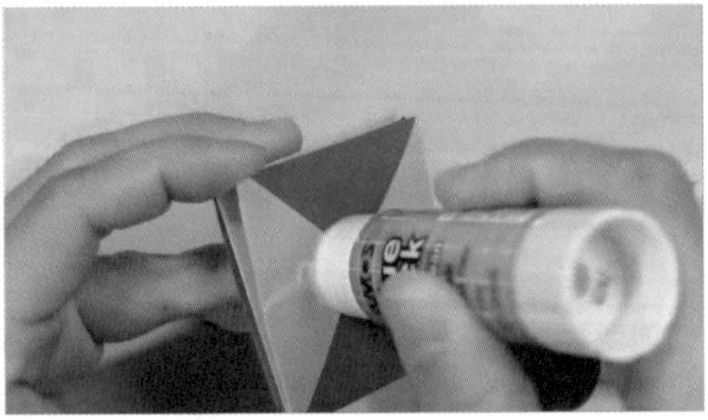

15. 한쪽 큐브에 풀을 칠해 2개의 큐브를 붙인다.

16. 살짝 돌려가면서 펼쳐준다.

▶ 활동모습

1m의 매직큐브로 1m에 대한 양감을 익혀봅니다.

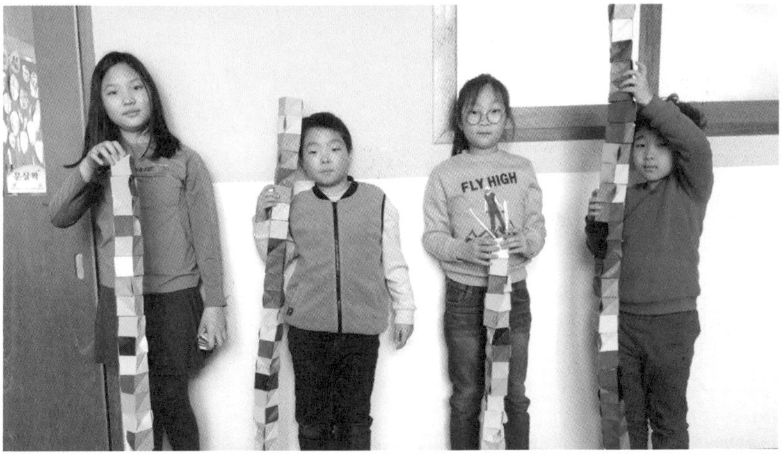

매직큐브를 더 길게 이어 붙이는 활동도 해봅니다.

놀이활용 Tip

1. 매직큐브 한 칸을 만드는 방법을 알려준 후 1m가 되려면 몇 칸의 매직큐브가 필요한지 생각해 보도록 합니다.
2. 1m 길이의 매직큐브 만들기에 도전하여 집중력을 기를 수 있습니다.
3. 1m 길이의 매직큐브를 들고 다니며, 교실에 있는 어떤 물건이 1m 정도의 길이인지 양감을 기릅니다.
4. 매직큐브가 없는 상태에서 1m 길이 찾기 어림활동을 이어갈 수 있습니다.
5. 길이어림에 대한 활동이 끝나면, 매직큐브를 더 길게 만드는 활동을 하면서 더욱 즐거운 수업을 이끌어낼 수 있습니다.

03 비행기_정확하게 날리기 놀이

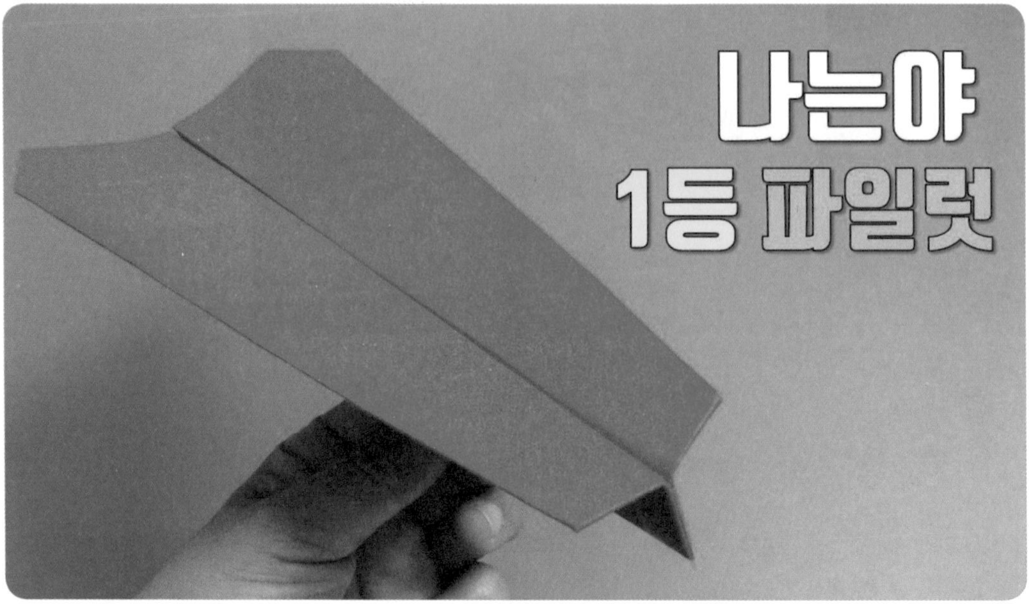

유아 | 초등 1~2학년 | 초등 3~6학년

#비행기_접기 #파일럿_되어보기 #정확하게_날리기

제작영상

▶ 준비물

A4용지

▶ 활동설명

누구나 한번쯤은 접어봤을 종이비행기를 활용한 활동입니다. 일반 종이비행기가 아닌 빠르고 정확하게 날아가는 비행기입니다. 비행기를 접어 목표물까지 안전하게 도달시키는 파일럿 놀이를 즐겨 봅니다. 이 비행기를 활용해 멀리 날리기 활동으로 이어갈 수 있습니다.

▶ 활동방법

1. A4용지를 준비한다.

2. 가로 방향으로 반으로 접는다.

3. 접은 선을 따라 한쪽 모서리를 접는다.

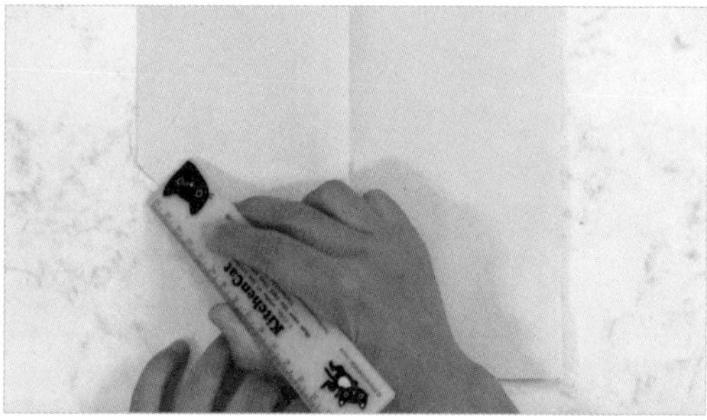

4. 선을 선명하게 접기 위해 자로 문지른다.

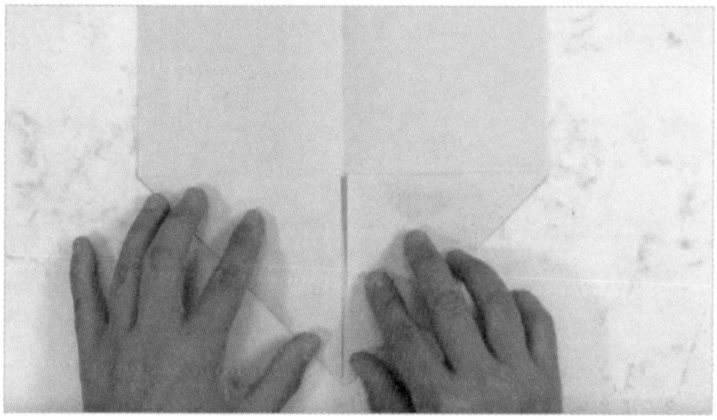

5. 반대쪽도 똑같이 접는다.

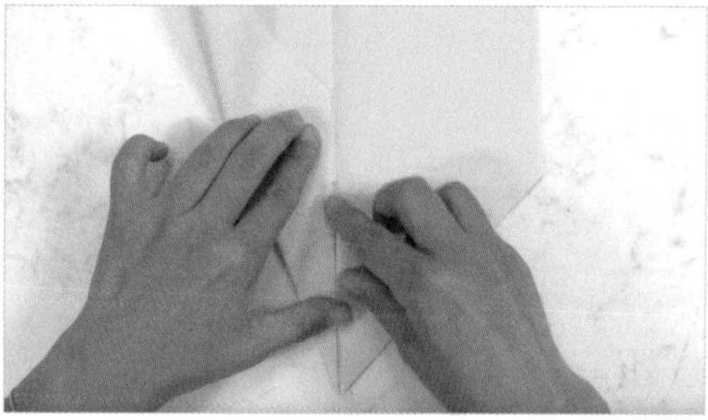

6. 접은 상태에서 다시 한 번 가운데 선을 따라 모아 접는다.

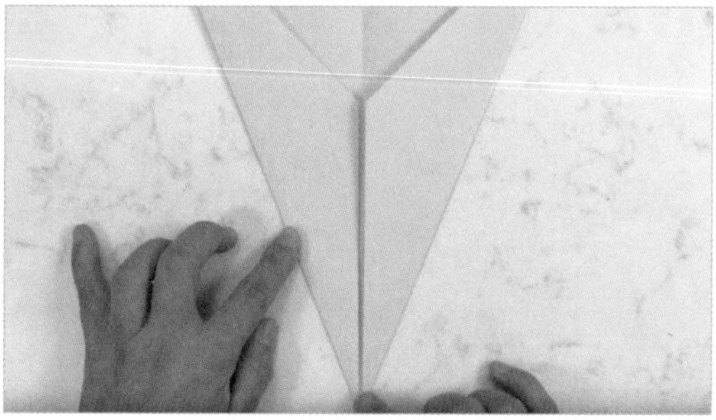

7. 양쪽 모두 같은 방법으로 접는다.

8. 끝 모서리를 위의 홈까지 접어 올린다.

9. 종이를 뒤집는다.

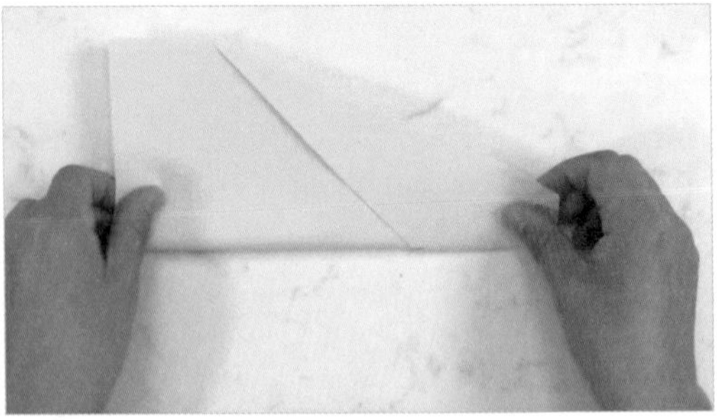

10. 가운데 선을 따라 반으로 접는다.

11. 날개 한쪽을 아래로 내려 접는다.

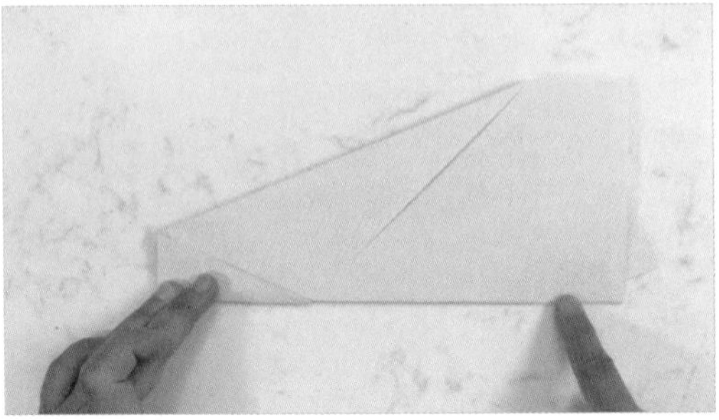

12. 반대로 뒤집는다.

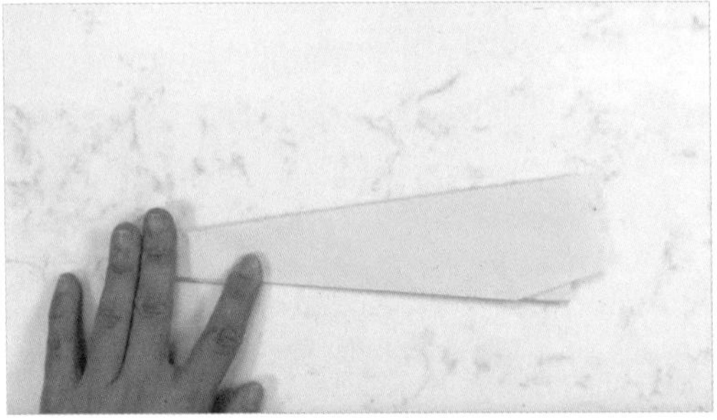

13. 반대편 날개도 똑같은 방법으로 내려 접는다.

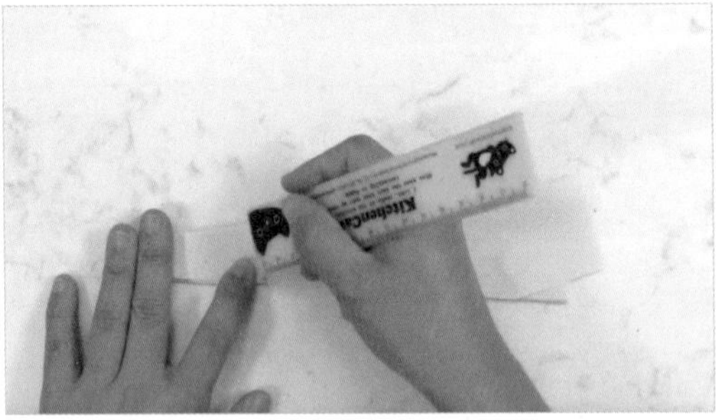

14. 선을 선명하게 접기 위해 자로 문지른다.

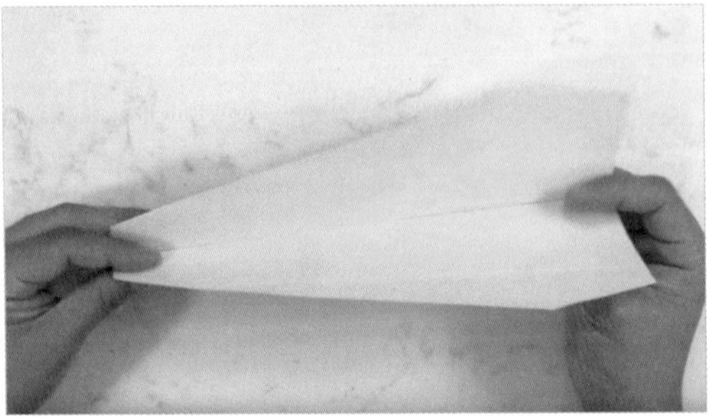

15. 날개를 펼쳐준다.

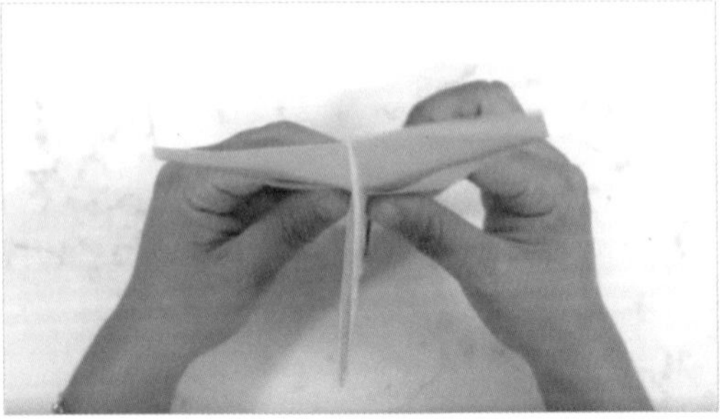

16. 뒤에서 보고 날개의 균형을 맞추어 준다.

▶ 활동모습

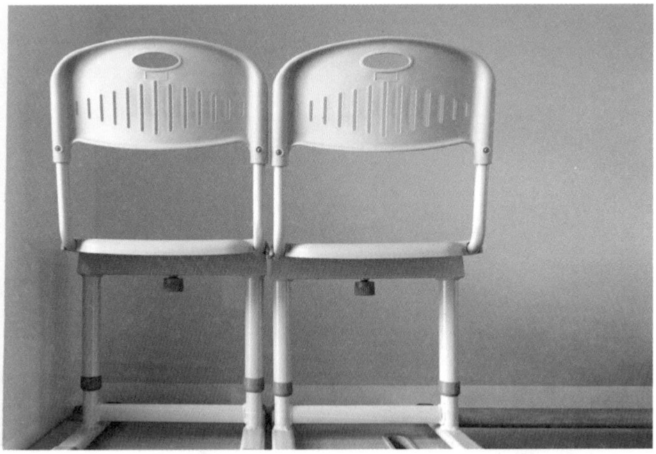

비행기가 도달할 목표물을 설치합니다.

목표물을 향해 비행기를 날리는 놀이를 즐깁니다.

놀이활용 Tip

1. 비행기의 크기를 학생들이 자유롭게 할 수 있도록 종이 크기에 대한 선택의 기회를 줍니다.
2. 비행기를 날릴 때는 친구를 향해 날리는 일이 없도록 지도합니다.
3. 의자를 설치하여 비행기가 의자의 등받이와 받침 사이의 공간을 통과시키는 것이 목표입니다.
   - 다양한 목표물을 대상으로 비행기 날리기 놀이를 해도 좋습니다.
4. 눈높이에 상자를 설치하거나 사물함을 열어 그 안으로 날려도 좋습니다.
5. 목표물 맞히기의 1차 활동이 끝나면, 비행기 멀리 날리기나 오래 날리기 등으로 바꾸어 활동할 수 있습니다.

04 미니카_레이싱 경주 놀이

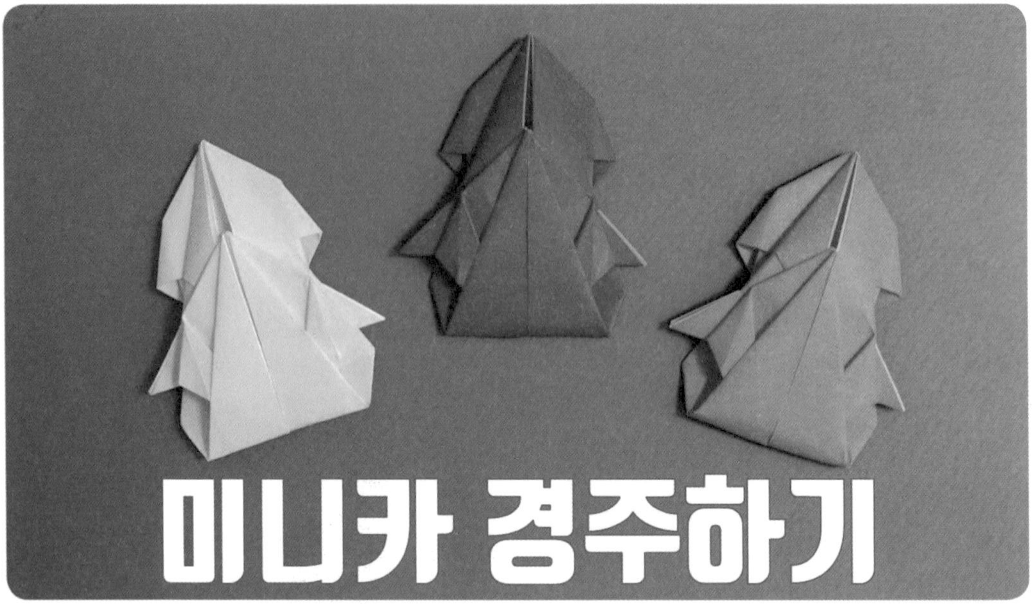

유아 | 초등 1~2학년 | 초등 3~6학년

#미니카_경주 #빨리_달리기 #멀리_보내기 #미니카_컬링게임

제작영상

▶ 준비물

색종이, 자석, 도화지

▶ 활동설명

기본 미니카를 접어 미니카 경주를 즐기는 활동입니다. 미니카의 아랫면에 자석을 붙인 후 경기장 위에서 자석을 끌어 경주를 즐깁니다. 손으로 튕겨서 멀리 보내기 놀이를 하거나 컬링처럼 점수판을 만든 후 그 안으로 튕겨 넣기 놀이로 이어갈 수 있습니다.

▶ 활동방법

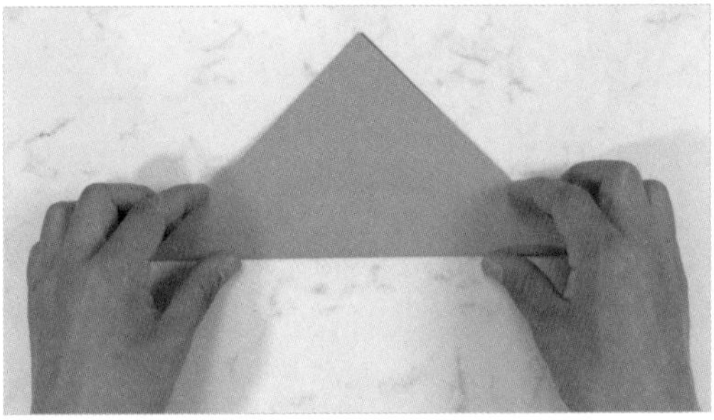

1. 대각선 방향을 따라 반으로 접어 세모 모양을 만든다.

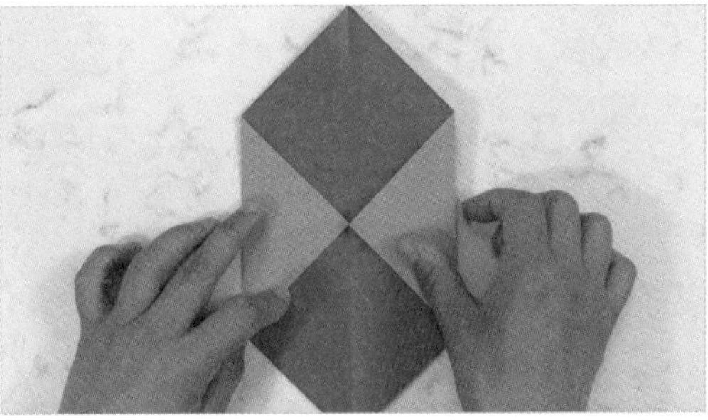

2. 펼친 후 가운데를 향해 양쪽을 모아 접는다.

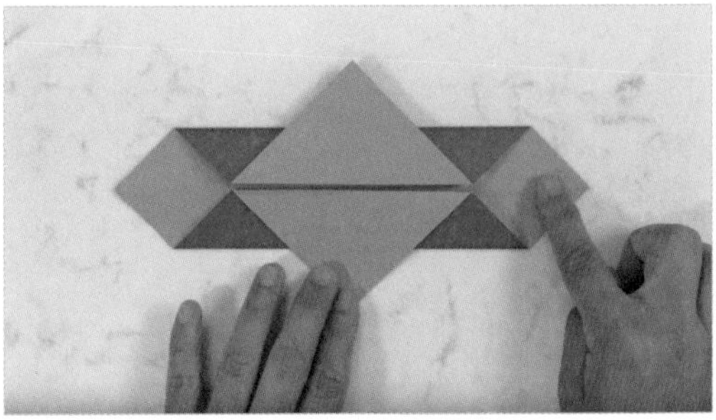

3. 종이를 뒤집은 후 중심선을 향해 위, 아래를 모아 접는다. 이때, 접혀 있던 종이는 빼준다.

4. 양옆을 모아 접는다.

5. 뒤집는다.

6. 양쪽 끝을 사진과 같이 위, 아래로 한 번씩 접는다.

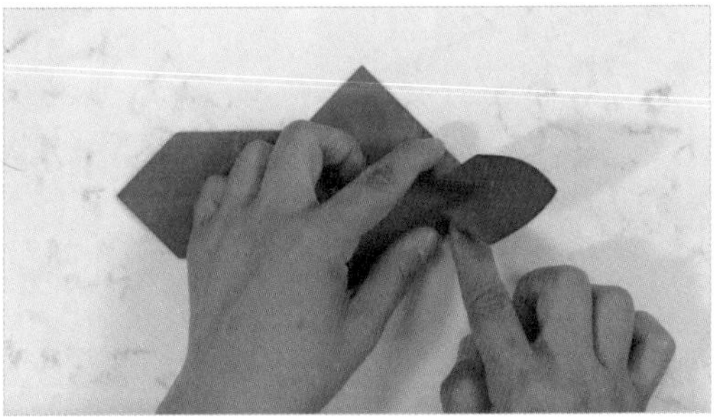

7. 접은 선을 따라 그대로 모으면서 눌러준다.

8. 양쪽 모두 접은 모습

9. 종이를 뒤집는다.

10. 위의 종이를 들어준 후 아랫부분을 중심선까지 반으로 접는다.

11. 끝부분을 사진과 같이 살짝 접은 후 빼낸다.

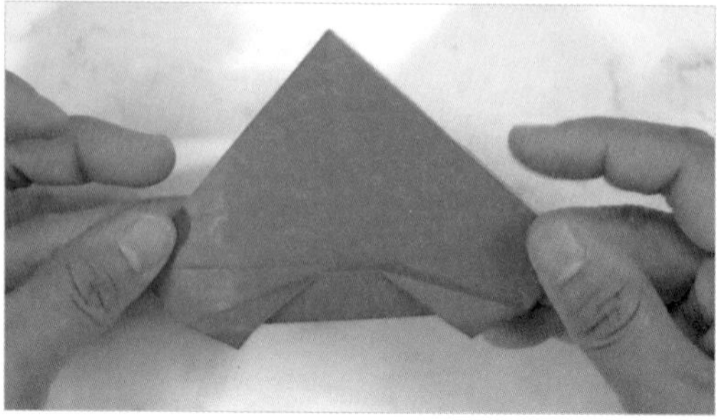

12. 양쪽 모두 같은 방법으로 접는다.

13. 위, 아래 모두 가운데를 향해 모아 접는다.

14. 뒤집은 후 양쪽을 가운데 선에 맞추어 모아 접는다.

15. 아랫부분도 똑같이 모아 접는다.

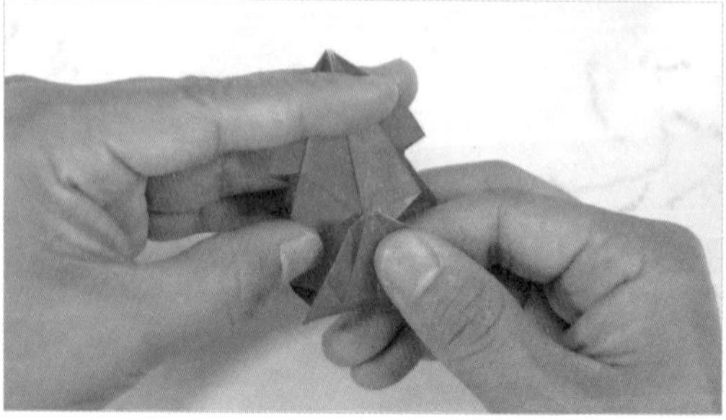

16. 반으로 접어 아랫부분을 위의 홈에 끼운다.

▶ 활동모습

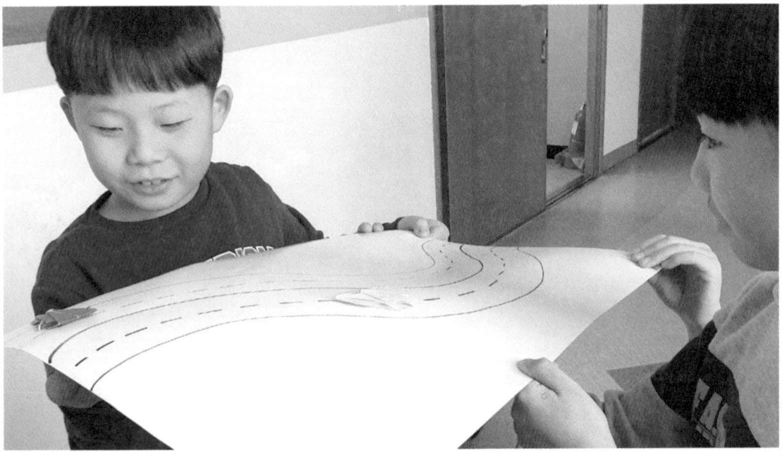

미니카 밑에 자석을 붙이고,
레이싱 경주를 즐깁니다.

손으로 튕겨 멀리 보내기
놀이를 즐깁니다.

놀이활용 Tip

1. 미니카 접는 방법은 아이들이 선택하여 다양한 미니카를 접을 수 있도록 합니다.
2. 4절 도화지에 레이싱 경기장을 그립니다. 수준에 따라서 복잡하게 그려도 좋습니다.
3. 미니카 아랫면에 자석을 붙여 도화지 위에 올리고, 장구자석을 손에 잡고 도화지 밑에서 끌어줍니다.
4. 경기장을 이탈하지 않고 목적지까지 가장 빨리 도달하는 사람이 이깁니다.
5. 손으로 튕겨 멀리 보내기 놀이를 즐길 수도 있습니다.
6. 컬링처럼 점수판을 만들어 그 안으로 보내는 놀이를 즐길 수도 있습니다.

05 표창_목표물 맞히기 놀이

유아 | 초등 1~2학년 | 초등 3~6학년

#표창접기 #목표물_맞히기 #나는야_저격수

제작영상

▶ 준비물

색종이

▶ 활동설명

기본 형태의 표창을 접어 목표물 맞히기 놀이를 즐기는 활동입니다. 표창 만들기 자체만으로도 종이접기의 즐거움과 소근육 발달, 집중력 향상에 도움이 됩니다. 목표물 맞히기 활동을 통해 아이들의 흥미와 성취감을 이끌어낼 수 있습니다.

▶ 활동방법

1. 색종이를 반으로 접는다.

2. 펼친 후 양쪽을 가운데 선까지 모아 접는다.

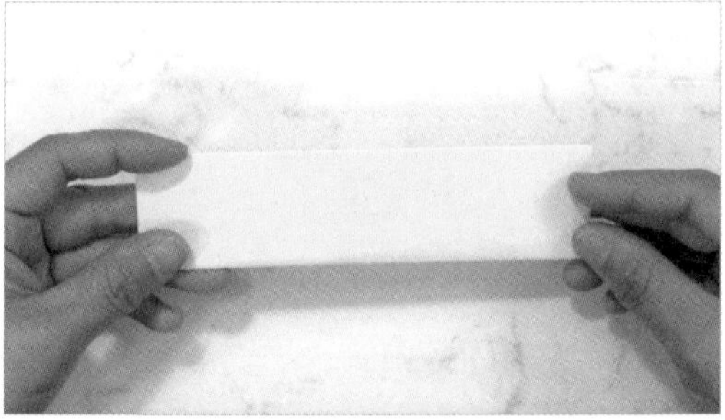

3. 가운데 선을 따라 반으로 접는다.

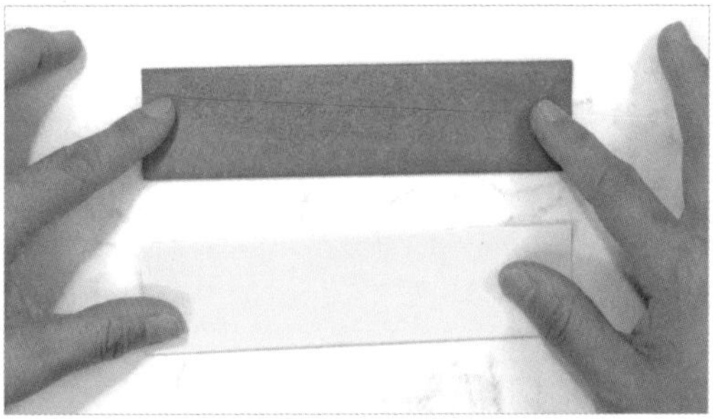

4. 똑같은 방법으로 접은 종이를 2개 만든다.

5. 한쪽 끝을 사진과 같이 위쪽으로 접는다.

6. 다른 종이는 방향이 반대가 되도록 접는다.

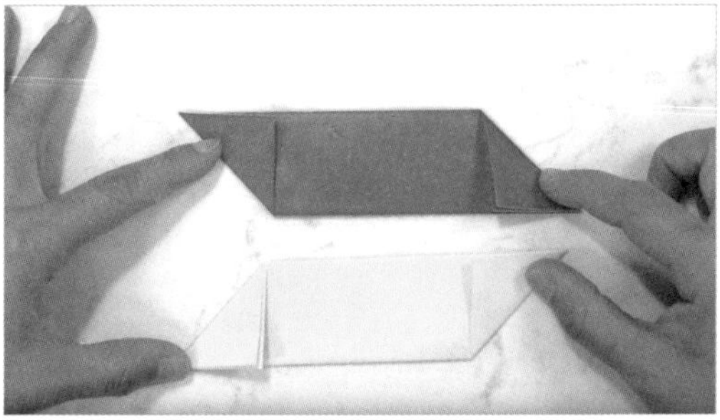

7. 반대쪽 끝은 내려 접는다.

8. 접은 선을 따라 종이를 접어 올린다.

9. 사진과 같이 종이를 내려 접는다.

10. 방향이 다른 2개의 종이를 만든다.

11. 한 개를 뒤집어 다른 종이의 가운데에 겹친다.

12. 갈라진 선을 따라 날개의 한쪽을 중심 쪽으로 접는다.

13. 접은 종이를 다른 종이의 아래로 넣어 끼운다.

14. 뒤집은 후 다른 날개를 중심 쪽으로 접는다.

15. 다시 뒤집은 후 앞의 과정을 반복한다.

16. 날개 4개를 모두 서로 끼워준다.

▶ 활동모습

표창으로 맞힐 목표물을 준비합니다.

표창을 던져 목표물 맞히기 놀이를 합니다.

놀이활용 Tip

1. 표창 던지기 놀이에서는 사람을 향해 던지지 않도록 지도합니다.
2. 목표물에서 일정한 거리를 두어 표창 던지는 위치를 표시합니다.
3. 볼링처럼 목표물이 넘어지는 개수에 따라 점수를 획득합니다.
4. 크기가 다른 목표물이 작을수록 큰 점수를 적어 맞히기 놀이를 해도 좋습니다.
5. 팀별 협력놀이를 통해 모둠놀이를 즐기며 협동심을 기를 수 있습니다.

06 회오리 모빌_10색상환 모빌 만들기

유아 | 초등 1~2학년 | 초등 3~6학년

#알록달록 #10색상환_활동 #비슷한색 #반대색 #모빌_만들기

제작영상

▶ 준비물

PPT 자료, 색종이, 나무젓가락, 실

▶ 활동설명

회오리 모양의 표창접기를 10색상환 수업과 연계한 활동입니다. 10색상환에 대해 배운 후 비슷한 색, 반대색을 활용하여 표창 만들기에 활용해 봅니다. 회오리 표창을 만든 후에는 실에 엮어 나무젓가락에 매달아 모빌로 만들 수 있습니다.

▶ 활동방법

1. 종이를 대각선 방향으로 반으로 접는다.

2. 접은 선을 따라 양쪽을 사진과 같이 모아 접는다.

3. 접지 않았던 부분도 모아 접는다.

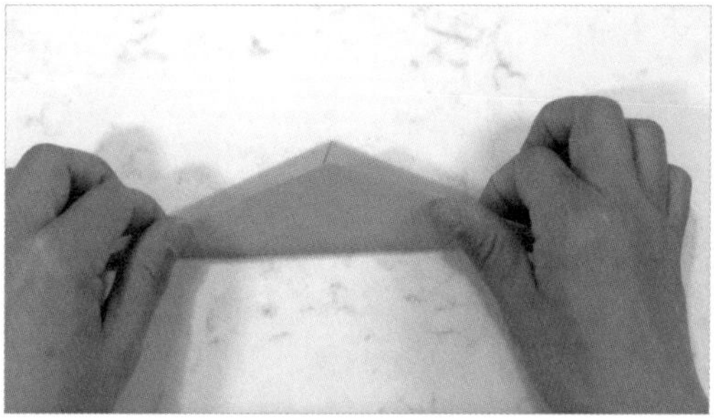

4. 가운데 선을 따라 반으로 접는다.

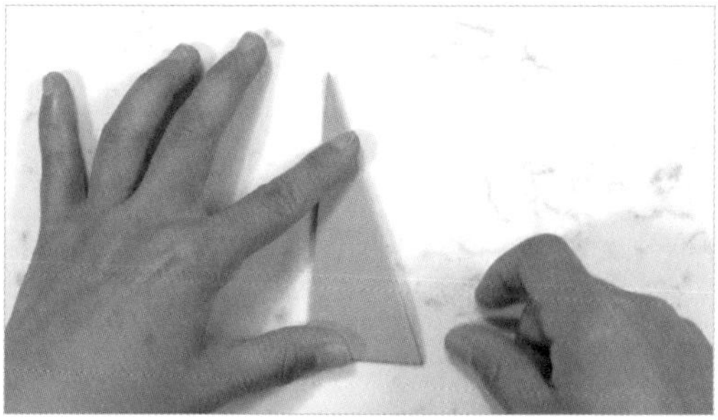

5. 긴 방향을 반으로 접는다.

6. 펼친 후 오른쪽 부분을 가운데 선에 맞추어 올려 접는다.

7. 뒤집은 후 접지 않은 왼쪽 종이를 올려 접는다.

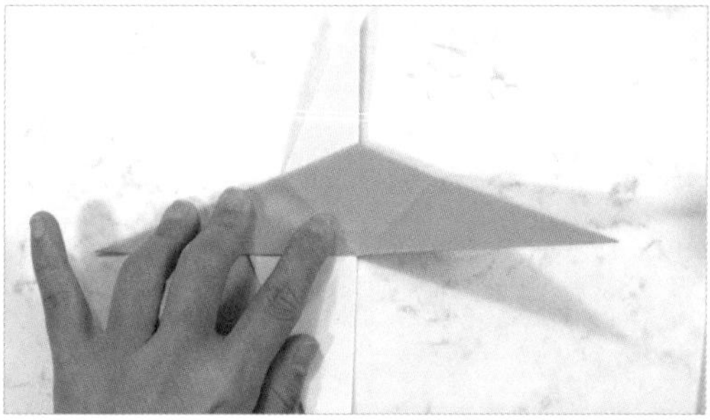

8. 4개를 똑같이 접어 중심을 맞춰 겹친다.

9. 접어놓은 4개의 종이를 서로 엮는다.

10. 가운데 부분에 테이프를 붙여 움직이지 않게 고정한다.

11. 종이 1개를 90도로 꺾어 접는다.

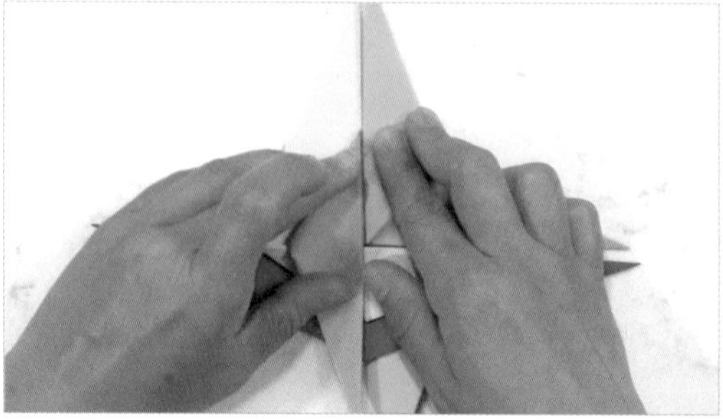

12. 반시계 방향으로 돌아가며 90도로 꺾어 접는다.

13. 종이가 남지 않을 때까지 반복하여 접는다.

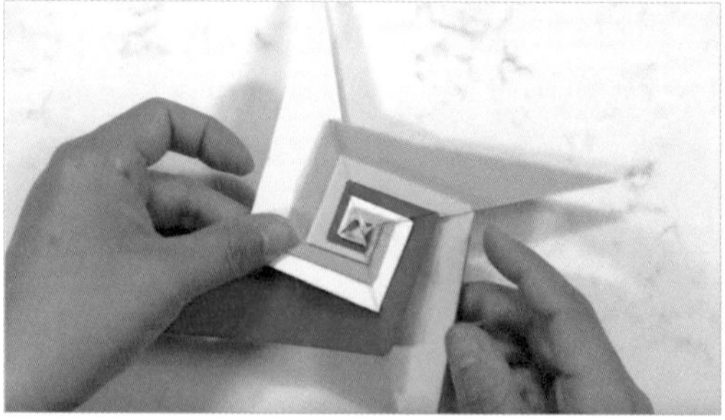

14. 끝부분은 풀리지 않도록 꼬아준다.

15. 뒷면도 같은 방법으로 접는다.

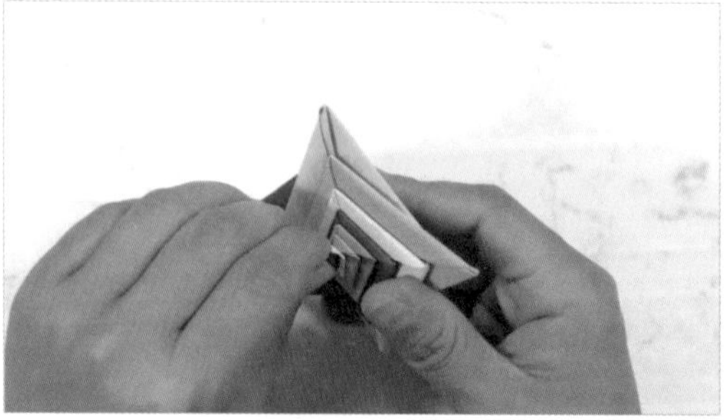

16. 끝부분은 풀리지 않도록 꼬아준다.

▶ 활동모습

비슷한 색, 반대색을 생각해 입체 표창을 만듭니다.

실과 나무젓가락을 활용해 모빌을 만들어 전시합니다.

놀이활용 Tip

1. 책 표지 날개에 제시된 QR코드를 스캔하여 받은 자료를 활용합니다.
2. 비슷한 색이나 반대색 중 무엇으로 표현할지 생각하여 색종이 4장을 선택하도록 합니다.
3. 영상을 보며 회오리 표창을 만듭니다.
4. 친구들의 작품을 보며 비슷한 색과 반대색에 대해 이야기를 나눕니다.
5. 모빌 만드는 과정에서 중심점 찾기, 균형 잡기 활동과 연계할 수 있습니다.

07 종이상자 접기_다양한 놀이

유아 | 초등 1~2학년 | 초등 3~6학년

#다양한_놀이활용 #A4_종이상자 #정사각형_상자

제작영상

▶ 준비물

A4용지

▶ 활동설명

A4용지를 활용하여 상자를 만드는 활동입니다. 정사각형 모양의 상자는 물체를 던져 넣거나 물품을 정리하기 좋습니다. 프로펠러 던져 넣기, 개구리 점프해서 넣기 등 다양한 놀이에도 활용할 수 있습니다. 평상시 접힌 상태로 보관하다가 필요시 상자 모양으로 펼쳐서 활용해 보기 바랍니다.

▶ 활동방법

1. A4용지를 절반으로 접는다.

2. 한 번 더 절반으로 접는다.

3. 접은 것을 펼친 후 접은 선을 따라 접어 내린다.

4. 접은 것을 펼친 후 안쪽으로 접는다.

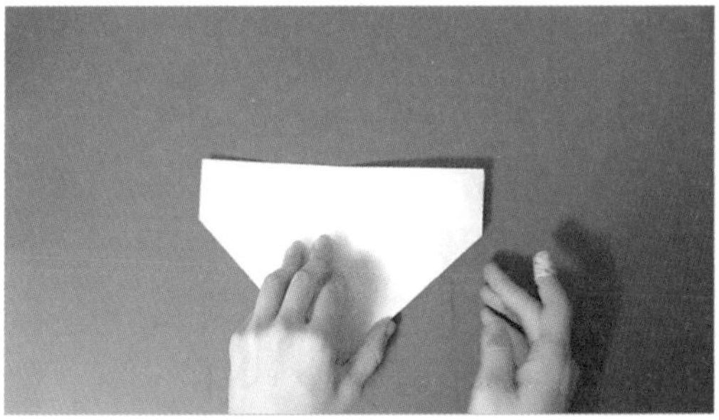

5. 반대편도 똑같이 펼친 후 안쪽으로 접는다.

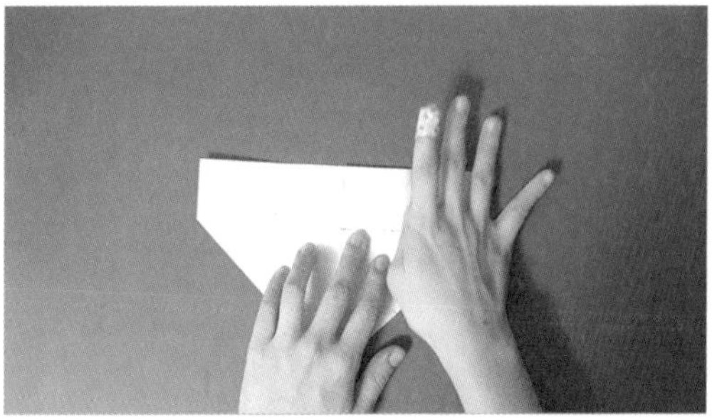

6. 한쪽을 안쪽 접은 선에 맞춰 접는다.

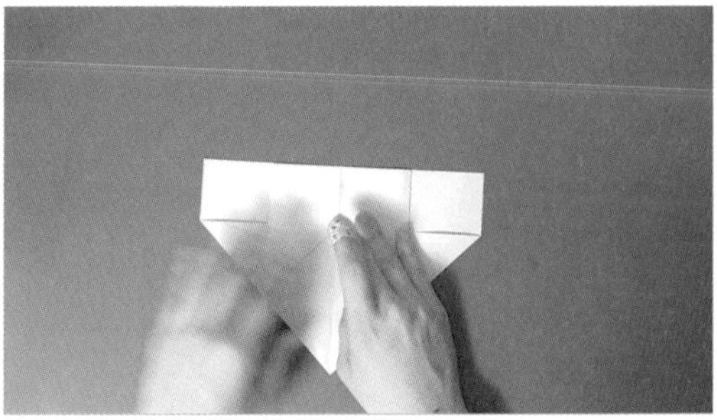

7. 반대쪽도 안쪽 접은 선에 맞춰 접는다.

8. 뒤집어서 반대쪽도 똑같이 안쪽으로 접는다.

9. 아랫부분을 위로 접는다.

10. 반대쪽의 아랫부분을 위로 접는다.

11. 접었던 부분을 펴고 아랫부분을 접는 선을 따라 찢는다. (가위 사용)

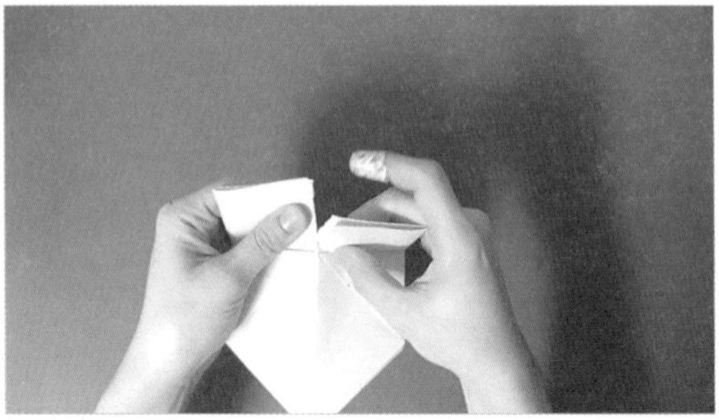

12. 반대쪽 아랫부분도 접는 선을 따라 찢는다.

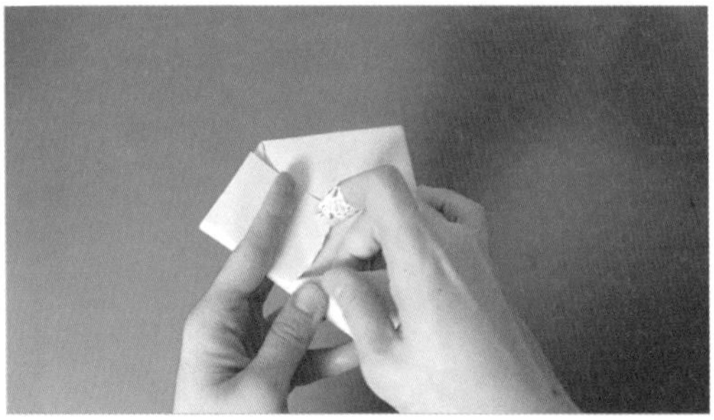

13. 찢은 종이를 안쪽으로 밀어 넣는다.

14. 찢은 종이 4부분을 모두 안쪽으로 밀어 넣는다.

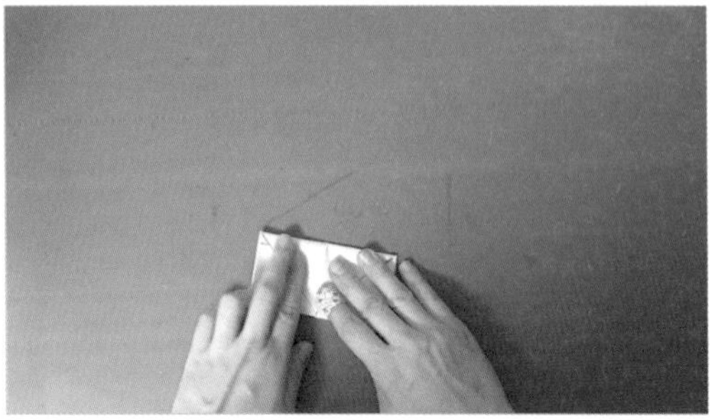

15. 윗부분을 아래쪽으로 접고 펼친다.

16. 종이를 박스 모양이 되도록 펼친다.

▶ 활동모습

상자를 여러 개 만들어 다양한 놀이에 활용합니다.

물체를 던져 넣는 목표물로 활용할 수 있습니다.

놀이활용 Tip

1. A4 색지를 활용해 다양한 색으로 접을 수 있습니다.
   - (물체 넣기 놀이 활용 시) 거리에 따라 색을 다르게 하여 점수를 차등으로 줄 수 있습니다.
2. 상자를 여러 개 접어 물체를 던져 넣는 목표물로 활용할 수 있습니다.
3. 학용품이나 물건을 정리하는 수납함으로 활용할 수 있습니다.
4. 평상시에는 활동방법 15와 같이 접은 상태로 보관하다가 상자가 필요한 경우 활동방법 16처럼 펼쳐 상자로 활용할 수 있습니다.
5. 학생들이 박스를 창의적으로 예쁘게 꾸밀 수 있게 기회를 줍니다.

08 개구리_멀리뛰기 놀이

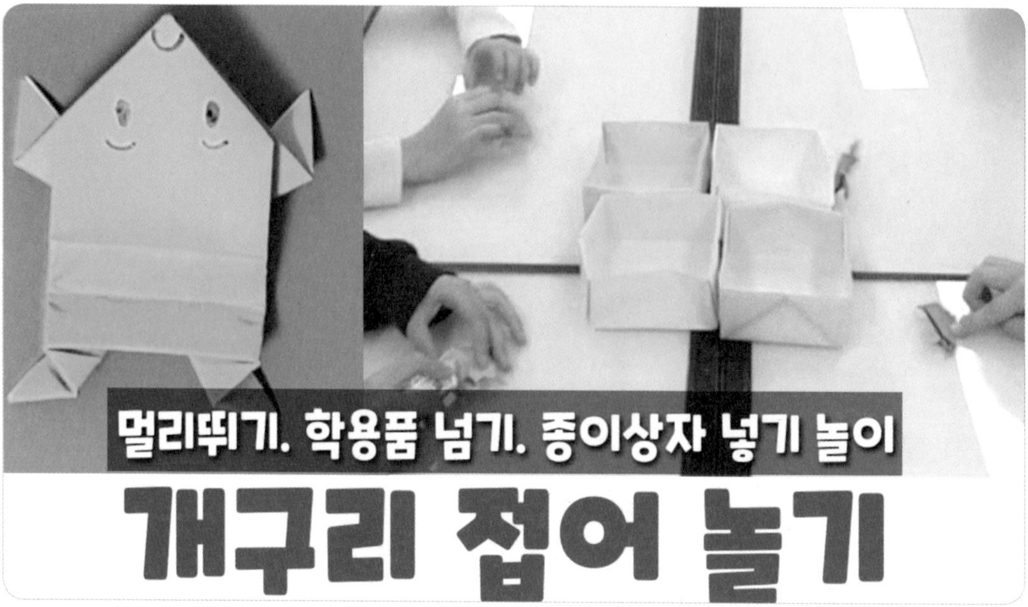

유아 | 초등 1~2학년 | 초등 3~6학년

#멀리뛰기 #학용품_넘기 #누구나_좋아하는_종이접기

제작영상

▶ 준비물

색종이

▶ 활동설명

어릴 적 한번쯤 해보았을 개구리 접기입니다. 개구리 접기 후 개구리를 점프시키며 놀 수 있어 아이들이 좋아합니다. 다양한 방법의 놀이를 제시하여 자유로운 분위기 속에서 친구들과 어울려 놀 수 있는 기회를 주면 좋습니다.

▶ 활동방법

1. 색종이를 절반으로 접는다.

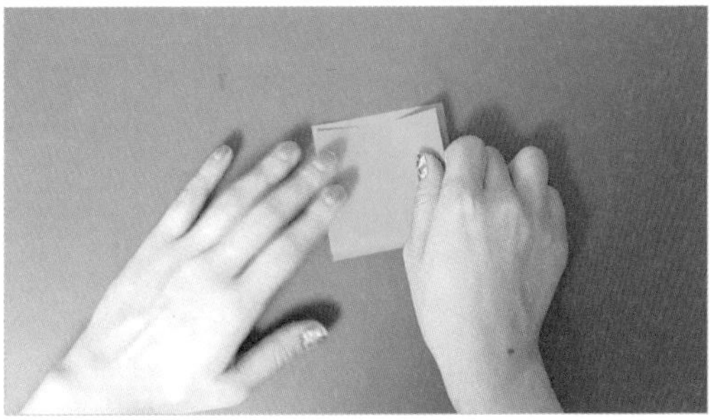

2. 색종이를 돌려 절반으로 또 접는다.

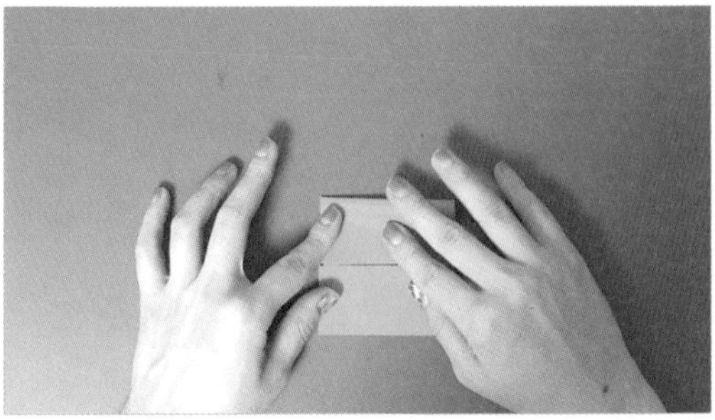

3. 색종이를 펼쳐 접은 선을 따라 안쪽으로 접는다.

4. 윗부분을 안쪽으로 접는다.

5. 윗부분을 접은 선을 따라 안쪽으로 접어 넣는다.

6. 접은 부분을 펼치고 옆면을 안쪽으로 접는다.

7. 양쪽 면을 모두 안쪽으로 접는다.

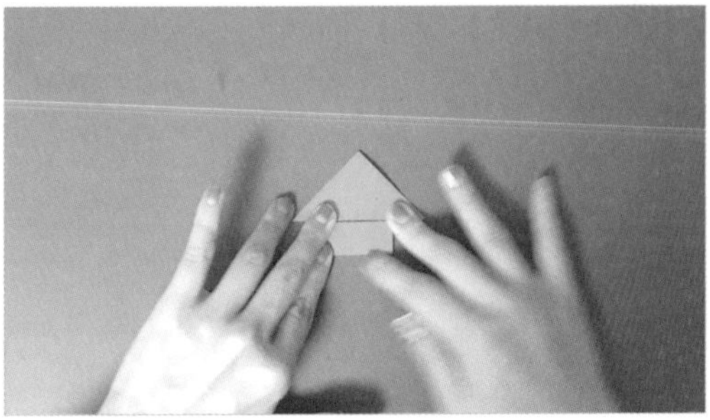

8. 아랫부분을 위쪽으로 접는다.

9. 아래쪽 양쪽 부분을 안쪽으로 접는다.

10. 접은 부분을 펼쳐 공간을 만들어 안쪽으로 넣는다.

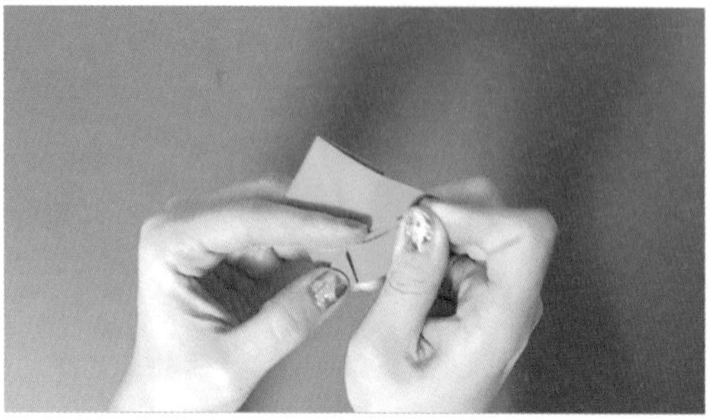

11. 양쪽 모두 안쪽으로 넣는다.

12. 아래쪽으로 내린다.

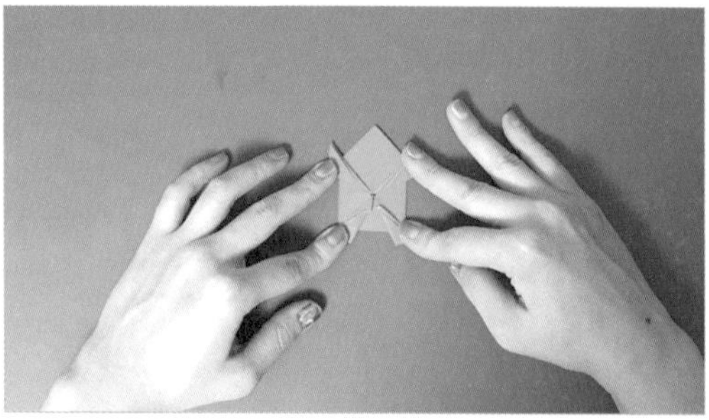

13. 네 개의 다리를 접는다.

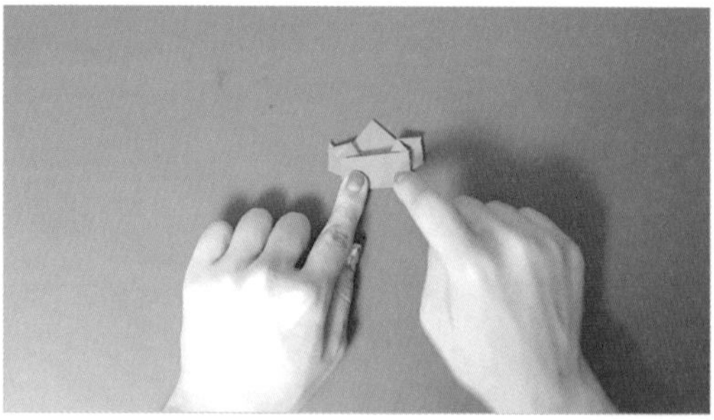

14. 아랫부분을 위쪽으로 접는다.

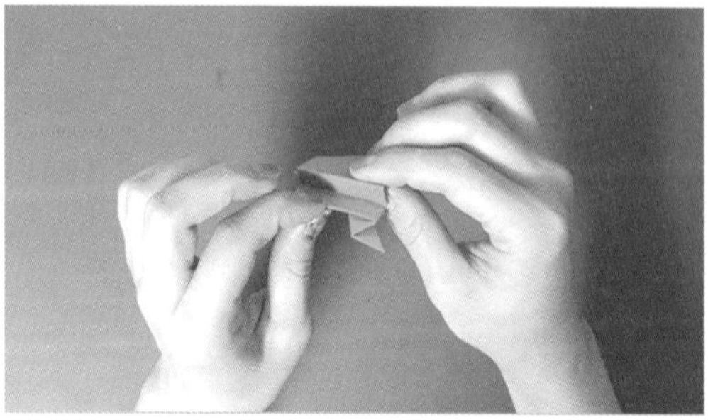

15. 아랫부분을 한 번 접는다.

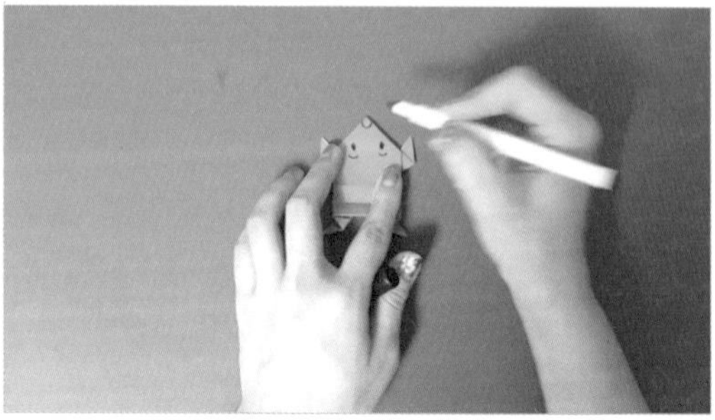

16. 펜으로 눈, 입을 꾸민다.

▶ 활동모습

A4 종이상자에 개구리를 점프시켜 넣는 놀이를 합니다.

출발선을 정해 놓고 누가 멀리 뛰나 대결합니다.

놀이활용 Tip

1. 1인당 1마리의 개구리를 접어 상대를 달리하며 대결합니다.
2. 학용품의 높이로 단계를 나눠 개구리로 점프해서 넘는 대결을 합니다.
   예) 연필 → 지우개 → 딱풀 → 필통 등의 순
3. 출발선을 정해 놓고 누가 멀리 뛰나 대결합니다.
   - 여러 번에 걸쳐 이어서 뛰기도 가능합니다. (3단 뛰기 등)
4. A4 종이상자를 활용하여 점프해서 넣는 활동을 할 수 있습니다.
5. 자유로운 분위기에서 친구들과 어울려 재미있게 놀 수 있는 기회를 줍니다.

09 프로펠러_던지기 놀이

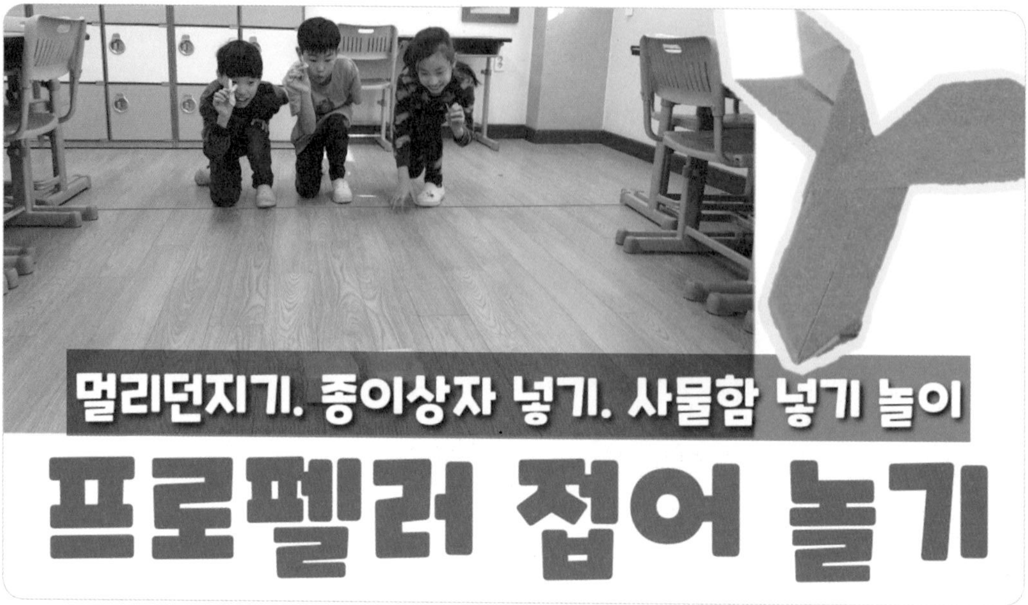

유아 | 초등 1~2학년 | 초등 3~6학년

#뱅글뱅글_돌기 #멀리던지기 #표적물_넣기

제작영상

▶ 준비물

색종이, 풀

▶ 활동설명

뱅글뱅글 돌며 날아가는 모습이 매력적인 프로펠러 접기입니다. 접는 방법이 매우 쉬워 누구나 쉽게 활동방법이나 영상을 보고 따라 접을 수 있습니다. 멀리 던지기, 표적물(사물함, A4 종이상자 등)에 던져 넣는 활동이 가능합니다. 날씨 좋은 날 안전한 실외공간의 높은 곳에서 떨어뜨려 보면 프로펠러가 예쁘게 돌아가는 모습을 볼 수 있습니다.

▶ 활동방법

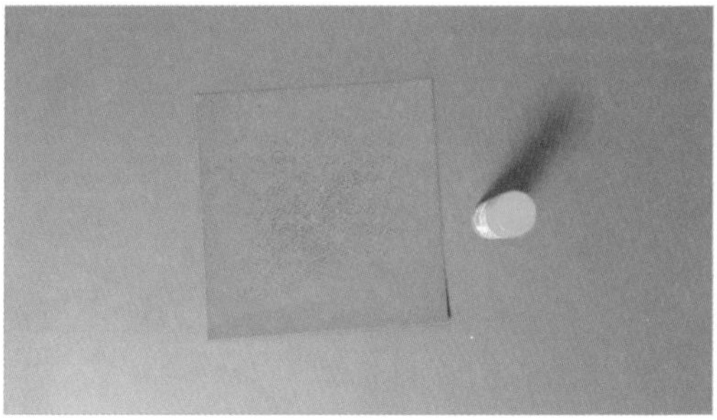

1. 색종이 1장과 풀을 준비한다.

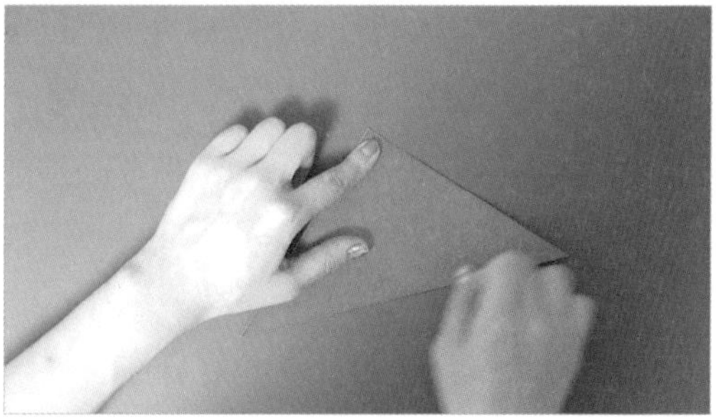

2. 대각선으로 접는다.

3. 펼친 후 반대쪽 대각선도 접는다.

4. 펼친 후 아랫부분을 중앙에 맞춰 접는다.

5. 반대쪽도 중앙에 맞춰 접는다.

6. 접은 선에 맞춰 안쪽으로 접는다.

7. 반대쪽도 접은 선에 맞춰 접는다.

8. 한 번 더 안쪽으로 접는다.

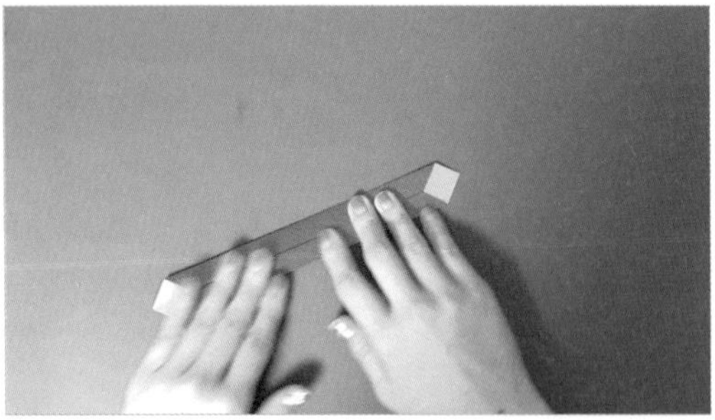

9. 반대쪽도 안쪽으로 접는다.

10. 절반을 접는다.

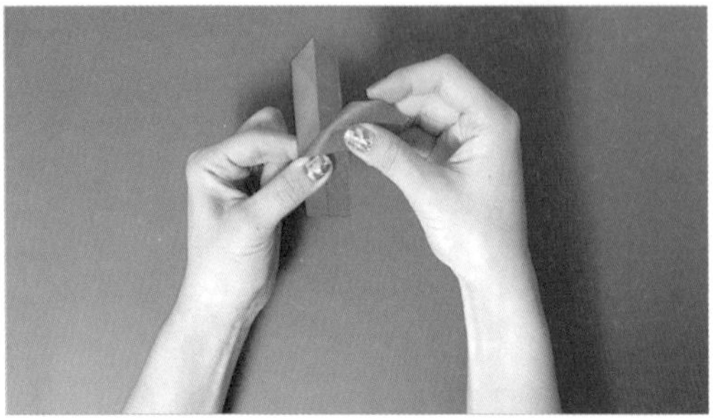

11. 중앙 부분에서 옆으로 꺾어 접는다.

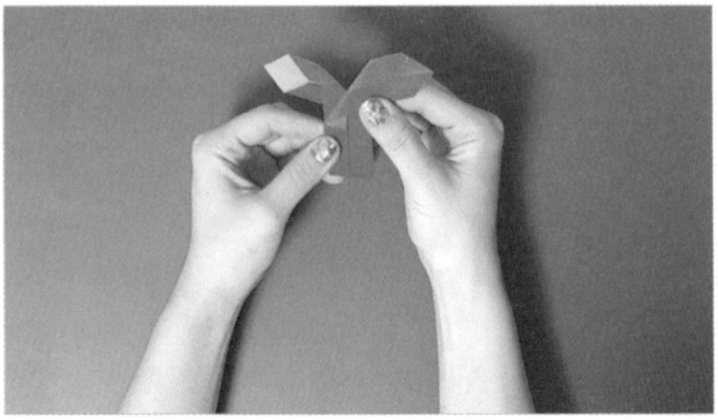

12. 반대쪽도 옆으로 꺾어 접는다.

13. 양쪽 면을 꺾어 접은 모습

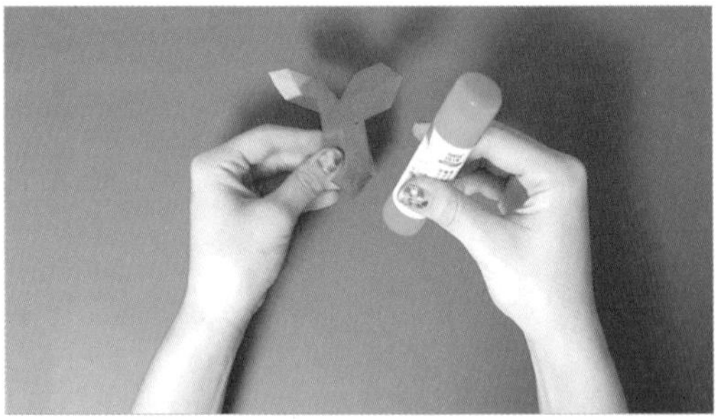

14. 풀을 준비한다.

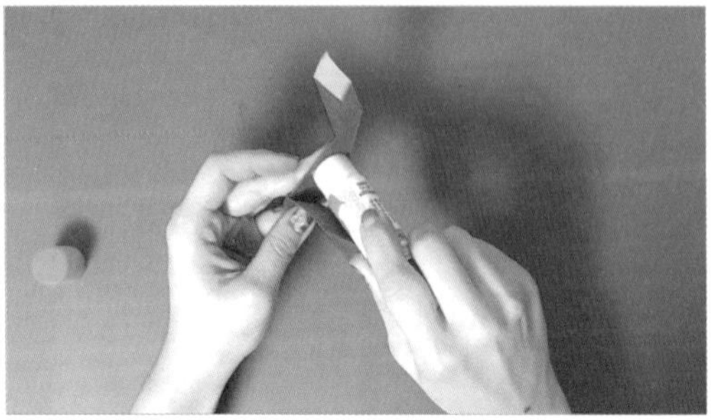

15. 안쪽 부분을 풀칠한다.

16. 손으로 눌러 붙인다.

▶ 활동모습

일정한 선에 서서 프로펠러 멀리 던지기 놀이를 할 수 있습니다.

프로펠러를 사물함에 던져 넣는 놀이를 할 수 있습니다.

놀이활용 Tip

1. 프로펠러를 던질 때 주변 친구가 다치지 않도록 유의합니다.
2. 사물함에 프로펠러를 던져 넣을 때는 사물함의 위치에 따라 점수를 달리하면 더욱 재미있습니다.
   예) 넣기 힘든 위치 : 3점, 중간 위치 : 2점, 넣기 쉬운 위치 : 1점 등
3. A4 종이상자를 만들어 일정한 선에서 던져 넣기 놀이를 할 수 있습니다.
4. 높은 곳에서 아래쪽으로 던져 놀 수 있습니다.
   - 위험한 곳에서 던지지 않도록 하며, 아래쪽에 사람이 없는 것을 확인 후 던지며 놀 수 있도록 합니다.
5. 단풍나무 씨가 떨어지는 모습과 비슷해 과학시간과 연계해서 지도할 수 있습니다.

10 헬리콥터_떨어뜨리기 놀이

유아 | 초등 1~2학년 | 초등 3~6학년

#떨어뜨리는_재미 #잡는_재미 #뱅글뱅글_돌기

제작영상

▶ **준비물**

색종이 2장, 풀, 가위

▶ **활동설명**

프로펠러보다 크기가 더 큰 헬리콥터 접기입니다. 높은 곳에서 떨어뜨리면 뱅글뱅글 돌며 떨어지는 모습이 재미있습니다. 헬리콥터를 위에서 떨어뜨리고 아래에서는 먼저 잡기 대결을 하면 좋습니다. 안전한 곳에서 떨어뜨리며 놀기 바랍니다.

▶ 활동방법

1. 색종이 2장을 준비한다.

2. 헬리콥터 날개 역할을 할 색종이 1장을 대각선으로 접는다.

3. 펼친 후 접은 선에 맞춰 한쪽을 접는다.

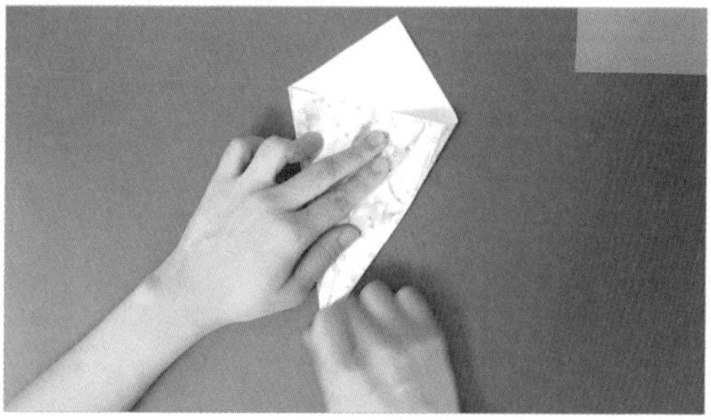

4. 반대편도 접은 선에 맞춰 접는다.

5. 아랫부분을 위쪽 끝에 맞춰 접는다.

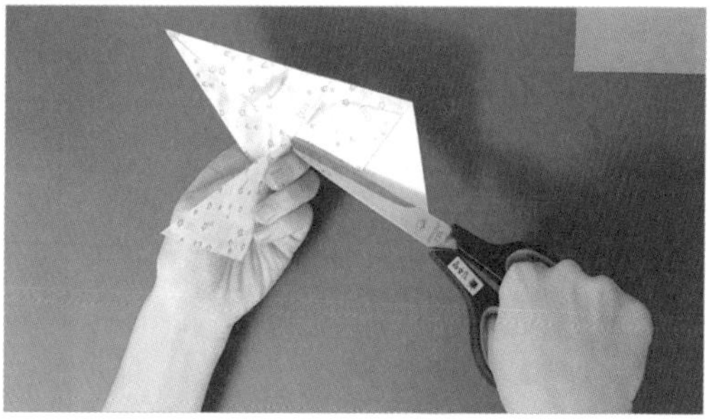

6. 다시 펼친 후 접은 선까지 가위로 자른다.

7. 자른 부분을 앞, 뒤로 접는다.

8. 윗부분을 옆으로 접어 모양을 잡는다.

9. 헬리콥터 기둥 역할을 할 나머지 색종이 1장을 대각선으로 여백을 조금 남겨 접는다.

10. 약 1cm 만큼 접는다.

11. 반복해서 위쪽까지 계속해서 접는다.

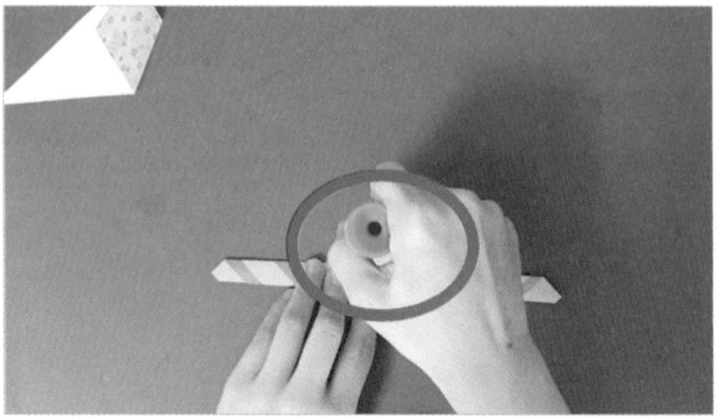

12. 윗부분을 풀칠해서 붙인다.

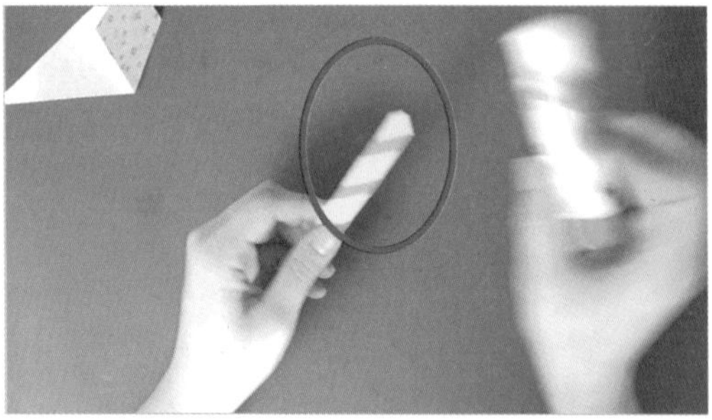

13. 윗부분에 풀칠하기 위해 풀을 준비한다.

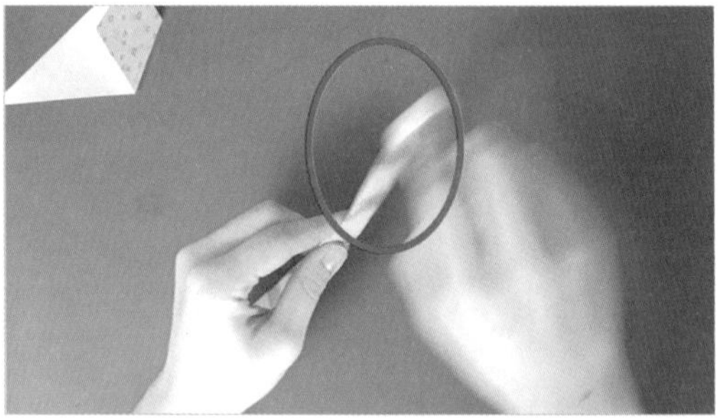

14. 윗부분의 앞과 뒤에 풀칠을 한다.

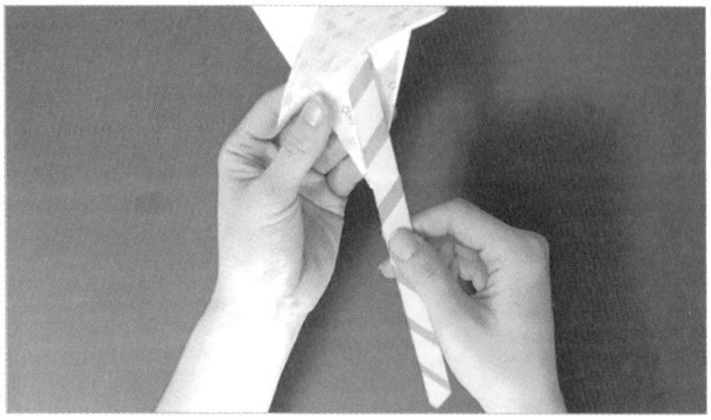

15. 처음 접어놓은 색종이의 안쪽으로 끼워 넣는다.

16. 안쪽으로 헬리콥터 기둥을 붙인다.

▶ 활동모습

높은 곳에서 헬리콥터를 놓으면 천천히 돌며 떨어집니다.

아래쪽에서 떨어지는 헬리콥터를 잡으며 놉니다.

놀이활용 Tip

1. 헬리콥터를 잡을 때 주변 친구가 다치지 않도록 유의합니다.
2. 높은 곳에서 아래쪽으로 떨어뜨리며 놀 수 있습니다.
   - 위험한 곳에서 던지지 않도록 하며, 아래쪽에 사람이 없는 것을 확인 후 던지며 놀 수 있도록 합니다.
   - 높은 곳에서 물건을 떨어뜨리는 행동은 위험하다는 것을 지도하며 보호자와 함께 활동할 수 있도록 합니다.
3. 프로펠러와 헬리콥터를 동시에 떨어뜨리며 놀 수 있습니다.
4. 동시에 떨어뜨렸을 때 바닥에 늦게 떨어진 친구가 이기는 놀이를 할 수 있습니다.
5. 누구의 헬리콥터가 가장 멋지게 돌며 떨어지는지 대결할 수 있습니다.

11 별장난감_뒤집기 놀이

유아 | 초등 1~2학년 | 초등 3~6학년

#뒤집는_재미 #손목+팔목_착용 #친구_꾸며주기

제작영상

▶ 준비물

색종이 8장, 풀

▶ 활동설명

색종이 상자 접기 방법을 활용하여 별장난감을 만듭니다. 상자 접기 방법만 이해한다면 8개를 똑같은 방법으로 접고 붙여 완성시킬 수 있습니다. 친구 꾸며주기, 누가 빠르게 뒤집기를 하는지 등 다양하게 꾸밀 수도 있고 놀 수도 있습니다.

▶ 활동방법

1. 색이 다른 색종이 8장을 준비한다.

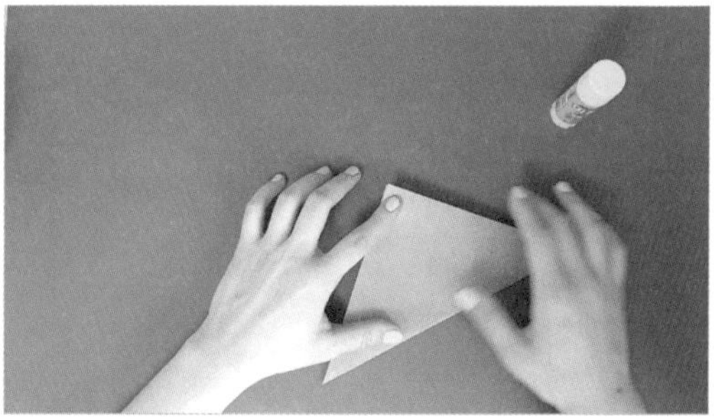

2. 색종이 1장을 대각선으로 접고 펼친다.

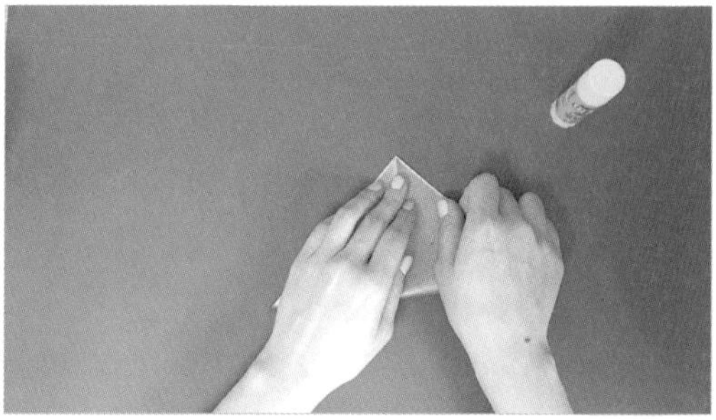

3. 반대편 대각선도 접고 펼친다.

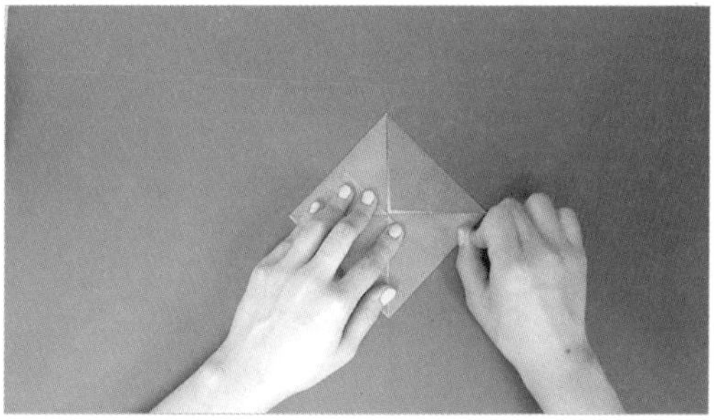

4. 접은 선에 맞춰 네 부분을 안쪽으로 접는다.

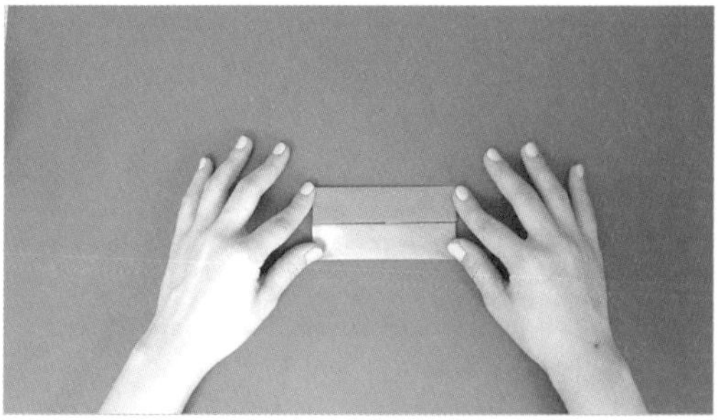

5. 가운데 선에 맞춰 아래, 위를 안쪽으로 접는다.

6. 왼쪽과 오른쪽을 펼친다.

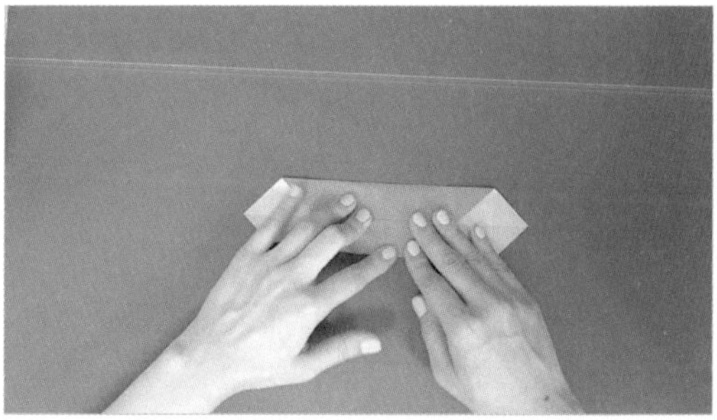

7. 가운데 선에 맞춰 아래, 위를 안쪽으로 접고 펼친다.

8. 펼친 부분을 세우고 윗부분에 벽을 세우며 모양을 잡는다.

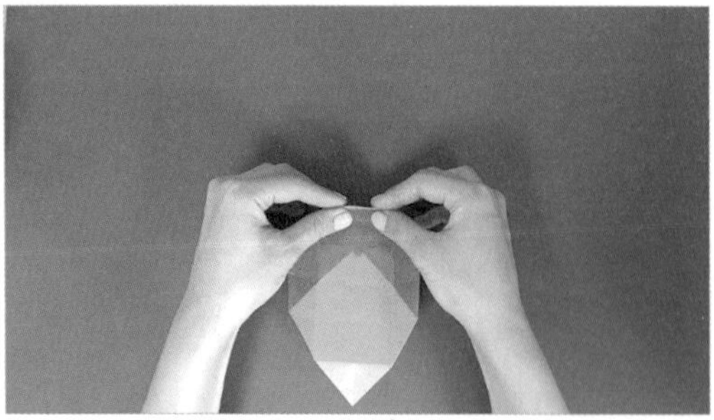

9. 윗부분을 벽을 만들며 안쪽으로 접는다.

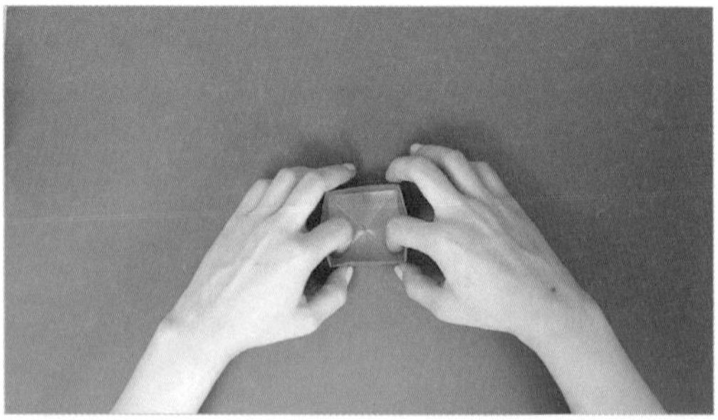

10. 아랫부분도 똑같은 방법으로 벽을 만들며 안쪽으로 접는다.

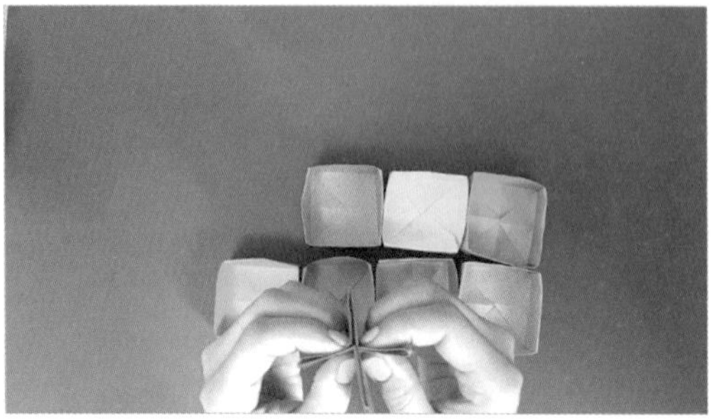

11. 8장을 똑같은 방법으로 해서 상자를 만든다.

12. 상자 밑 부분을 안쪽으로 넣으며 손가락 4개를 이용해 안쪽으로 접는다.

13. 같은 방법으로 8개를 접고 옆면에 풀칠을 한다.

14. 한 개씩 더해가며 옆면을 계속해서 붙여 나간다.

15. 8개의 옆면을 모두 단단하게 붙인다.

16. 양쪽 끝부분을 돌려 모양을 잡으며 풀칠해서 붙인다.

▶ 활동모습

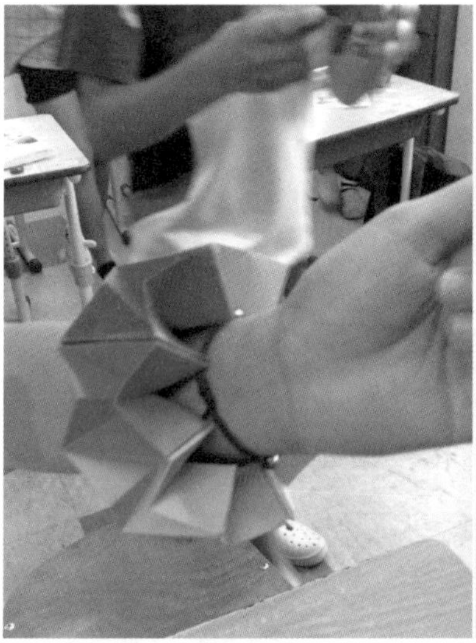

손목, 발목, 머리 등에 별장난감을 착용하여 사진 찍으며 놉니다.

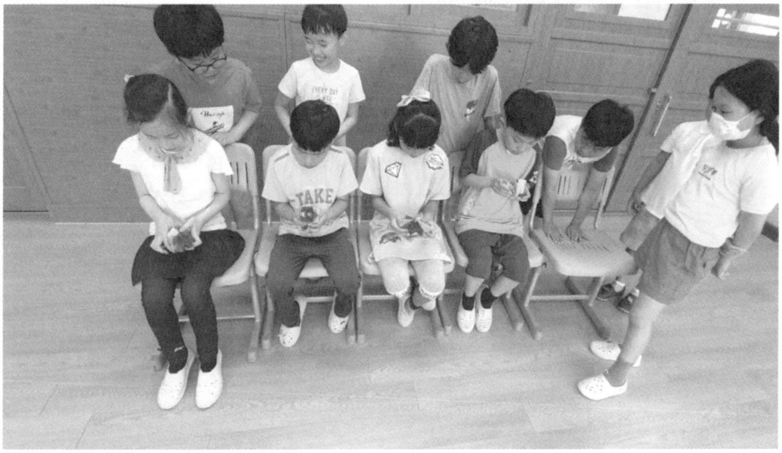

별장난감을 누가 더 빠르게 뒤집는지 대결합니다.

놀이활용 Tip

1. 별장난감을 만드는 과정 중에 하나인 색종이 상자 접기로 다양하게 활용합니다.
   - 색종이 상자를 활용해 작은 물건을 정리하는 것에 활용할 수 있습니다.
   - 물체를 던져 넣는 표적물로 활용할 수 있습니다.
2. 8개의 색종이를 붙여 별장난감을 완성할 때 풀칠을 확실하게 하여 단단하게 붙인 후 활용합니다.
3. 친구 1명을 골라 손목, 발목, 머리 등에 별장난감을 착용하고 사진을 함께 찍으며 놀 수 있습니다.
   - 가위바위보를 해서 진 사람 꾸미기 또는 이긴 사람 꾸미기 등 자유롭게 놀 수 있습니다.
4. 평소 원기둥 물체(물통이나 물병)에 끼워 장식할 수 있습니다.

12 종이 고리_던져 넣기 놀이

유아 | 초등 1~2학년 | 초등 3~6학년

#만드는방법_단순 #던지는_재미 #넣는_재미

제작영상

▶ 준비물

색종이, 풀

▶ 활동설명

플라스틱 고리 대신 색종이로 만든 고리로 놀아보는 건 어떨까요? 색종이 3장을 이어 붙여 원형으로 만든 종이 고리는 누구나 쉽게 만들어 놀 수 있습니다. 종이 고리를 만들어 간단한 방법으로 고리를 던져 거는 형태의 놀이를 언제 어디서든 즐길 수 있습니다.

▶ 활동방법

1. 색종이 3장을 준비한다.

2. 대각선으로 접고 펼친다.

3. 접은 선에 맞춰 접는다.

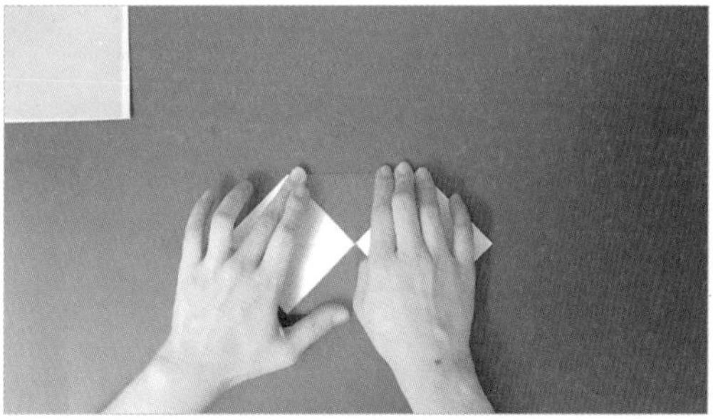

4. 반대쪽도 접은 선에 맞춰 접는다.

5. 한 번 더 접은 선에 맞춰 접는다.

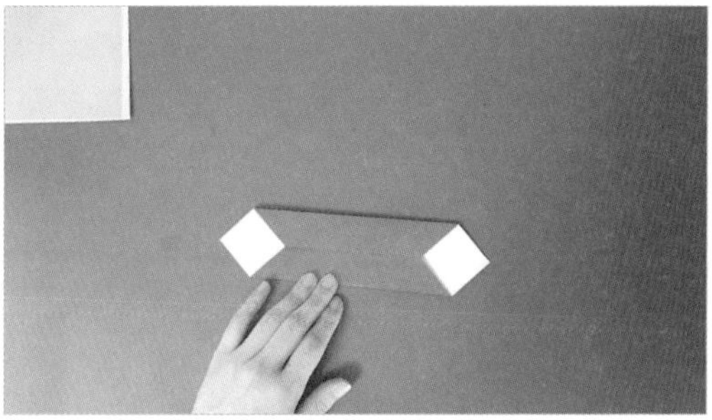

6. 반대쪽도 한 번 더 접은 선에 맞춰 접는다.

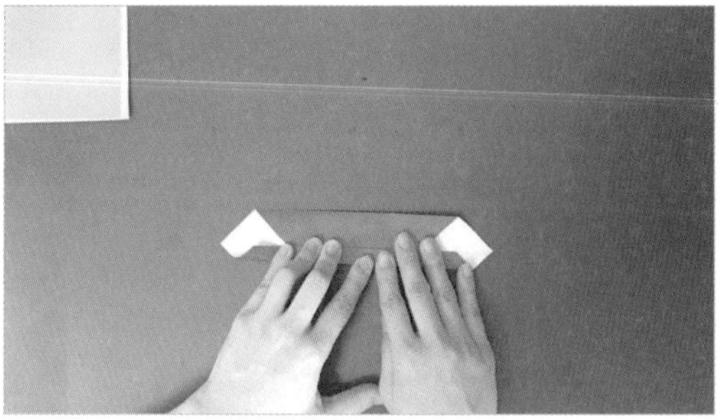

7. 한 번 더 접은 선에 맞춰 접는다.

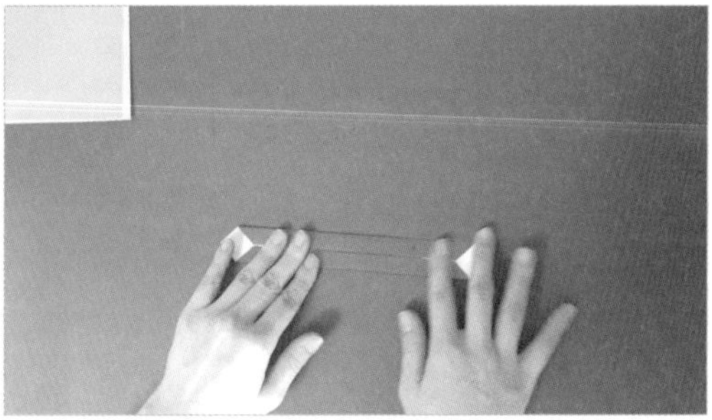

8. 반대쪽도 한 번 더 접은 선에 맞춰 접는다.

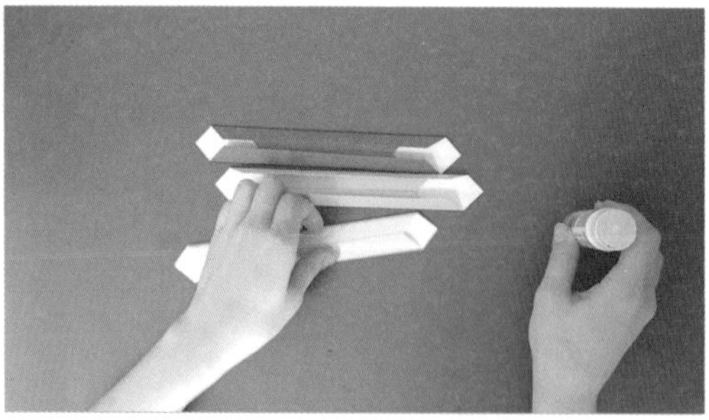

9. 색종이 3장을 똑같은 방법으로 접는다.

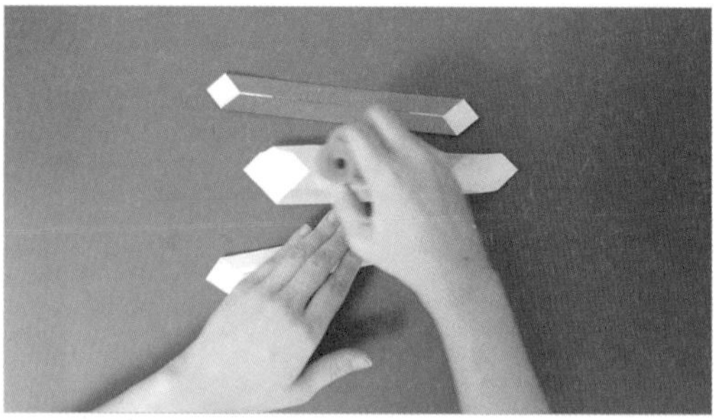

10. 접은 부분 안쪽으로 풀칠을 해서 붙인다.

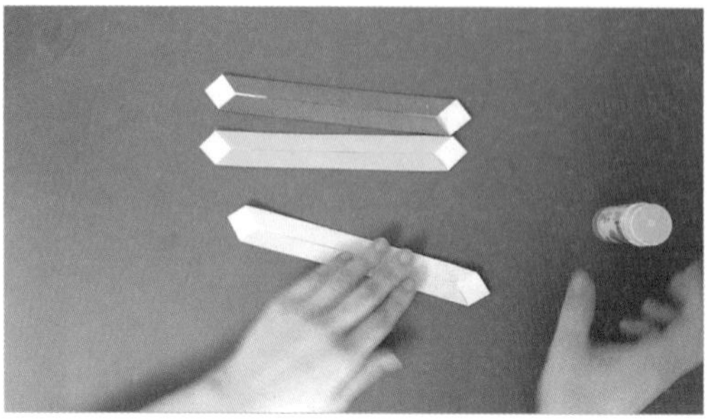

11. 색종이 3장의 각 끝부분에 풀칠을 한다.

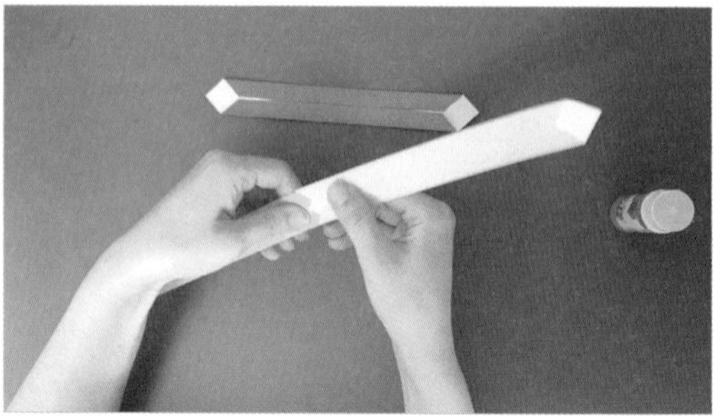

12. 끝부분을 연결해 붙인다.

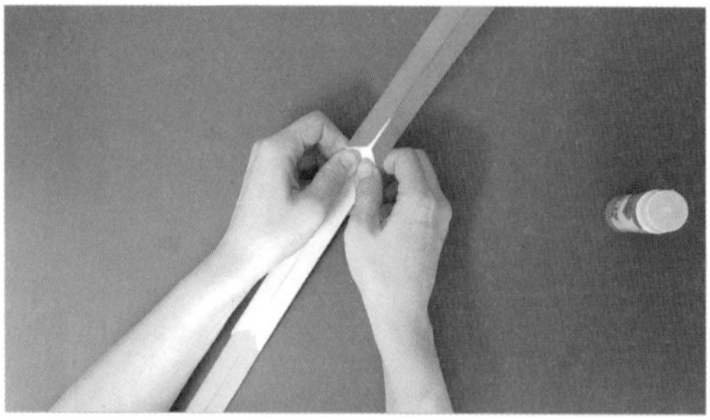

13. 끝부분이 연결되도록 견고하게 붙인다.

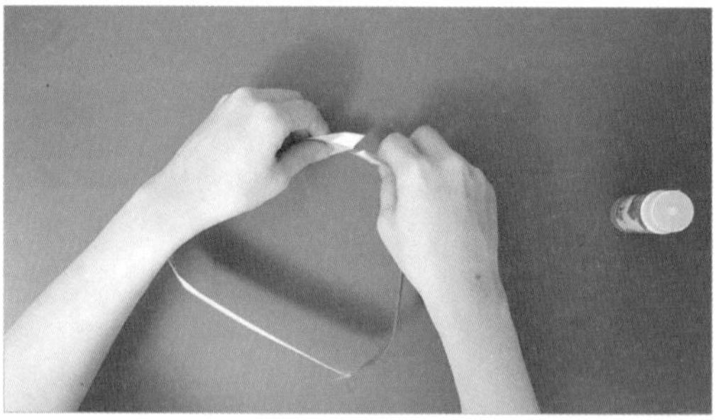

14. 원 모양이 되도록 붙인다.

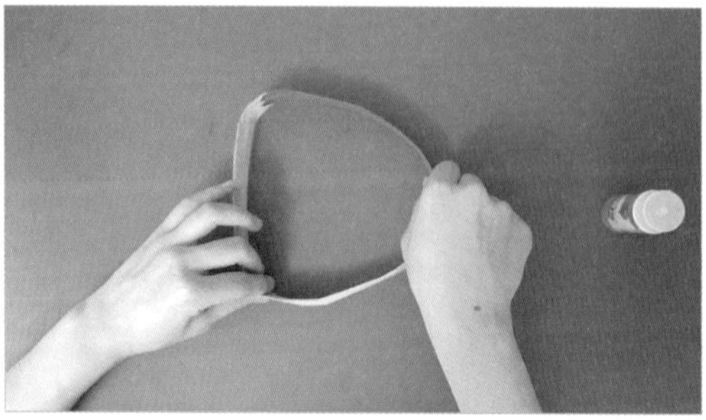

15. 원 모양이 되도록 모양을 잡는다.

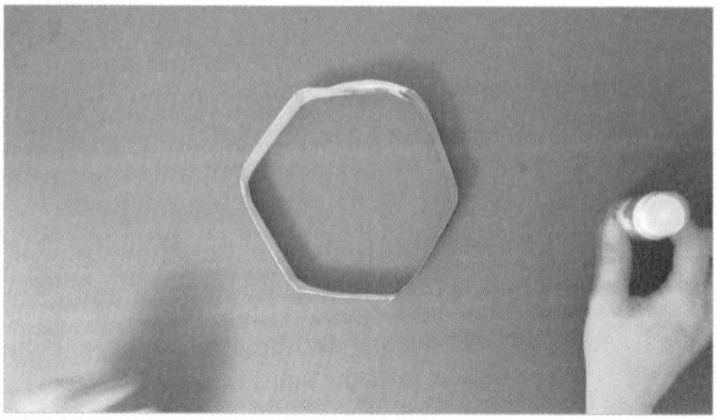

16. 종이 고리 완성 모습

▶ 활동모습

의자를 눕혀 놓고 일정한 선에서 고리를 던져 넣습니다.

정해진 시간 동안 어느 팀이 고리를 많이 거는지 대결하는 팀별 협력 릴레이 놀이를 진행합니다.

놀이활용 Tip

1. 종이 고리를 1인당 1개 이상을 만들어 놀이에 활용합니다.
2. 고리를 던져 넣는 표적물로 의자 아래쪽 모서리가 좋습니다. 이때 의자를 눕혀 사용합니다.
3. 고리를 던져 넣는 개인별 표적 도전 놀이를 해 봅니다.
4. 고리를 던져 넣는 팀별 협력 릴레이 놀이를 해 봅니다.
   - 팀당 4명으로 나눠 선 후 종이 고리 2개를 가지고 의자에 고리를 넣으면 의자 옆 대기 중인 팀원과 역할을 바꿔 고리를 돌아가며 던지기
5. 색종이 3개가 아닌 4개나 5개를 이어 붙이면 좀 더 큰 고리를 만들 수 있습니다.

13 소리 나는 신문지_내리치며 놀이

유아 | 초등 1~2학년 | 초등 3~6학년

#팍!_쉬원한_소리 #순간_스피드 #어깨_빠짐_주의!

제작영상

▶ 준비물

신문지, 펜(재량)

▶ 활동설명

신문지 1장으로 큰 소리가 나는 장난감을 만들어 봅니다. 접는 방법이 손쉬워 짧은 시간 안에 만들 수 있습니다. 신문지 장난감에서 "팍!" 소리가 나기 위해서는 순간적으로 빠르게 내리쳐야 합니다. 실내에서 연습해 보고 실외에서 큰 소리를 내며 신나게 놀 수 있습니다.

▶ 활동방법

1. 신문지를 절반으로 자른다.

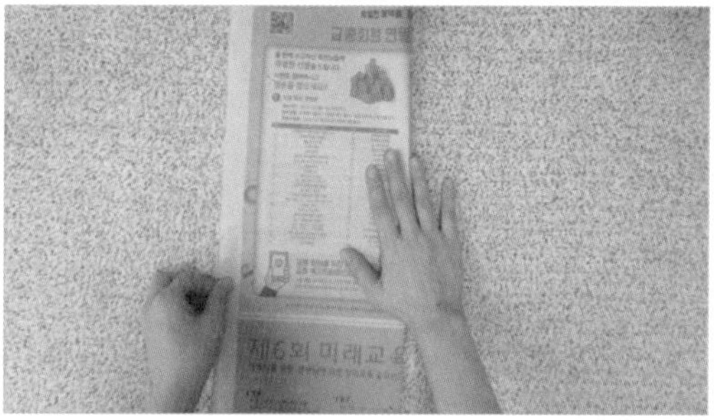

2. 신문지를 절반으로 접는다.

3. 접은 선에 맞춰 아랫부분을 접는다.

4. 같은 방법으로 네 개의 모서리 부분을 접는다.

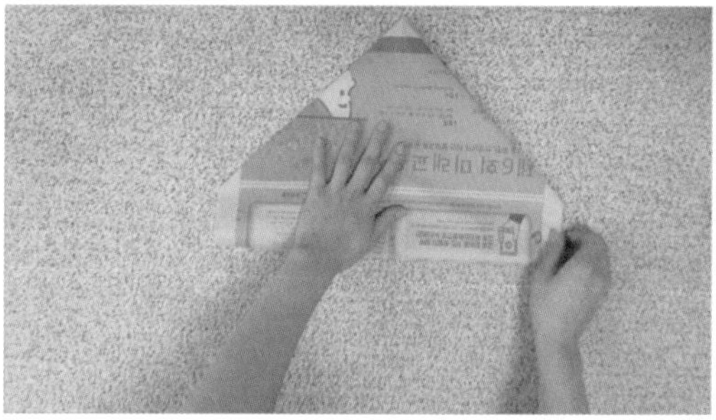

5. 아래쪽을 위쪽으로 접는다.

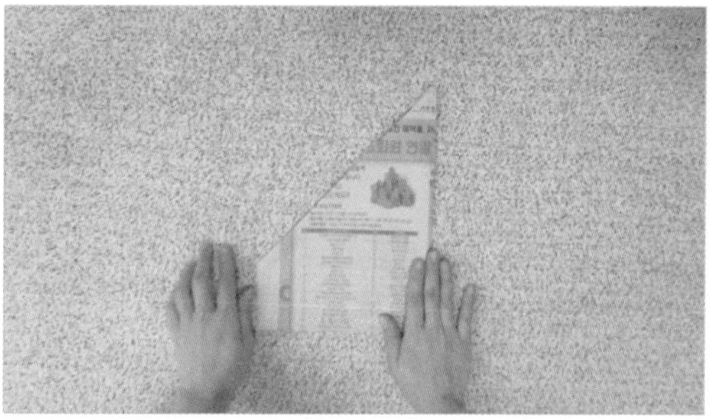

6. 접은 선에 맞춰 반을 접는다.

7. 한쪽 부분을 펼친다.

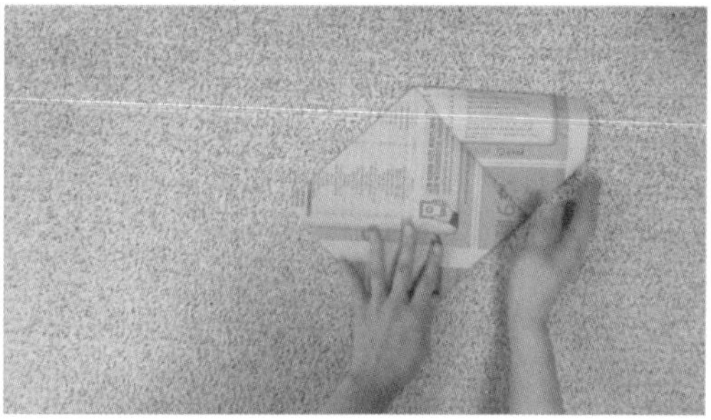

8. 펼치며 접는다.

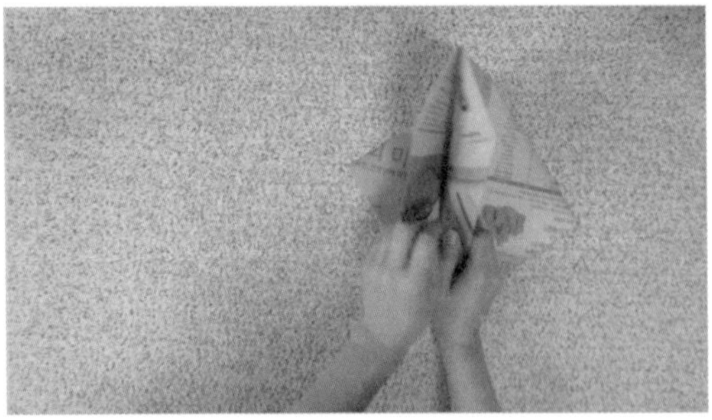

9. 반대 부분도 옆으로 펼친다.

10. 펼치며 접는다.

11. 절반으로 접는다.

12. 신문지 장난감 손잡이 부분을 표시한다.

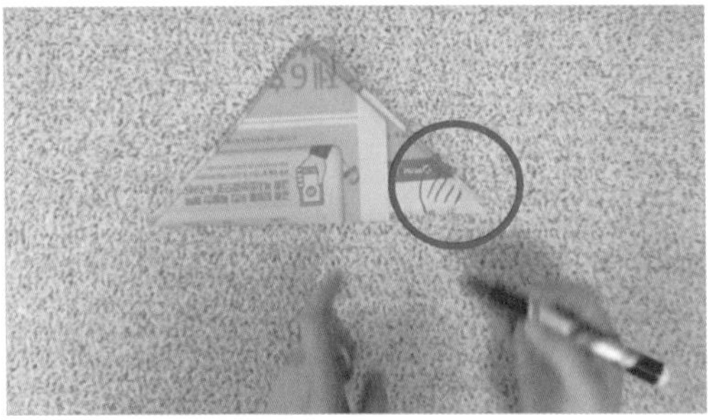

13. 반대쪽도 손잡이 부분을 표시한다.

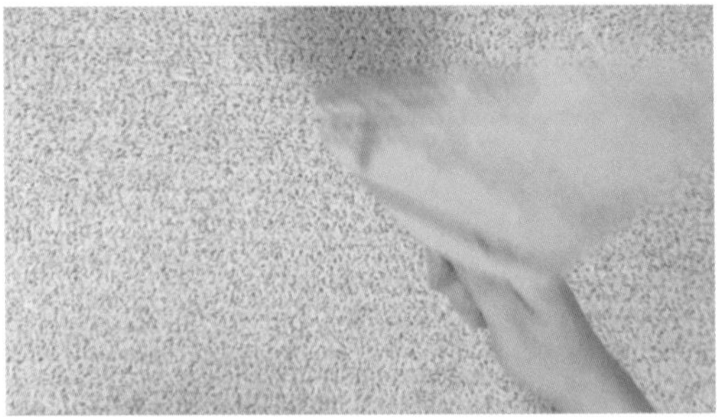

14. 손잡이 부분을 잡고 큰 소리가 나게 순간적으로 힘차게 내리친다.

15. 다시 소리를 내고자 할 때 튀어 나온 부분을 안쪽으로 접는다.

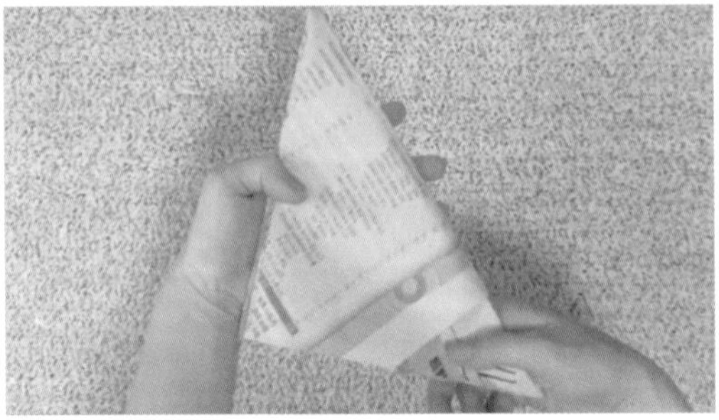

16. 정확하게 손잡이 부분을 잡고 내리쳐야 소리가 난다.

▶ 활동모습

큰 소리가 날 수 있으니 실외에서 자유롭게 장난감을 가지고 놀며 누가 더 큰 소리를 내는지 대결합니다.

신문지를 내리쳐 나는 소리를 달리기 시작 신호로 정하고 친구들과 돌아가며 달리기 놀이를 합니다.

놀이활용 Tip

1. 소리 나는 신문지 장난감의 손잡이 부분을 정확하게 잡고 내리쳐야 소리가 납니다.
   - 너무 세게 내리치면 신문지가 찢어질 수 있으므로 개인당 2~3개의 신문지 장난감을 만듭니다.
   - 신문지 장난감을 내리칠 때 주변 친구들이 다치지 않도록 유의합니다.
2. 소리를 낸 후 다시 소리를 내게 하기 위해서 튀어나온 부분을 안쪽으로 접는 연습을 합니다.
3. 실내에서 신문지 장난감 사용방법을 익힌 후 실외에 나가 편하게 신문지로 큰 소리를 내며 자유롭게 놉니다.
4. 누가 더 큰 소리를 내는지 대결, 신문지 장난감 신호에 따라 달리기 놀이 등 다양한 놀이에 활용합니다.

14 팽이_돌리기 & 뽑기 놀이

유아 | 초등 1~2학년 | 초등 3~6학년

#돌리는_재미 #뽑는_재미 #뱅글뱅글_돌리기

제작영상

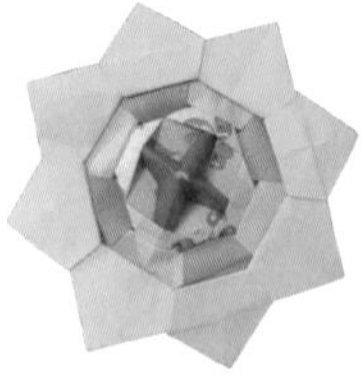

▶ 준비물

색종이 또는 A4용지(선택)

▶ 활동설명

팽이 접기는 아이들이 선호하는 종이접기 중의 하나입니다. 그 자체만으로 놀잇감이 될 수 있어 자연스럽게 친구들끼리 팽이 돌리기 놀이를 할 수 있습니다. 또한, 팽이에 포스트잇을 하나 붙여 모둠별로 수동식 뽑기 놀이를 할 수도 있습니다. 발표할 사람 뽑기, 모둠끼리 정한 벌칙자 뽑기 등 다양하게 활용할 수 있습니다.

▶ 활동방법

1. 대각선으로 접었다 펼친 후 접힌 선에 맞춰 네 부분을 안쪽으로 접는다.

2. 접힌 선에 맞춰 네 부분을 한 번 더 안쪽으로 접는다.

3. 접힌 선에 맞춰 네 부분을 한 번 더 안쪽으로 접은 후 불가사리 모양으로 접는다.

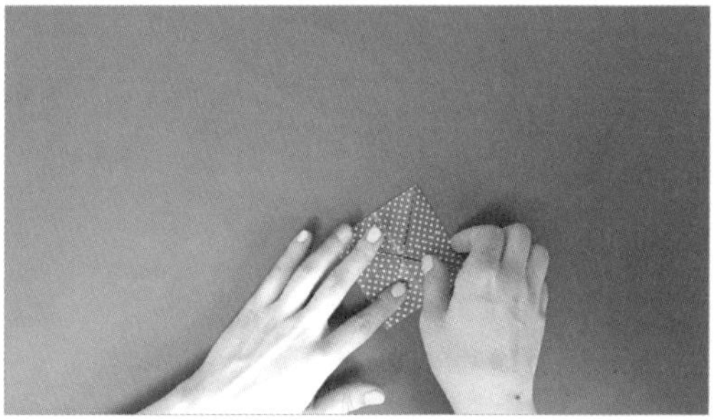

4. 다른 색종이로 대각선으로 접었다 펼친 접힌 선에 맞춰 네 부분을 안쪽으로 접은 후 뒤집어 안쪽으로 접는다.

5. 뒤집어 네 부분을 안쪽으로 접는다.

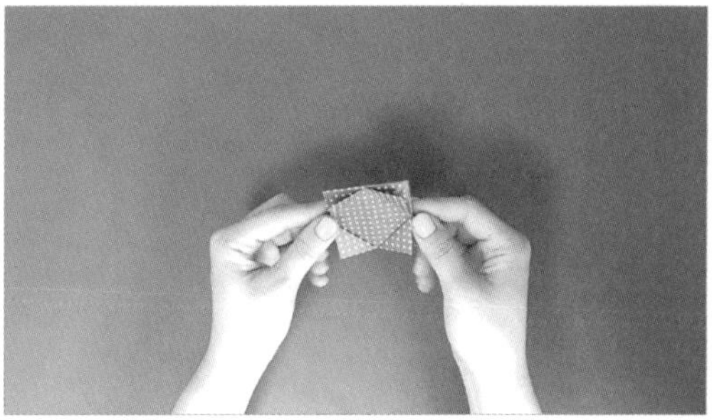

6. 안쪽 네 부분을 바깥쪽으로 접는다.

7. 처음에 만든 불가사리 모양(팽이 손잡이)를 안쪽으로 끼워 넣는다.

8. 다른 색종이로 가로 한 번, 세로 한 번을 접었다가 펼친 후 접힌 선에 맞춰 안쪽으로 접는다.

9. 펼친 후 네 부분을 안쪽으로 접고 다시 펼친다.

10. 아랫부분과 윗부분을 접은 후 왼쪽 부분과 오른쪽 부분을 접은 선에 따라 안쪽으로 접는다.

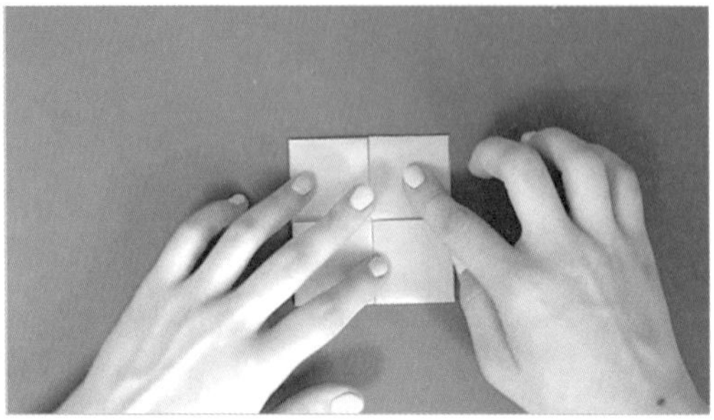

11. 작은 정사각형 부분을 사진과 같이 접는다.

12. 네 부분을 모두 접는다.

13. 네 부분을 바깥쪽으로 펼치며 접는다.

14. 안쪽 부분을 바깥쪽으로 접고 바깥쪽 뾰족한 부분을 안쪽으로 접는다.

15. 뾰족한 네 부분을 안쪽으로 밀어 넣는다.

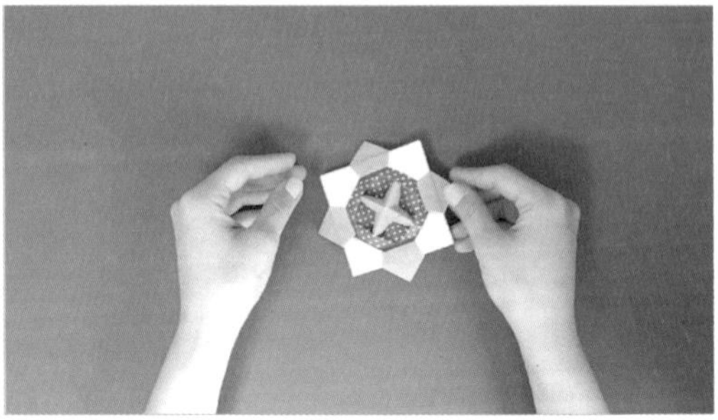

16. 접어놓은 것을 안쪽에 넣는다.

▶ 활동모습

각자 접은 팽이를 돌려 누가 오래 돌리는지 놀이를 합니다.

팽이에 포스트잇을 붙여 뽑기 놀이를 합니다.

놀이활용 Tip

1. 색종이 3장(몸통 2장과 손잡이 1장)으로 접은 팽이에 A4용지를 더해 팽이를 만들면 더 큰 팽이를 만들 수 있습니다.
   - 팽이가 클수록 도는 시간이 길어집니다.
2. 팽이 오래 돌리기 놀이는 4~6명씩 예선을 치룬 후 결선에 올라간 친구끼리 대결을 해서 우승자를 뽑는 방식으로 진행합니다.
3. 포스트잇을 붙인 팽이를 서랍에 넣어 두고 있다가 수업시간 필요시 발표자 뽑기 등에 활용할 수 있습니다.
4. 접는 방법이 조금 어려울 수 있어 먼저 접은 친구가 어려움을 겪는 친구를 도와줄 수 있도록 합니다.
5. 색종이의 색깔이나 무늬를 달리할수록 예쁜 팽이를 만들 수 있습니다.

색종이 접기가 좋은 이유

색종이 접기는 누구나 한번쯤은 해본 활동입니다. 어릴 적 색종이를 사면 같이 포장되어 있는 종이 접기 그림을 보고 따라 접었던 기억이 있습니다. 그림을 보고만 접다보니 중간에 어려움을 겪어 포기한 적도 있지만, 끝까지 열심히 접어 완성할 때면 기분이 매우 좋았습니다. 그렇게 만든 개구리, 종이비행기, 표창 등은 장난감이 따로 없었던 어릴 적 아주 훌륭한 장난감이 되었습니다. 또한, 쉬는 시간에 친구들과 이야기를 나누며 종이학, 종이거북이 접는 방법을 배우면서 함께 만들던 기억이 생각납니다. 이런 즐거운 추억이 있는 색종이 접기가 좋은 이유를 정리해 보면 다음과 같습니다.

첫째, 색종이 접기는 어디서든 쉽고 편하게 창작활동을 할 수 있습니다

색종이는 어디서든 쉽게 구할 수 있습니다. 색종이 접기를 접하는 방법도 예전에 비해 쉬워졌습니다. 예전에는 색종이 접는 방법이 그림으로만 제공되었으나 요즘은 영상으로 색종이 접는 방법을 알 수 있습니다. 그림으로 색종이 접는 과정을 보기보다 영상을 보며 따라 접으면 보다 쉽게 원하는 색종이 접기를 통한 창작활동을 할 수 있습니다.

둘째, 색종이 접기는 누구나 할 수 있습니다

어릴 적 고사리 손으로 형을 따라 색종이를 접기 위해 노력했던 기억이 납니다. 접근하는 방식이 그리 어렵지 않기에 누구나 시도해볼 수 있습니다. 그리고 시도를 하다 보면 접는 기술이 조금씩 좋아져 완성품을 만들이 낼 수도 있습니다. 접고 자르고 찢고 붙이는 단순한 과정을 통해 완성물을 만들어 가기에 유아부터 성인까지 누구나 쉽게 색종이 접기를 할 수 있습니다.

셋째, 색종이 접기는 종류가 다양합니다

유튜브에서 색종이 접기를 검색하면 정말 다양한 색종이 접기가 나옵니다. 색종이로 장난감 만들기, 캐릭터 만들기, 색종이 접기를 활용한 미술 작품 등 그 수와 종류는 셀 수 없이 많습니다. 다양한 분야의 색종이 접기 중 자신이 좋아하는 분야를 골라 한다면 더욱 즐겁고 재미있게 색종이 접기를 즐길 수 있습니다.

넷째, 색종이 접기는 장점이 많습니다

색종이를 접어 완성시키는 것 자체에서 오는 즐거움과 성취감이 가장 큰 장점입니다. 접는 과정에 집중하는 동안 근심이나 걱정이 어느새 사라져 스트레스를 해소할 수 있습니다. 무엇보다 완성하기 위한 과정을 거치면서 집중력과 인내심을 키울 수 있습니다. 또한, 소근육 발달을 통해 두뇌가 발달합니다.

이와 같은 색종이 접기의 다양한 특징과 장점을 이해하고, 아이들이 색종이 접기를 언제 어디서든 즐길 수 있도록 환경을 마련해 주기 바랍니다.

색종이 예쁘게 접는 법

색종이 접기를 많이 접해 보지 않은 아이들은 단순히 종이를 반으로 접는 것조차 어려워 합니다. 그리고 열심히 따라 접었는데 결과물이 기대에 미치지 못해 실망하고, 자신의 색종이 접기 실력에 좌절하며 '나는 색종이 접기를 못해'라고 단정 지어 버리기도 합니다.
이런 실수를 하지 않기 위해서는 색종이 접는 습관을 바르게 들이는 것이 중요합니다.

첫째, 천천히 접습니다

영상을 보고 따라 접을 때 영상 속도에 맞춰야 한다는 생각에 급하게 색종이를 접는 아이들이 많은데, 접는 방법이 잘못되거나 제대로 접지 못해 결과물이 깔끔하게 나오지 않는 경우가 생길 수 있습니다. 그러므로 실력이 어느 정도 쌓이기 전까지는 영상을 보고 멈춘 다음 천천히 접을 수 있도록 시간적 여유를 주는 것이 중요합니다.

둘째, 색종이의 끝을 잘 맞춘 다음 색종이를 눌러 접습니다

첫 번째 주의사항과 연계되는 내용인데, 색종이 접기를 급하게 하다 보면 색종이의 끝을 잘 맞추지 못하는 경우가 생깁니다. 이런 경우 결과물이 예쁘게 나올 수가 없습니다. 반으로 접을 때도 색종이의 끝과 끝이 정확히 만나도록 해야 합니다. 그러므로 색종이의 끝을 잘 맞춘 후에 그 부분을 잡고 색종이를 눌러 접어 접는 선이 정확하도록 하는 것이 중요합니다.

셋째, 손톱을 이용해 접는 선을 선명하게 접습니다

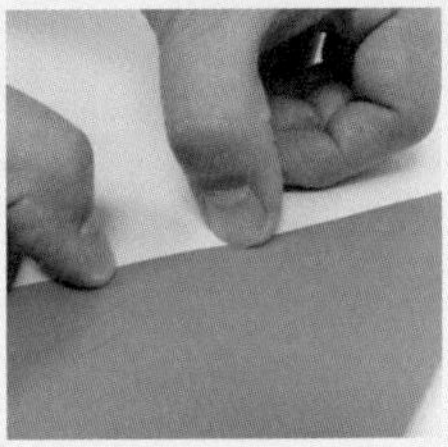

이 방법을 현장에서는 손톱 다림질이라고도 하는데, 접을 때마다 손톱 다림질을 제대로 할 수 있도록 해야 합니다. 손톱 다림질하는 습관을 들이면 어려운 색종이 접기를 해도 깔끔한 결과물을 만들어 낼 수 있습니다. 습관적으로 선을 선명하게 밀어 접도록 합니다.

넷째, 도구를 활용해 접는 선을 선명하게 접습니다

한 부분을 여러 번 접다 보면, 색종이가 두꺼워져서 손톱 다림질로는 부족할 때가 있습니다. 이럴 때는 플라스틱 자 또는 플라스틱 카드 등을 사용해 접는 선을 문질러주면 훨씬 쉽고 깔끔하게 접을 수 있습니다.

이렇게 위의 4가지 방법을 통해 색종이 접는 습관을 바르게 들이면 한층 더 완성도 높은 색종이 접기를 할 수 있습니다.

PART 02

특별한 날 미술놀이

(#특별한날_더욱_특별 #시기별_맞춤_미술 #계기_교육)

01 학기 초_ 나만의 이름스티커 만들기

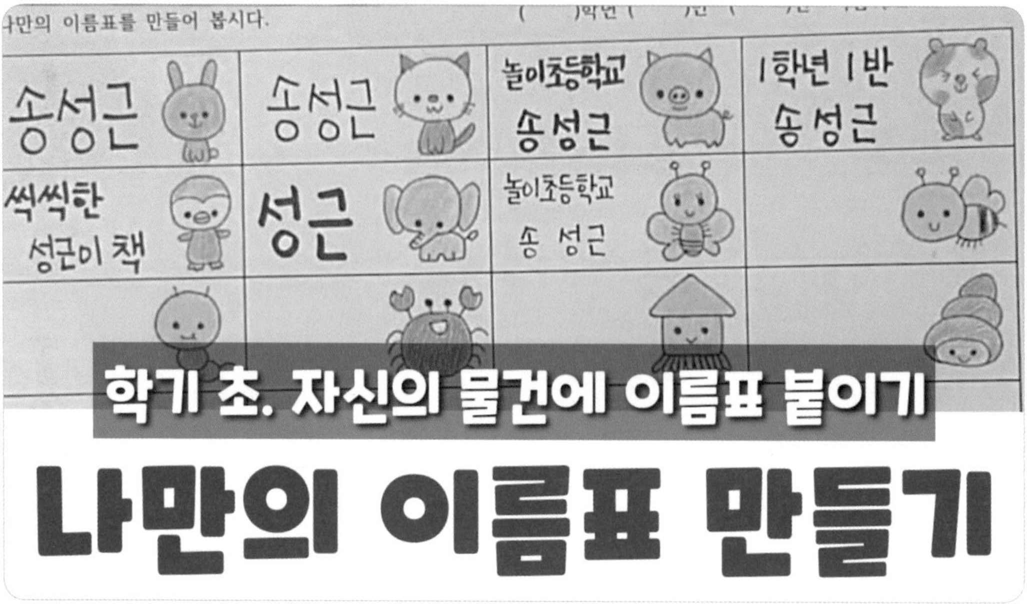

유아 | 초등 1~2학년 | 초등 3~6학년

#개성_듬뿍_이름스티커 #학용품+책_붙이기 #학기초_활동

제작영상

▶ 준비물

도안 인쇄(라벨지 인쇄 추천), 가위, 색연필, 네임펜, 풀, 스카치테이프

▶ 활동설명

자신의 물건에 이름을 붙이면 물건을 소중하게 생각하는 마음을 갖게 됩니다. 물건을 잃어버릴 때도 보다 쉽게 찾을 수 있습니다. 자신의 개성을 담은 이름스티커를 만들어 자신의 물건에 붙여 보는 활동입니다. 도안은 2가지 스타일로 그림을 그리기 어려운 학생에게는 그림이 그려진 도안을 제공하고, 그림을 그리고 싶은 학생에게는 빈칸의 도안을 제공하면 좋습니다.

▶ 활동방법

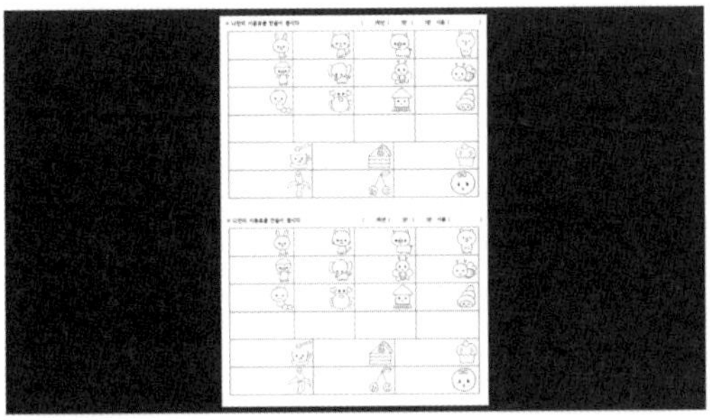

1. (그림을 그리기 어려운 학생용) 도안1을 인쇄(라벨지 추천)하며, 기본 그림이 그려져 있다.

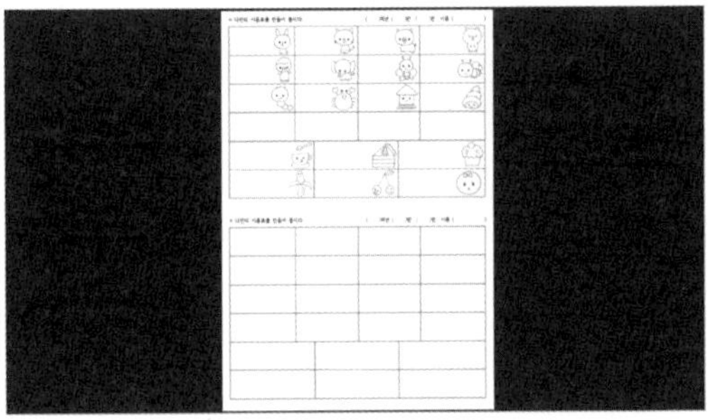

2. (그림을 그리고 싶은 학생용) 도안2를 인쇄(라벨지 추천)하며, 기본 그림이 절반만 그려져 있다.

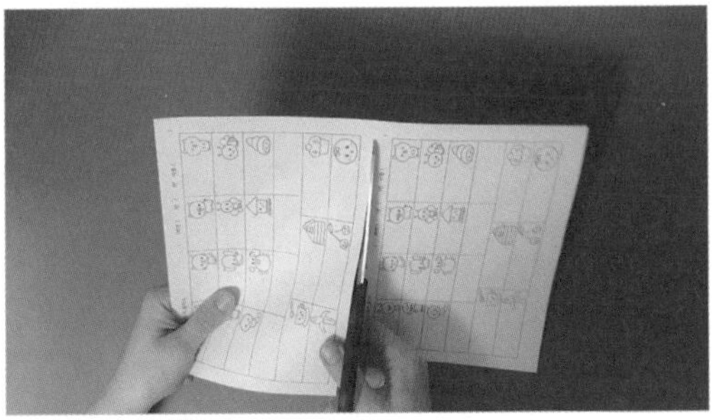

3. 도안을 가위로 자른다.

4. 기본 그림에 자신이 원하는 색을 칠한다.

5. 색연필로 성의 있게 예쁘게 칠한다.

6. 모든 기본 그림을 색연필로 칠한다.

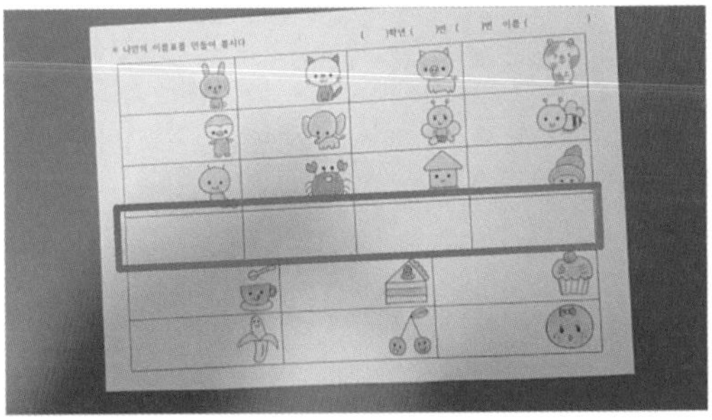

7. 빈칸 1줄은 자신이 원하는 그림을 그리는 공간이다.

8. 네임펜으로 자신의 이름을 적는다.

9. 학교 이름, 학년과 반 등을 쓴다.

10. 자신이 원하는 스타일로 적는다.

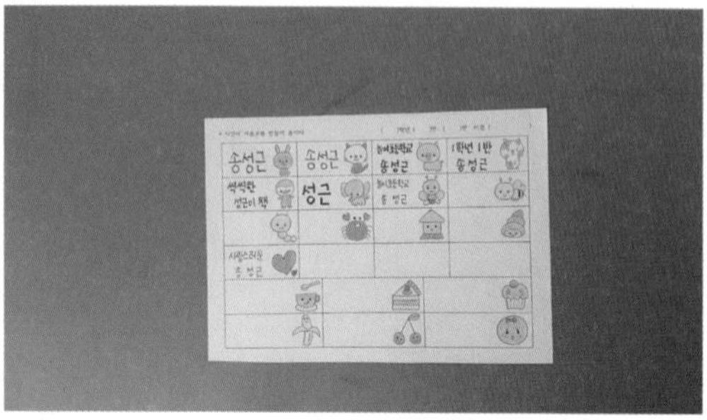

11. 나만의 이름스티커를 꾸민다.

12. 선을 따라 가위로 자른다.

13. 교과서에 붙인 후 스카치테이프를 붙인다.

14. 노트나 종합장 등에 붙인 후 스카치테이프를 붙인다.

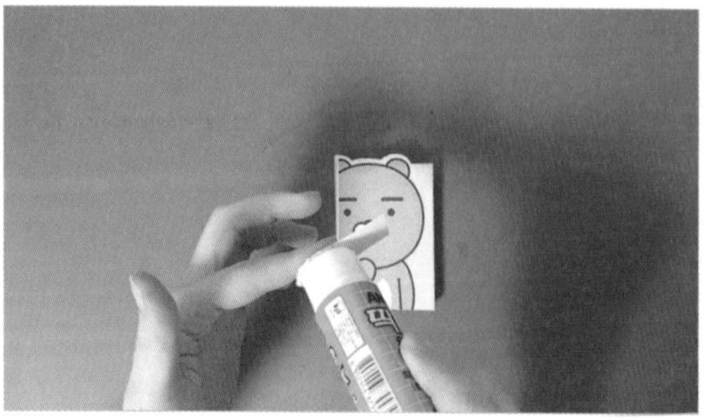

15. 라벨지가 아니라면 풀을 이용해 붙인다.

16. 자신의 학용품에 붙인다.

▶ 활동모습

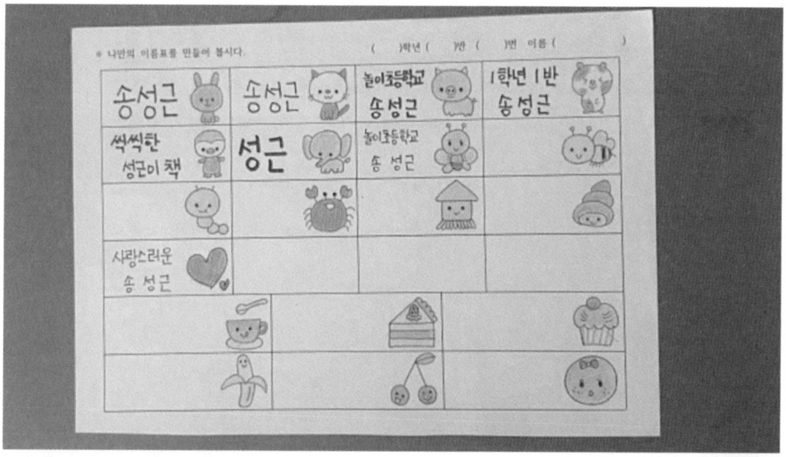

기본 그림을 색칠하고, 빈 칸에는 자신이 원하는 그림을 그려 완성합니다.

노트, 교과서, 학용품 등 다양한 곳에 자신이 만든 이름스티커를 붙입니다.

놀이활용 Tip

1. 책 표지 날개에 제시된 QR코드를 스캔하여 받은 자료를 활용합니다.
2. 도안을 라벨지에 인쇄해 사용하는 것을 추천합니다.
   - 라벨지가 아닌 A4용지에 인쇄한 경우 풀로 붙입니다.
3. 자신의 물건에 이름스티커를 붙인 후 위에 스카치테이프로 붙이면 오랫동안 보존이 가능합니다.
4. 1학기 초에 기본 그림으로 활동하였다면 2학기 초에는 빈칸 도안을 제공해 주면 좋습니다.
5. 교과서나 노트 등에 붙이는 위치를 일정하게 정해주면 회수 후 확인할 때 좀 더 쉽게 이름 확인이 가능합니다.

02 식목일_ 휴지를 활용한 나무 표현하기

유아 | 초등 1~2학년 | 초등 3~6학년

#식목일_활동 #재활용품_활용 #환경미술 #업싸이클링_미술활동

제작영상

▶ 준비물

휴지, A4 도화지, 수채물감, 물통, 파레트, 붓, 가위, 풀

▶ 활동설명

환경을 생각하며 식목일에 할 수 있는 미술활동입니다. 우리가 늘 사용하고 있는 휴지가 나무로 만들어졌다는 것을 알고, 나무를 재료로 하여 만들어진 휴지를 다시 나무로 되돌려 만드는 과정을 통해 자원은 순환한다는 것을 익힐 수 있습니다. 환경을 생각하는 미술활동을 하면서 식목일의 의미를 생각해 봅니다.

▶ 활동방법

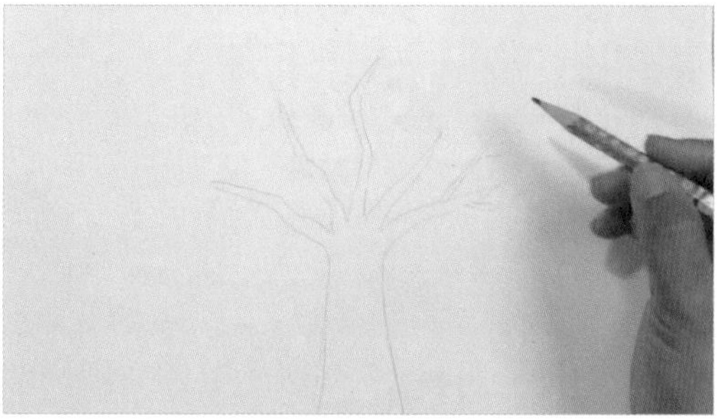

1. 도화지에 나무를 스케치한다.

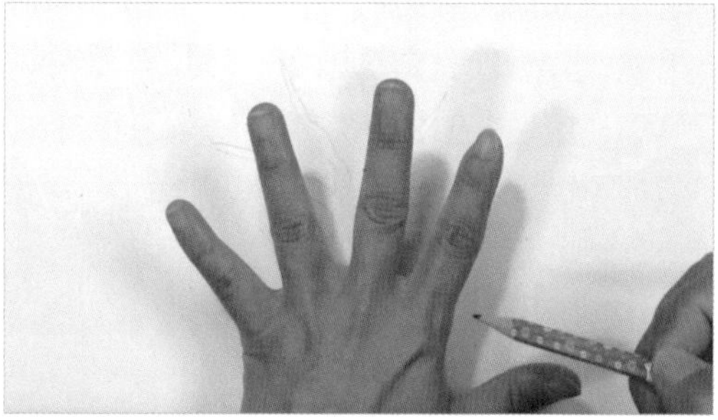

2. 손을 펼쳐 나무 그리기에 활용할 수 있다.

3. 나무를 채색한다.

4. 짙은 색을 겹쳐서 나무를 표현한다.

5. 나무의 결이 느껴지도록 일자로 그어가며 채색한다.

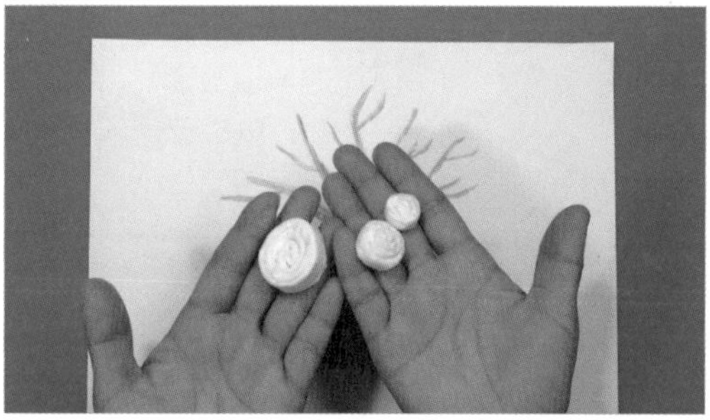

6. 휴지를 활용해 휴지꽃을 만든다.

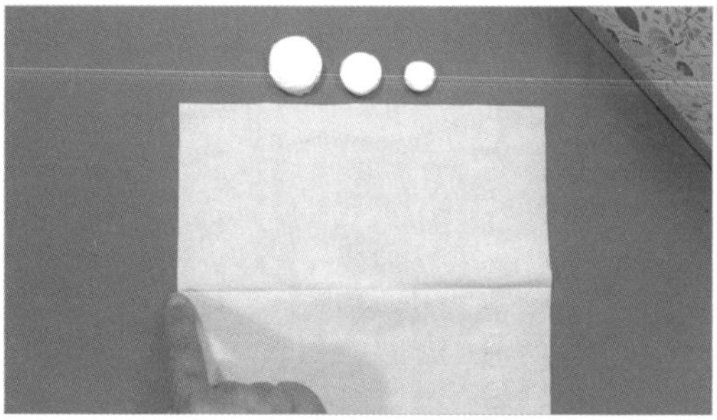

7. 각티슈 한 장을 가운데 선을 따라 접는다.

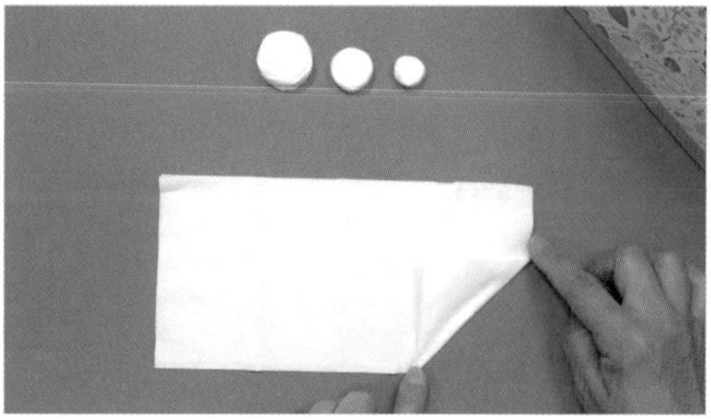

8. 모서리 끝부분을 살짝 접어준다.

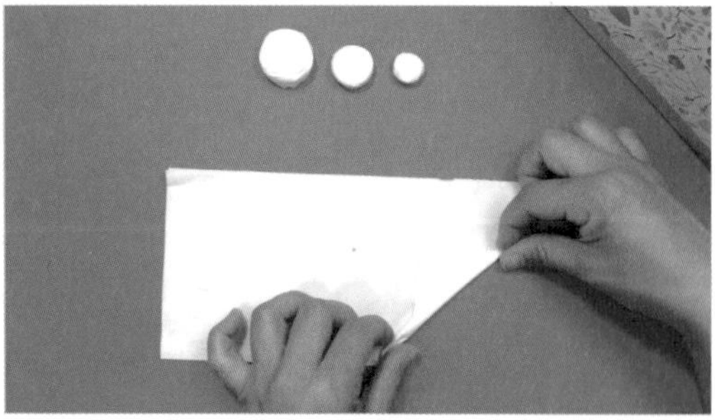

9. 끝부분부터 말아준다.

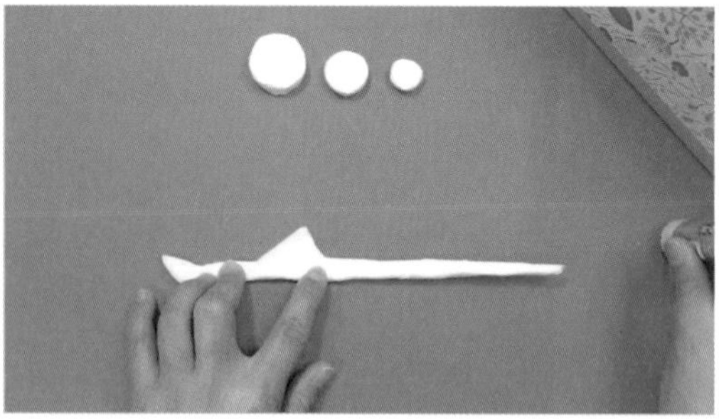

10. 휴지를 말아준 후 마지막 부분에서 풀리지 않도록 풀을 이용해 붙인다.

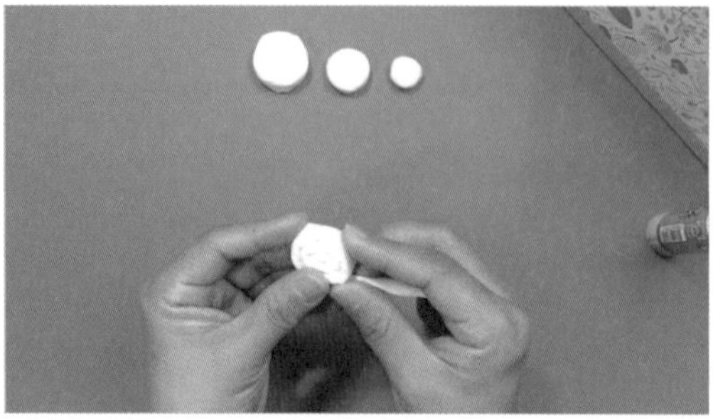

11. 길게 말린 휴지를 다시 한 번 돌돌 말아준다.

12. 만들어진 휴지꽃을 나뭇가지 위에 붙인다.

13. 휴지꽃에 채색을 한다.

14. 휴지꽃 가운데 부분에 짙은 색으로 점을 찍어 수술을 표현한다.

15. 나무 아래에 잔디를 그린다.

16. 좀 더 진한 색으로 잔디를 겹쳐 그린다.

▶ 활동모습

학생 작품

교실 환경 꾸미기

놀이활용 Tip

1. 미리 제작영상을 학생들에게 보여주어 전체적인 활동방법을 익히도록 합니다.
2. 나무 그리기를 어려워하는 학생의 경우 손을 펼쳐서 나뭇가지 그리기를 할 수 있도록 합니다.
3. 나무를 색칠할 때는 나무의 결이 살아나도록 선을 그어서 표현합니다.
4. 휴지꽃의 크기는 휴지의 크기에 의해 결정되므로 휴지를 잘라서 다양한 크기의 휴지꽃을 만들도록 합니다.
5. 휴지꽃을 채색할 때는 다양한 색상을 활용하면 계절에 맞는 미술활동이 가능합니다.
6. 잔디를 표현할 때는 선을 그어 표현하고, 옅은 색부터 진한 색으로 겹쳐서 칠하면 더 자연스럽게 표현할 수 있습니다.

03 가정의 달_색종이 접기

유아 | 초등 1~2학년 | 초등 3~6학년

#집_만들기, #편지+가족소개, #5월_미술활동

제작영상

▶ 준비물

색종이(대형 색종이, 일반 색종이), 풀, 가위, A4용지, 펜

▶ 활동설명

가정의 달을 맞이하여 가정의 의미를 느낄 수 있는 다양한 활동을 하나로 엮은 종합적인 활동입니다. 가족 소개하기, 가족에게 편지 쓰기, 집 꾸미기 등을 한 번의 활동으로 할 수 있습니다. 가정의 달을 맞이하여 색종이를 활용한 가정의 달 미술활동을 해보기 바랍니다.

▶ 활동방법

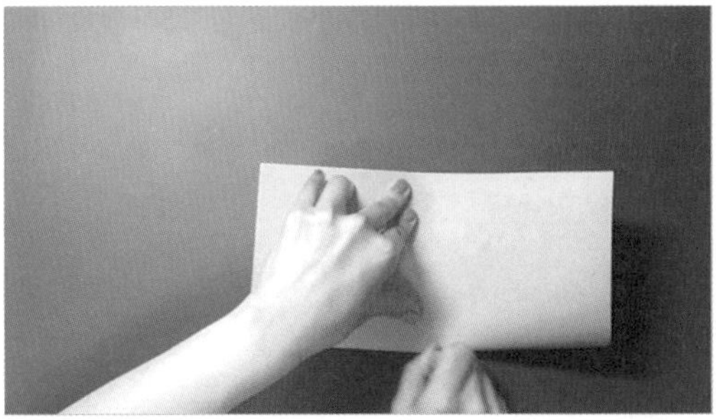

1. (집 모양 접기) 대형 색종이(26*26)를 절반으로 접고 펼친다.

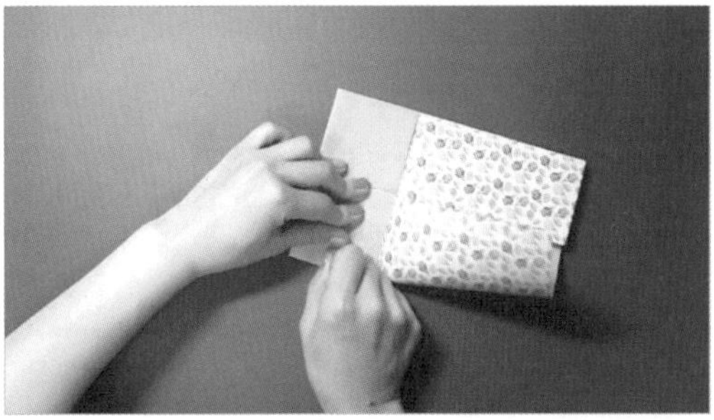

2. 접힌 선에 맞춰 한쪽 면을 절반으로 접은 후 뒤집어 양쪽 면을 중앙에 맞춰 접는다.

3. 위쪽의 두 부분을 대각선으로 접은 후 펼쳐 접힌 선을 따라 바깥쪽으로 펼친다. 풀로 안쪽 부분을 붙인다.

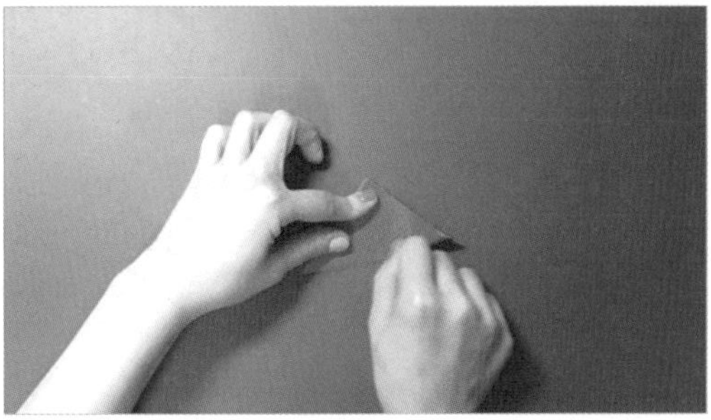

4.(하트 접기) 빨간색 색종이 1/4 사이즈 1장을 대각선으로 접고 펼친다.

5. 아랫부분과 윗부분을 접은 선에 맞춰 두 번 안쪽으로 접는다.

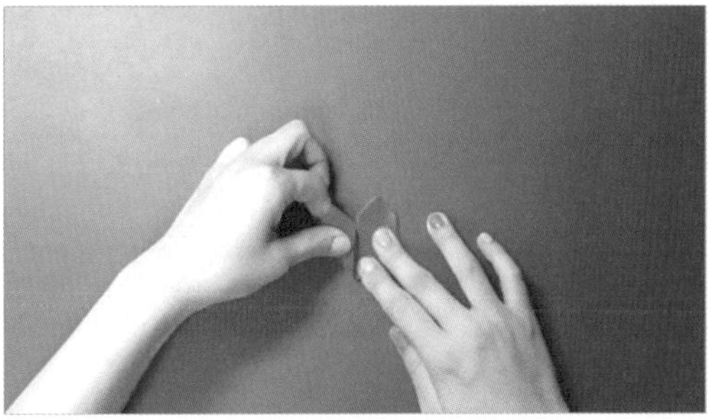

6. 중앙의 접은 선에 맞춰 양쪽을 대각선으로 꺾어 올린 후 풀로 붙인다.

7.(가족 얼굴 접기) 검은색 색종이를 1/4로 자른다.

8. 절반으로 접고 펼친 후 접은 선에 맞춰 앞과 뒤로 접는다. 중앙의 접은 선에 맞춰 양쪽을 접는다.

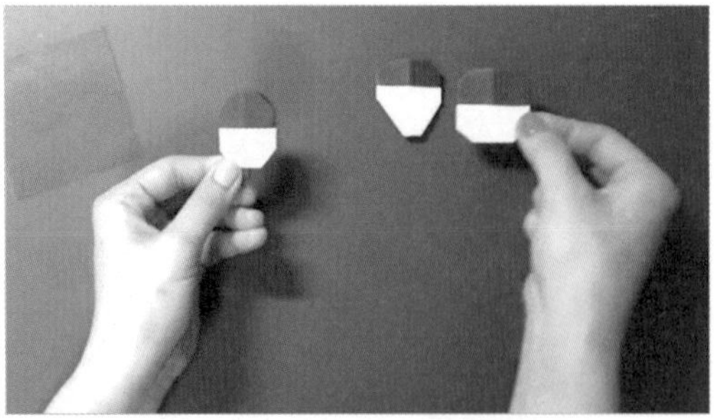

9. 가족의 얼굴 특징에 맞는 얼굴형으로 접는다.

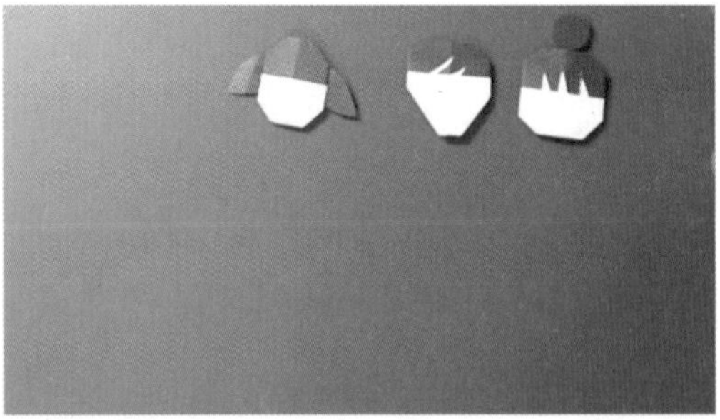

10. 가족의 얼굴 특징에 맞게 머리를 가위로 자르거나 붙여 완성한다.

11.(액자 틀 접기) 색종이 1장을 대각선으로 접고 펼친다.

12. 접은 선에 맞춰 네 부분을 안쪽으로 접는다.

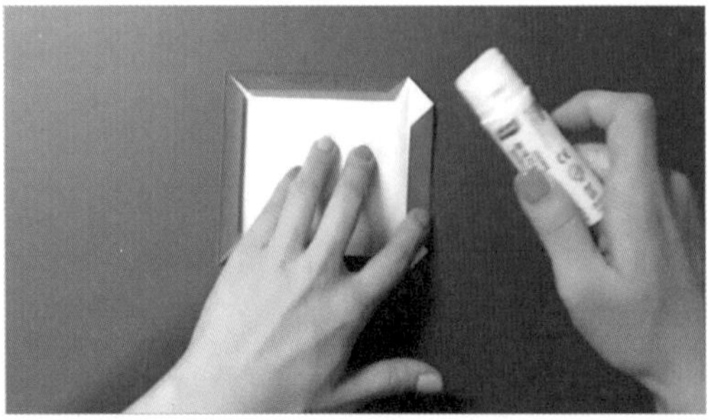

13. 각 부분을 안쪽으로 두 번 접고 풀로 붙인다.

14. 액자 틀 2개를 접어 집 모양 색종이 바깥 부분에 1개를 붙이고 주제를 적는다.

15. 안쪽으로 액자 틀 1개를 붙이고 가족에게 편지를 쓴다.

16. 안쪽에 하트를 붙이고 가족 얼굴을 붙힌 후 소개글을 적는다.

▶ 활동모습

가족 얼굴 접기를 이용해 카드 만들기를 할 수 있습니다.

액자 틀에 카네이션을 접어 붙일 수 있습니다.

가정의 달 색종이 접기 작품을 재량껏 꾸미고 환경구성으로 전시할 수 있습니다.

놀이활용 Tip

1. 위 방법은 기본 방식으로 자신의 개성에 맞게 다양하게 꾸밀 수 있습니다.
   예) 가족 얼굴 접기 대신 가족사진 붙이기, 카네이션 붙이기 등
2. 5월 초 작품을 만들고 학급에 전시 후 어버이 날에 가정으로 보낼 수 있습니다.
   - 부모님께 편지 쓰고 보내기 활동과 연계해서 진행할 수 있습니다.
3. 가족 얼굴 꾸미기 활동을 활용하여 가족에게 보내는 카드 만들기를 할 수 있습니다.
4. 대형 색종이 대신 16절지 도화지나 A4용지를 정사각형으로 만들어 활용할 수 있습니다.

04 어버이날_카네이션 카드 만들기

유아 | 초등 1~2학년 | 초등 3~6학년

#어버이날 #쉽지만_예쁜_카드만들기 #카네이션카드

제작영상

▶ 준비물

색도화지, 습자지, 얇은 철사, 풀, 가위, 선택 재료(도일리페이퍼, 보석스티커)

▶ 활동설명

습자지를 활용하여 간단하게 카네이션을 만드는 활동입니다. 쉽지만 완성도가 높게 나오는 작품이며, 다양한 색깔의 습자지를 활용하여 풍성하면서도 화려한 느낌의 카네이션을 만들 수 있습니다. 카네이션에 옷핀을 달아서 사용해도 좋고, 색도화지에 붙여 카드 만들기에 활용할 수도 있습니다.

▶ 활동방법

1. A4 크기의 습자지를 반으로 자른다.

2. 7~7.5cm 간격으로 자른다.

3. 자른 습자지를 5장 정도 겹쳐준다.

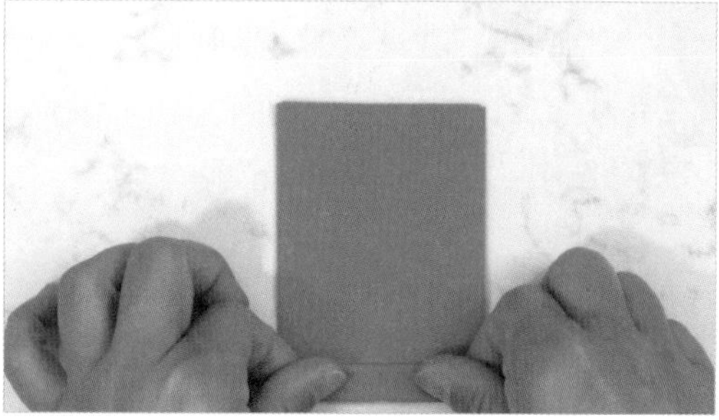

4. 1cm 정도의 간격으로 접어 올린다.

5. 종이의 끝까지 접어올린다.

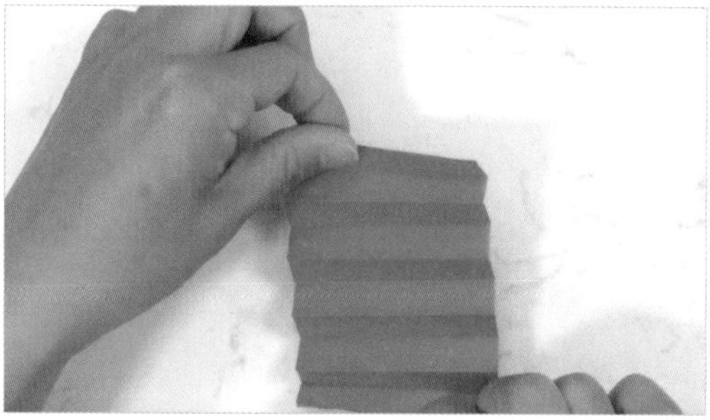

6. 앞뒤로 번갈아 접어 사진과 같은 모양이 되게 한다.

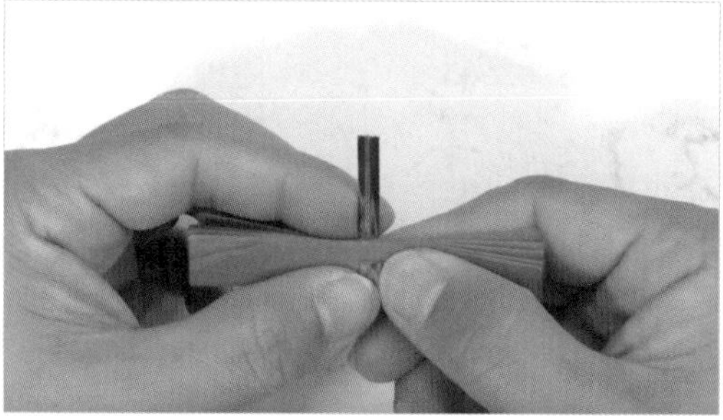

7. 가운데 부분을 가는 철사로 묶는다.

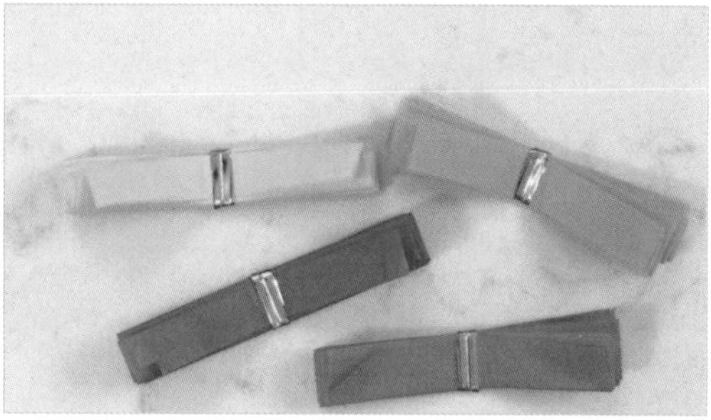

8. 여러 색의 습자지를 활용한다.

9. 겹쳐진 습자지를 한 장씩 위로 빼낸다.

10. 반대편도 같은 방법으로 습자지를 빼낸다.

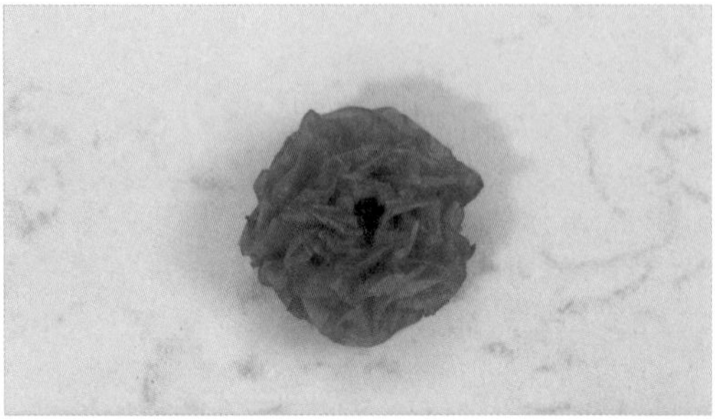

11. 손으로 꽃 모양을 다듬어 준다.

12. 다양한 색상의 카네이션을 만든다.

13. 8절 색도화지를 반으로 접어 카드를 만든다.

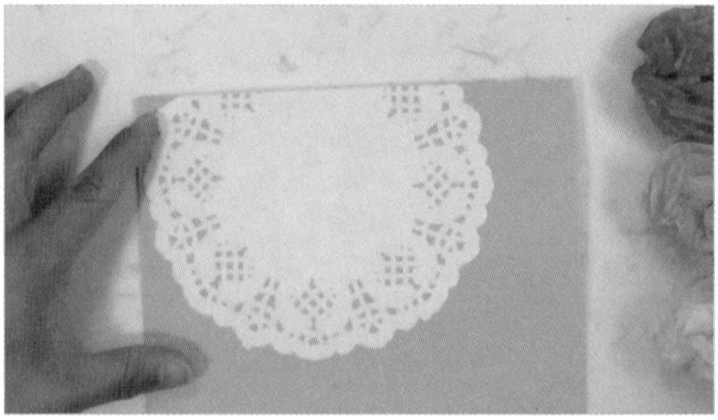

14. 도일리페이퍼를 붙인다.

15. 풀로 꽃을 붙이고, 도화지로 나뭇잎을 만들어 붙인다.

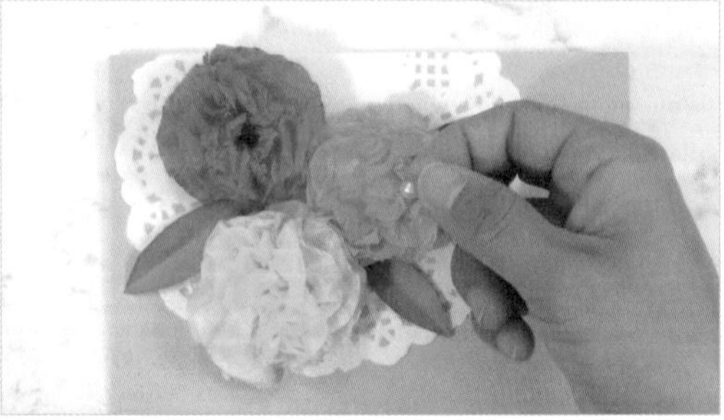

16. 보석스티커를 활용해 장식한다.

▶ 활동모습

카드를 만들어서 마음을 담습니다.

학생 작품

놀이활용 Tip

1. 습자지 색상이나 카드의 크기 등을 학생이 자유롭게 선택할 수 있도록 합니다.
2. 습자지를 많이 겹칠수록 풍성한 꽃이 나옵니다.
3. 겹쳐진 습자지를 빼낼 때는 습자지가 찢어지지 않도록 조심합니다.
4. 습자지를 묶을 때는 공예용 철사, 빵끈, 실 등을 활용할 수 있습니다.
5. 다양한 꾸미기 재료를 가지고 더욱 창의적으로 카드 만들기에 활용합니다.

05 어버이날_색종이 카네이션 만들기

유아 | 초등 1~2학년 | 초등 3~6학년

#어버이날 #간단한_카네이션 #카네이션_종이접기

제작영상

▶ 준비물

색종이, 풀, 가위, 모양가위, 스카치테이프, 옷핀

▶ 활동설명

어버이날에 부모님 가슴에 달아드릴 수 있는 카네이션 종이접기 방법입니다. 유아나 저학년에 적합한 간단한 카네이션 종이접기로 옷핀을 달아 카네이션 브로치를 만들 수 있습니다. 사용하는 색종이의 크기를 바꾸어 다양한 크기의 카네이션을 만듭니다. 카네이션을 활용해 상자를 꾸미거나 편지에 붙이는 등 다양한 용도로 사용이 가능합니다.

▶ 활동방법

1. 빨간색 15cm, 초록색 7.5cm의 색종이를 준비한다.

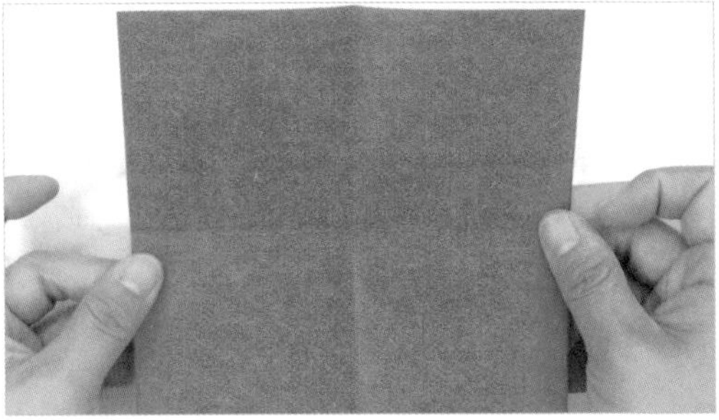

2. 빨간색 종이를 가로, 세로로 접어 4등분이 되도록 한다.

3. 접은 선을 따라 잘라서 모두 7.5cm 크기의 종이를 만든다.

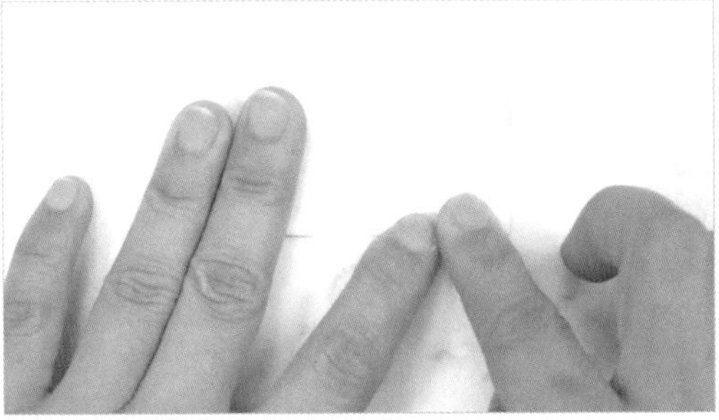

4. 빨간색 종이를 반으로 접는다.

5. 반대 방향으로도 반으로 접어 4등분이 되도록 한다

6. 흰색이 위로 향하도록 한 다음 대각선 방향으로 반으로 접는다.

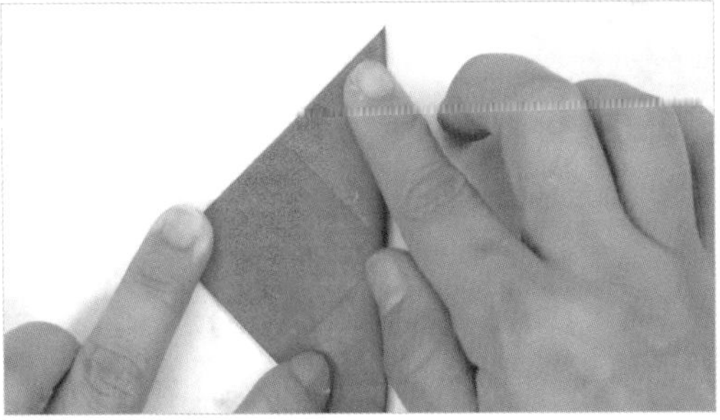

7. 다른 대각선 방향으로도 반으로 접는다.

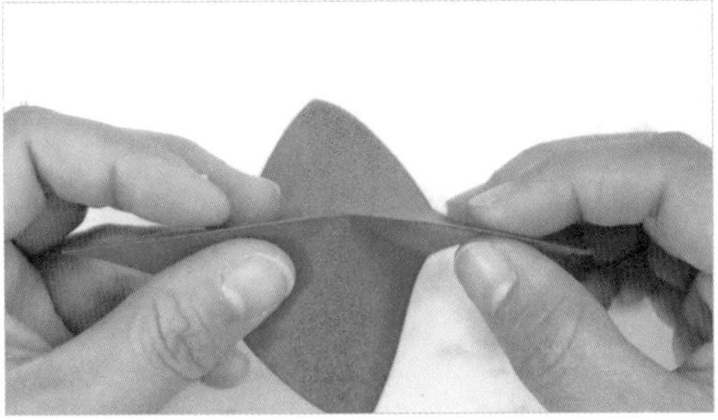

8. 접힌 선을 따라 모아준다.

9. 두 개의 삼각형이 겹쳐진 모양이 된다.

10. 종이 양쪽을 가운데 선에 맞추어 올려 접는다.

11. 완성된 꽃잎을 똑같이 3장 준비한다.

12. 초록색 종이는 꽃잎과 똑같이 접은 후 뒤쪽에 있던 종이까지 가운데로 모아 접는다.

13. 꽃잎 총 3장, 꽃받침 1장을 접는다.

14. 꽃잎 3장을 서로 끼워 풀로 붙인다.

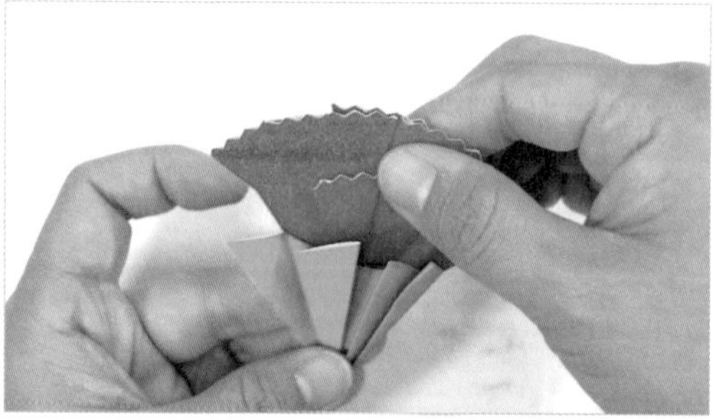

15. 꽃받침은 꽃잎의 아래쪽에 끼워 풀로 붙인다.

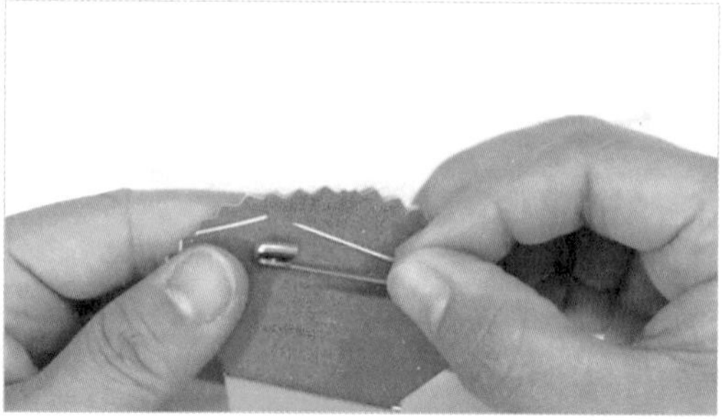

16. 완성된 카네이션의 뒷면에 옷핀을 스카치테이프로 붙인다.

▶ 활동모습

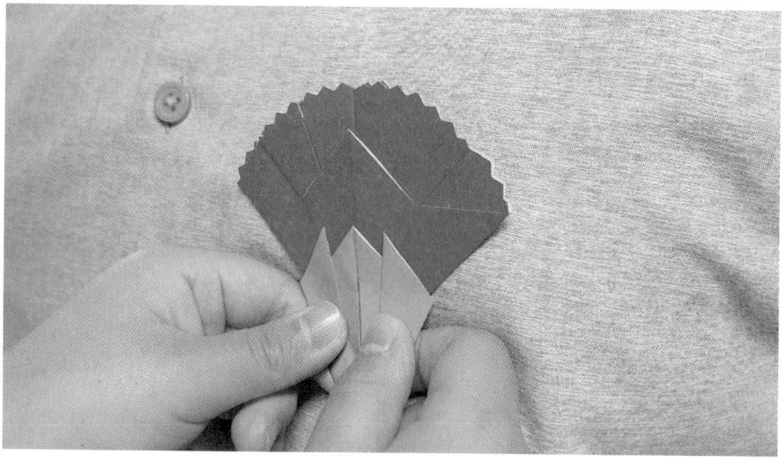

부모님 가슴에 달아드립니다.

감사 편지에 붙입니다.

놀이활용 Tip

1. 꽃잎의 개수를 늘이면, 좀 더 풍성한 카네이션을 만들 수 있습니다.
2. 색종이를 더 큰 크기로 사용하면, 좀 더 큰 카네이션을 만들 수 있습니다.
3. 카네이션 밑에 도일리페이퍼 등을 붙이면, 좀 더 화려한 카네이션이 됩니다.
4. 꽃잎을 만든 후 끝부분을 모양가위로 잘라주어도 좋습니다.
5. 옷핀을 달 때는 스카치테이프를 이용하고, 옷핀에 찔리지 않도록 조심합니다.

06 가을_나만의 책갈피 만들기

유아 | 초등 1~2학년 | 초등 3~6학년

#가을_독서의_계절 #나만의_책갈피 #명언+좌우명_적기

제작영상

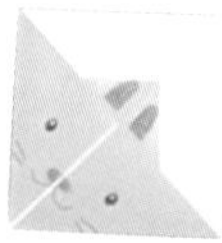

▶ 준비물

색종이, 펜

▶ 활동설명

가을은 독서의 계절입니다. 독서할 때 사용하기 좋은 책갈피를 스스로 만들어 보는 활동입니다. 색종이로 접은 후 자신이 원하는 디자인으로 꾸밀 수 있으며 자신이 좋아하는 명언(독서 명언), 자신의 좌우명 등을 적습니다. 나만의 책갈피를 만들며 책과 조금 더 가까워지길 바랍니다.

▶ 활동방법

1. 색종이 1장과 각종 펜을 준비한다.

2. 색종이를 대각선으로 접는다.

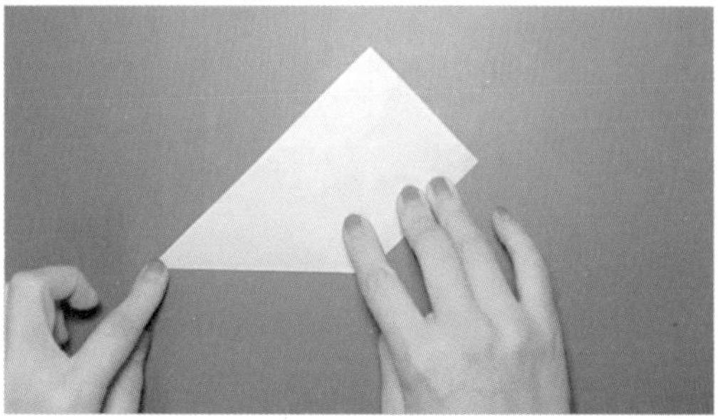

3. 한쪽을 위쪽으로 접는다.

4. 반대쪽도 같은 방법으로 접고 펼친다.

5. 윗부분을 아래로 접는다.

6. 한쪽을 안쪽으로 접는다.

7. 반대쪽도 안쪽으로 접는다.

8. 접은 것을 펼친다.

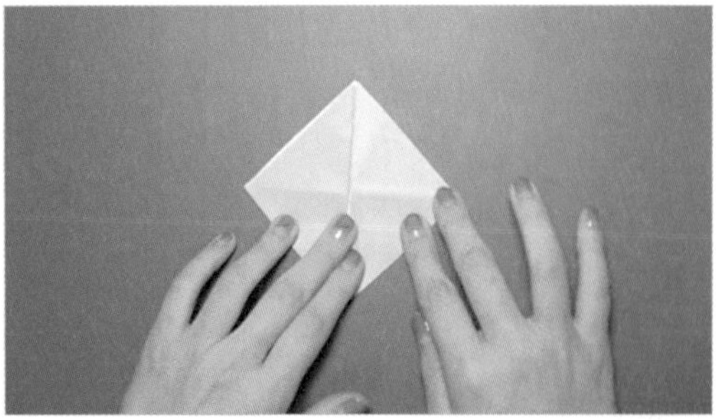

9. 양 옆쪽을 위로 접는다.

10. 적당하게 아래로 접는다.

11. 접힌 부분을 안쪽으로 접어 넣는다.

12. 접기 완성 모습

13. 다양한 펜으로 예쁘게 꾸민다.

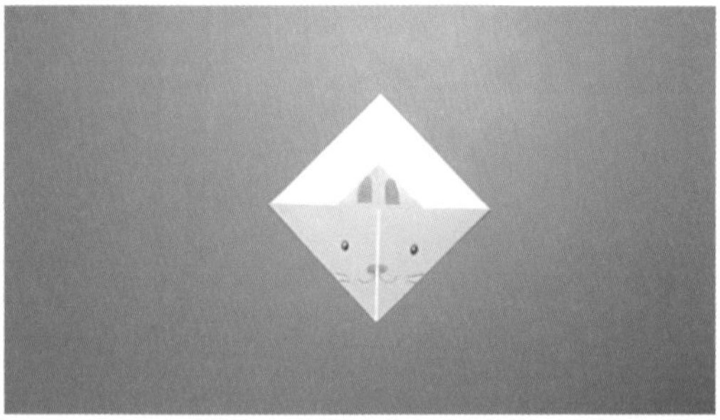

14. 토끼로 꾸민 모습

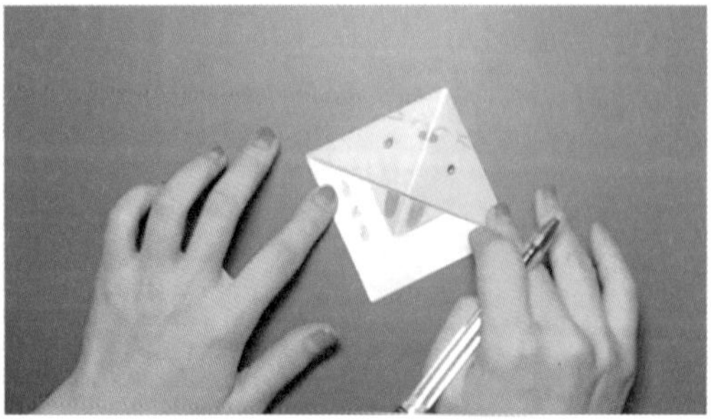

15. 명언이나 자신의 좌우명을 적는다.

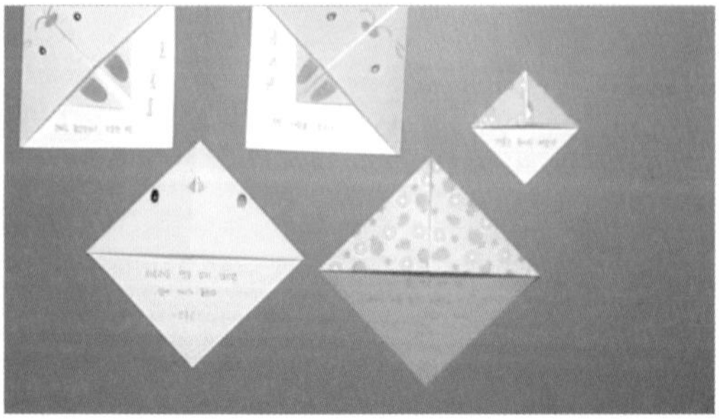

16. 다양한 색깔과 사이즈로 나만의 책갈피를 만든다.

▶ 활동모습

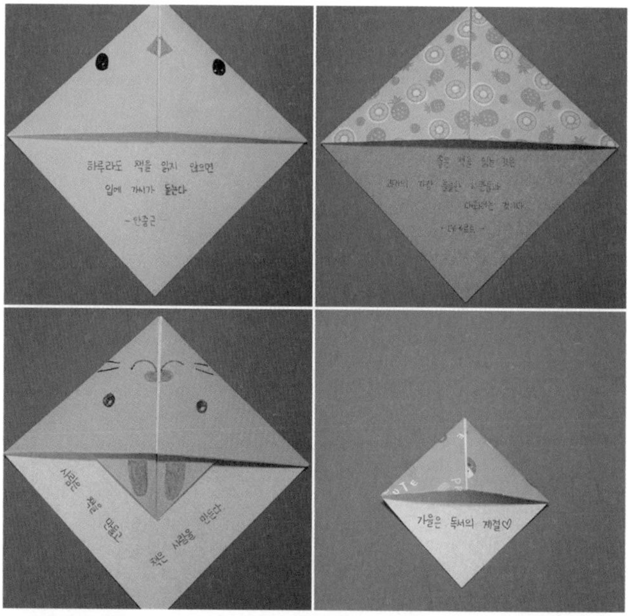

다양한 색깔, 사이즈의 책갈피를 접고 자신이 원하는 디자인으로 꾸밉니다.

책갈피를 여러 개 만들어 여러 권의 책에 활용합니다.

놀이활용 Tip

1. 책 표지 날개에 제시된 QR코드를 스캔하여 받은 자료를 활용합니다.
2. 책갈피를 여러 개 만들어 교과별로 진도가 나간 만큼 꼽은 후 활용할 수 있습니다.
3. 유명한 명언 및 좌우명을 예시로 보여주고 자신만의 명언과 좌우명을 만들어 보는 시간을 갖는 것도 좋습니다.
4. 색종이 1/4 사이즈로 책갈피를 접을 수도 있습니다.
5. 다양한 동물 모양의 책갈피가 많으니 자료를 검색해서 예시자료를 보며 활동할 수도 있습니다.

07 추석_한복 종이접기

유아 | 초등 1~2학년 | 초등 3~6학년

#추석_미술활동 #쉬운_한복종이접기 #전통문양_색종이_활용

제작영상

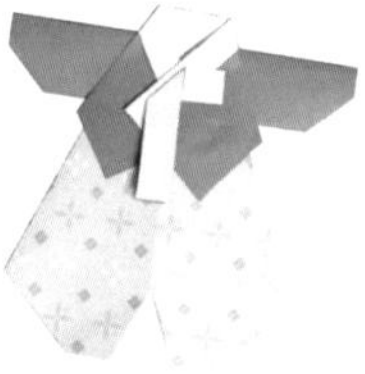

▶ 준비물

색종이, 가위, 풀

▶ 활동설명

추석이나 설날을 맞이하여 할 수 있는 쉬운 한복접기 방법입니다. 전통문양의 색종이를 활용하면 우리의 멋을 살린 한복을 만들 수 있습니다. 한복 종이접기를 하면서 동정, 옷고름 등의 한복에 대한 용어도 배워 봅니다.

▶ 활동방법

1. 한복 한 벌에 2장의 색종이를 준비한다.

2. 저고리를 만들기 위해 색종이를 반으로 자른다.

3. 반으로 자른 색종이 한 장의 끝을 1cm 정도 접는다.

4. 저고리 만들기에 필요한 종이이다.

5. 중간 크기 종이의 끝부분을 1cm 정도 2번 접어 올린다.

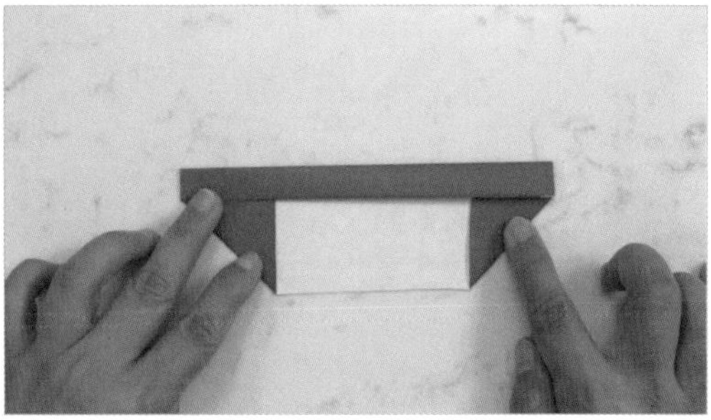

6. 아랫부분의 모서리 양쪽을 접는다.

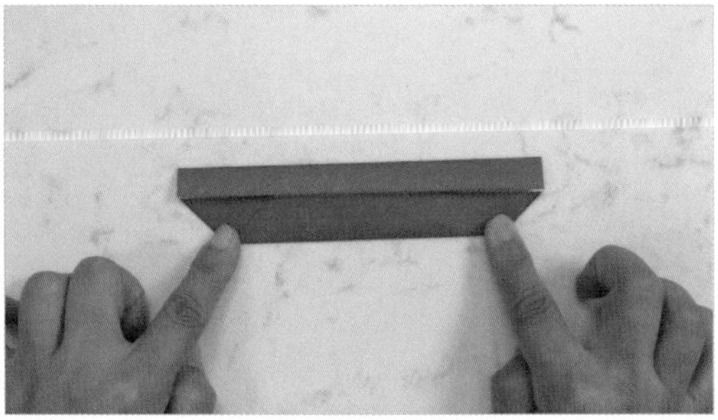

7. 밑부분을 위의 선에 맞추어 접어 올린다.

8. 가장 큰 종이의 끝부분을 1cm 접는다.

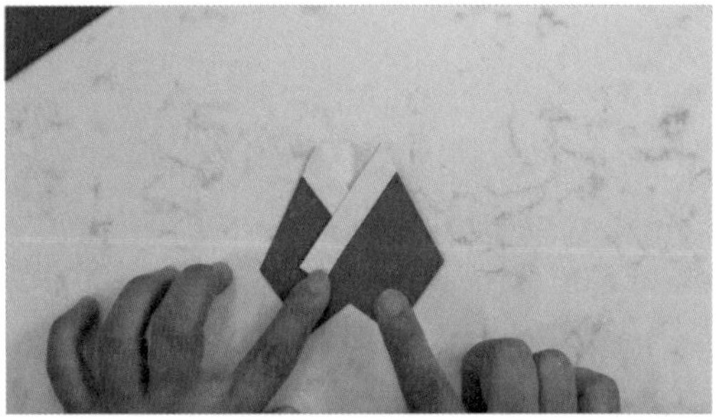

9. 중심 부분에서 양쪽으로 조금 떨어진 부분을 꺾어 양쪽을 비스듬히 접는다.

10. 가장 작은 종이를 흰색이 위로 오도록 하여 반으로 접어 끝부분을 꺾어 접는다.

11. 접어둔 종이를 모두 풀로 붙인다.

12. 여자 한복의 치마를 만들기 위해 아이스크림 접기를 한다.

13. 위와 아래를 모아 접는다.

14. 저고리와 치마를 붙인다.

15. 남자 바지는 아랫부분에 가위집을 내서 바깥쪽으로 접는다.

16. 저고리와 바지를 붙인다.

▶ 활동모습

액자로 만들어 교실에 전시할 수 있습니다.

접은 한복에 자신의 얼굴을 인쇄하여 넣을 수도 있습니다.

놀이활용 Tip

1. 전통문양의 색종이를 활용하면, 더욱 다양한 한복의 느낌을 살릴 수 있습니다.
2. 동정의 방향은 정면에서 봤을 때 오른쪽이 위로 오도록 합니다.
3. 옷고름의 방향은 리본이 접힌 쪽이 정면에서 봤을 때 오른쪽으로 가도록 합니다.
4. 상의와 하의를 붙일 때는 상의의 홈에 하의를 끼워 붙여 뒤에서 봤을 때 깔끔한 모습이 되도록 합니다.
5. 종이액자를 만들어 한복 세트를 붙이거나 한복에 아이들의 얼굴을 인쇄해 넣어 꾸며 줄 수 있습니다.

08 추석_육각종이접기 & 윷놀이

유아 | 초등 1~2학년 | 초등 3~6학년

#전통놀이_쉽게_하기 #굴리는_윷놀이 #연필꽂이_덤!

제작영상

▶ 준비물

색종이(다양한 색상), 풀, 펜

▶ 활동설명

추석 때 대표적인 전통놀이로 윷놀이를 많이 합니다. 색종이로 육각종이접기를 만들어 윷놀이를 해보는 건 어떨까요? 육각종이접기는 윷놀이뿐만 아니라 연필꽂이, 이름판, 주사위로도 활용이 가능합니다. 육각종이접기 방법을 잘 익혀 다양한 활동에 활용해 보기 바랍니다.

▶ 활동방법

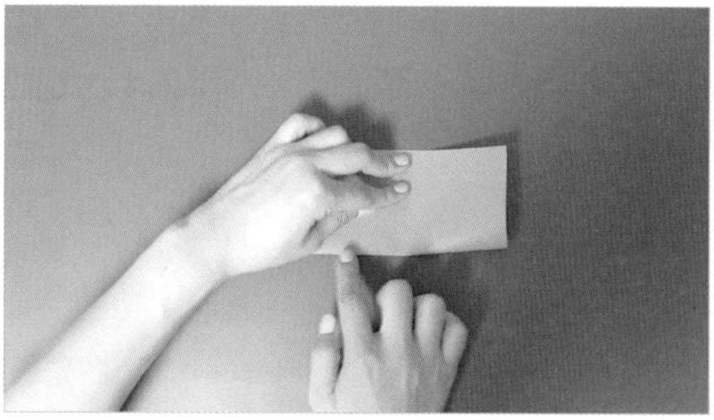

1. 절반을 접어 다시 펼치고 다른 쪽도 절반을 접고 펼친다.

2. 접은 선을 따라 안쪽으로 접고 펼친다.

3. 다른 쪽도 접은 선을 따라 안쪽으로 접고 펼친다.

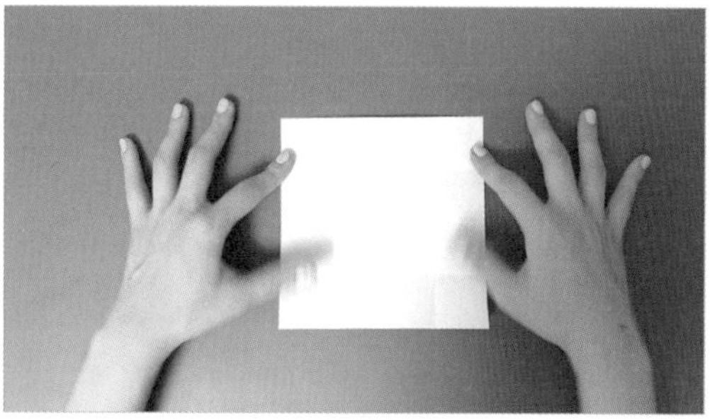

4. 사진과 같이 접은 선이 나타난다.

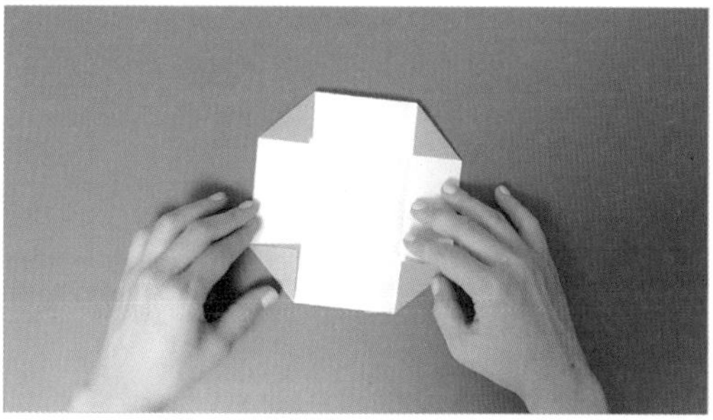

5. 네 모서리 부분을 안쪽으로 접는다.

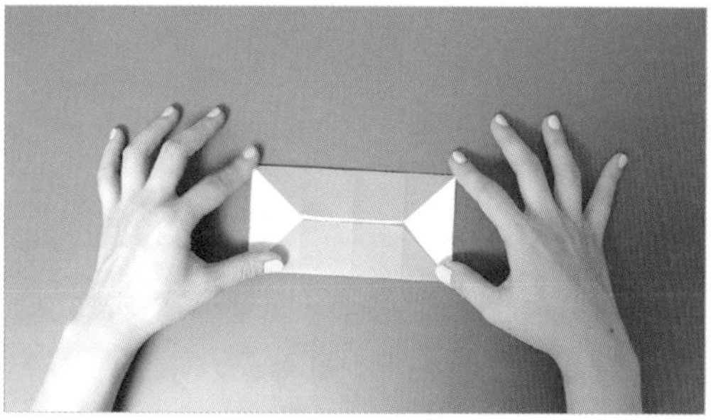

6. 위쪽과 아래쪽을 안쪽으로 접는다.

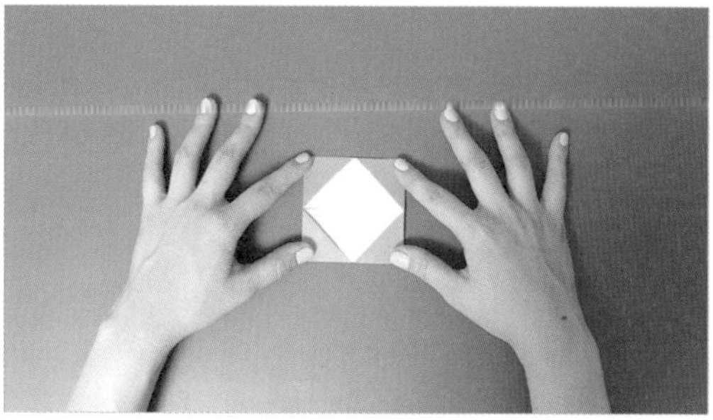

7. 뒤집은 후 중앙의 접은 선에 맞춰 안쪽으로 접는다.

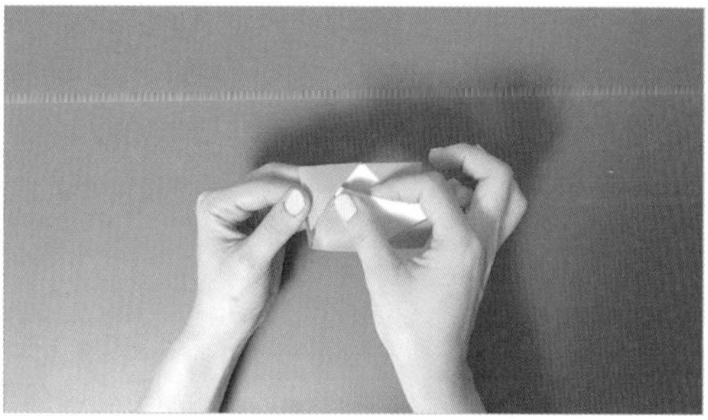

8. 한쪽 끝부분을 다른 쪽 끝부분에 천천히 밀어 넣는다.

9. 사진과 같이 삼각기둥 1개가 완성된다.

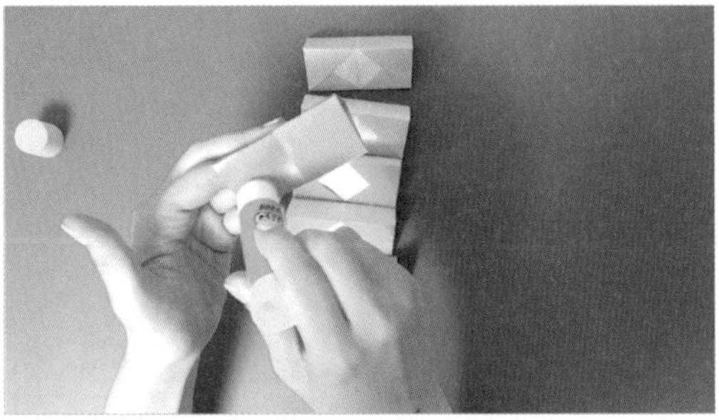

10. 똑같은 방법으로 다양한 색깔의 색종이를 이용하여 6개의 삼각기둥을 접는다.

11. 6개의 삼각기둥을 풀을 이용하여 틈이 최대한 없도록 붙인다.

12. 육각기둥을 이용해 연필꽂이로 활용할 경우 아래쪽에 붙일 정육각형을 사진과 같이 접는다.

13. 아랫부분을 위쪽으로 접어 사진과 같은 모양을 만든다.

14. 윗부분을 안쪽으로 접는다.

15. 가운데 선에 맞춰 양쪽 부분을 안쪽으로 접는다.

16. 풀을 붙여 정육각형을 완성한 후 육각기둥 아래쪽에 붙인다.

▶ 활동모습

친구들과 자연스럽게 팀을 나눠 육각종이로 윷놀이를 즐길 수 있습니다.

육각종이접기를 이용하여 바닥에 정육면체 종이를 붙여 연필꽂이로 활용이 가능합니다.

놀이활용 Tip

1. 책 표지 날개에 제시된 QR코드를 스캔하여 받은 자료를 활용합니다.
2. 육각종이접기에 숫자 1~6을 쓴 후 윷놀이를 즐길 수 있습니다.
   - 윷놀이판 학습지를 인쇄해서 활용합니다.
   - 평소 주사위를 대신해서 사용할 수 있습니다.
3. 큰 종이로 육각종이접기 방법을 이용해 접어 이름판을 만들 수 있습니다.
4. 육각기둥을 이용해 연필꽂이를 만들 때 육각기둥 아래에 정육각형 색종이를 붙인 후 무거운 물체를 위쪽에 두고 한참을 두면 단단하게 붙일 수 있습니다.

09 할로윈_호박 바구니 만들기

유아 | 초등 1~2학년 | 초등 3~6학년

#할로윈_미술활동 #호박바구니 #사탕바구니_만들기

제작영상

▶ 준비물

A4 색지(도안 인쇄), 종이컵, 스카치테이프, 가위, 풀

▶ 활동설명

할로윈이 있는 10월에 할 수 있는 미술활동입니다. 할로윈 하면 떠오르는 호박 모양을 활용한 바구니 만들기입니다. 직접 사탕을 담을 수 있어서 실제로 사용도 가능합니다. 다양한 표정을 만들어 붙이고, 여러 가지 장식을 하여 각자의 개성을 바구니에 표현할 수 있습니다.

▶ 활동방법

1. 도안을 준비한다.

2. 도안에 있는 선을 따라 자른다.

3. 자른 종이를 종이컵의 안쪽에 붙인다.

4. 종이컵 전체를 한 번 둘러 붙인다.

5. 남은 종이는 겹쳐서 붙여 더 풍성하게 만든다.

6. 종이컵을 뒤집어 종이 끝부분을 가운데에 모아 붙인다.

7. 종이를 모두 붙인 후 테이프로 고정한다.

8. 종이가 가장 풍성한 부분을 얼굴로 표현한다.

9. 검은 색종이에 호박의 표정을 그려 자른다.

10. 호박바구니에 표정을 붙인다.

11. 손잡이로 만들 색종이를 사진과 같이 비스듬히 접는다.

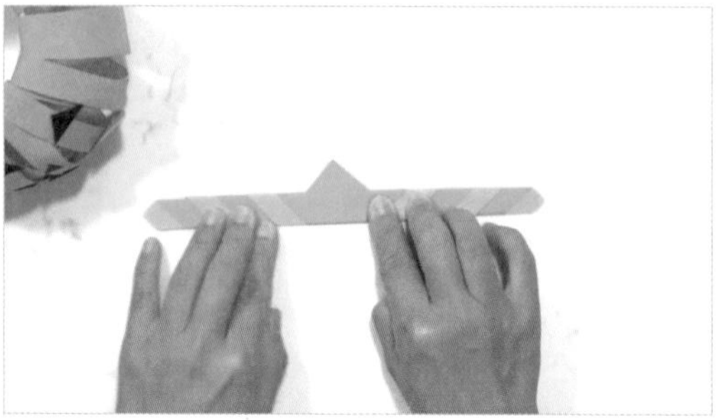

12. 일정한 간격으로 접어 올린다.

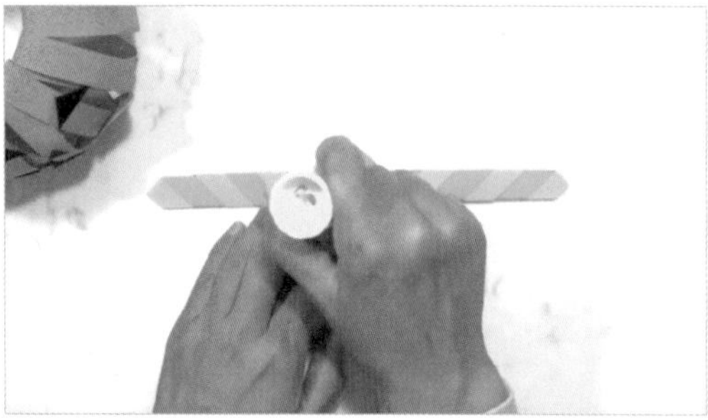

13. 마지막엔 풀을 붙여 고정한다.

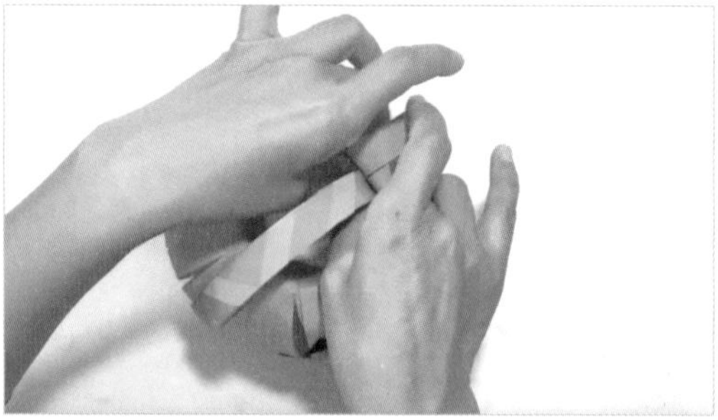

14. 스카치테이프를 사용해 손잡이를 종이컵 안쪽에 붙인다.

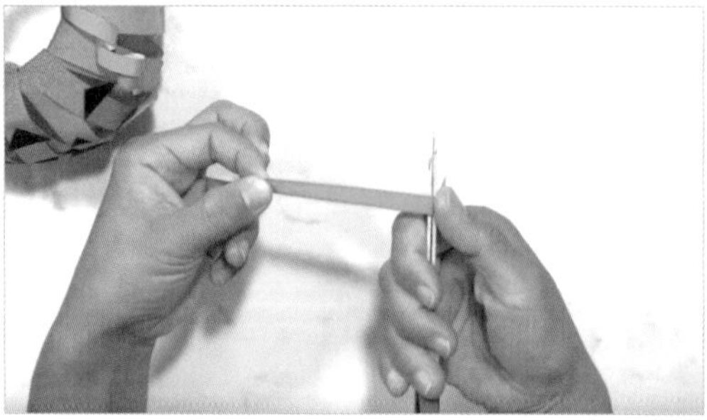

15. 색종이를 얇게 잘라 가위 끝으로 당긴다.

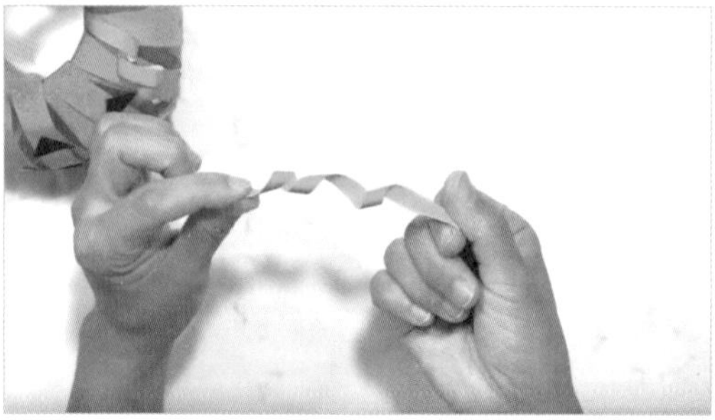

16. 꼬불꼬불 호박 줄기를 만들어 붙인다.

▶ 활동모습

학생 작품

교실 환경 꾸미기

놀이활용 Tip

1. 책 표지 날개에 제시된 QR코드를 스캔하여 받은 자료를 활용합니다.
2. 호박이 될 색지와 종이컵의 색상을 같게 하면 완성도가 높아집니다.
3. 학생 개개인의 개성이 드러나도록 다양한 표정을 표현할 수 있도록 유도합니다.
4. 손잡이의 색상도 호박에 어울리는 색으로 자유롭게 선택하도록 합니다.
5. 다양한 재료를 활용하여 추가적으로 꾸며줄 수 있습니다.
6. 실제 사탕을 담아주며 미국문화체험과 연계 활동을 합니다.

10 할로윈_호박 종이접기

유아 | 초등 1~2학년 | 초등 3~6학년

#할로윈_활동 #쉬운_호박만들기 #호박_종이접기

제작영상

▶ 준비물

색종이, 풀

▶ 활동설명

할로윈이 있는 10월에 할 수 있는 미술활동입니다. 할로윈 하면 떠오르는 호박을 색종이로 간단하게 접어 봅니다. 호박의 표정을 다양하게 하여 재미있는 호박의 모습을 만들 수 있습니다. 환경판에 호박을 가득 붙이면 훌륭한 할로윈 분위기가 연출됩니다.

▶ 활동방법

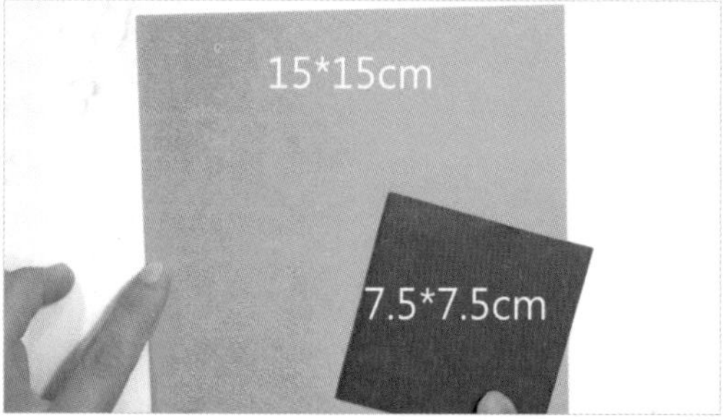

1. 15cm, 7.5cm 크기의 색종이를 준비한다.

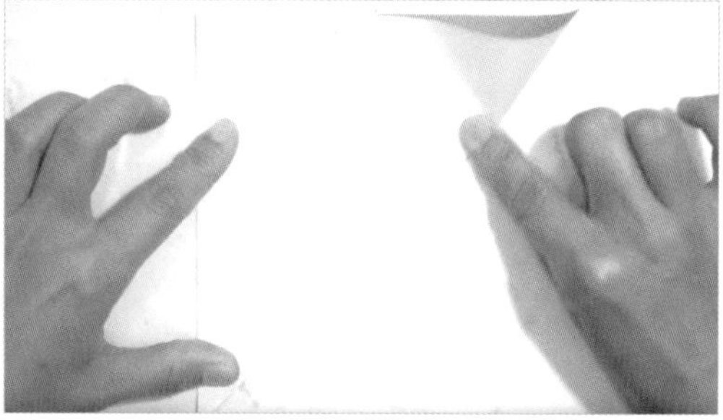

2. 색종이를 대각선 방향으로 한 번씩 반으로 접는다.

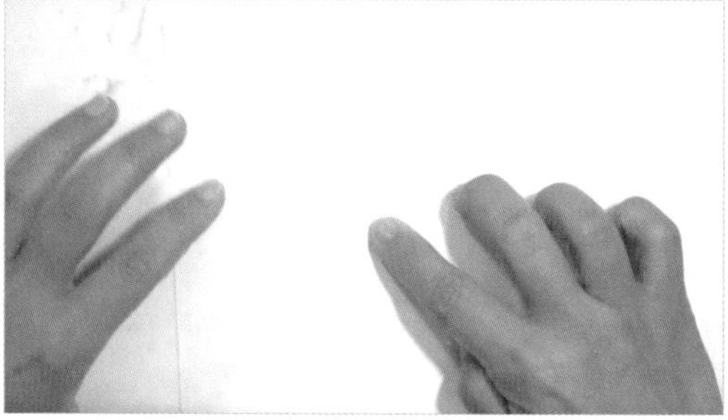

3. 종이를 펼친 후 뒤집는다.

4. 종이를 가로, 세로 방향으로 한 번씩 반으로 접는다.

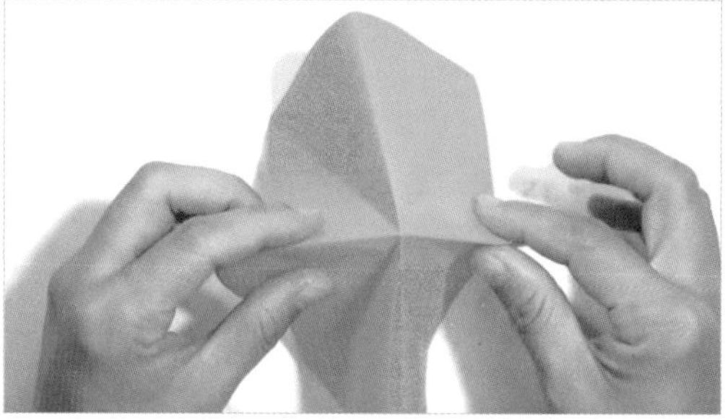

5. 접은 선을 따라 그대로 모아준다.

6. 가운데 선을 따라 아랫부분을 모아 접는다.

7. 가운데 선을 따라 윗부분도 모아 접는다.

8. 위, 아래를 모두 접은 모습

9. 종이를 뒤집은 후 양쪽 끝을 안쪽으로 살짝 접어준다.

10. 아랫부분을 접어 올린다.

11. 호박의 표정을 검은 색종이에 그려서 오린다.

12. 호박 위에 표정을 붙인다.

13. 검은색 색종이를 대각선 방향으로 반으로 접은 후 한쪽을 모아 접는다.

14. 아랫부분을 접어 올린다.

15. 끝부분을 5mm 정도 2번 말아 접는다.

16. 호박에 모자를 붙여준다.

▶ 활동모습

학생 작품

교실 환경 꾸미기

놀이활용 Tip

1. 제작영상을 학생들에게 미리 부여주며 따라 접도록 합니다.
2. 주황색 계열의 색종이를 사용하여 호박의 느낌을 살릴 수 있도록 합니다.
3. 호박에 들어가는 표정은 학생들이 창의적으로 표현할 수 있도록 합니다.
4. 호박 표정을 색종이로 오리기 힘들어 하는 학생들은 매직을 이용하여 그려도 좋습니다.
5. 다양한 크기의 색종이를 활용하여 다양한 표정의 호박을 접어 환경판을 꾸미면 할로윈 분위기를 느낄 수 있습니다.

11 할로윈_종이 손가락 접기

유아 | 초등 1~2학년 | 초등 3~6학년

#할로윈데이_소품 #종이_손가락_접기 #캔디_옮기기_협력놀이

제작영상

▶ 준비물

A4용지, 소포장된 캔디 또는 초콜릿

▶ 활동설명

A4용지와 캔디만 있으면 즐길 수 있는 할로윈데이 종합놀이로 미술과 협동심을 융합한 놀이를 소개합니다. 종이 손가락을 A4용지 이면지로 만든 후 캔디를 팀원이 협력해서 옮기는 놀이입니다. 종이 손가락 만들기와 협력놀이 후 친구들과 종이 손가락(할로윈 소품)을 끼고 즐겁게 사진을 찍어 보기 바랍니다.

▶ 활동방법

1. A4용지를 대각선으로 접는다.

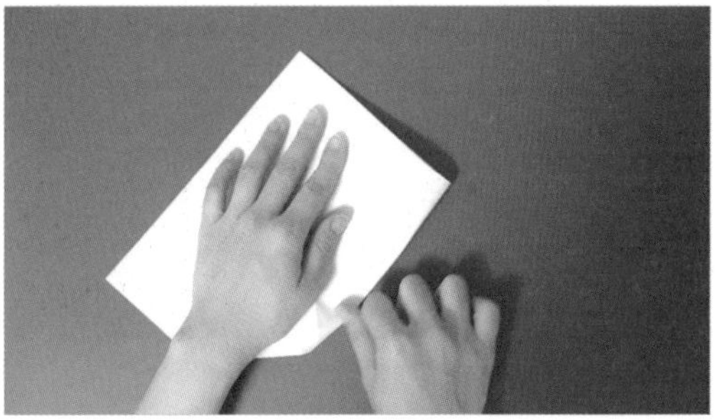

2. 삼각형 모서리 부분을 반대편의 끝부분으로 접는다.

3. 오른쪽에 있는 부분에 안쪽으로 접는다.

4. 대각선에 맞춰 절반으로 접는다.

5. 절반으로 접는다.

6. 접은 것을 펼친다.

7. 접힌 선을 따라 안쪽으로 접어 들어간다.

8. 계속해서 접어 들어간다.

9. 사진과 같은 모양이 되도록 겹치며 접는다.

10. 안쪽에 공간을 만든 후 끼워 넣는다.

11. 안쪽으로 정확하게 끼워 넣는다.

12. 사진과 같은 모양으로 완성된다.

13. 사진과 같이 손가락을 넣을 공간을 만든다.

14. 손가락을 안쪽으로 공간을 만들며 끼워 넣는다.

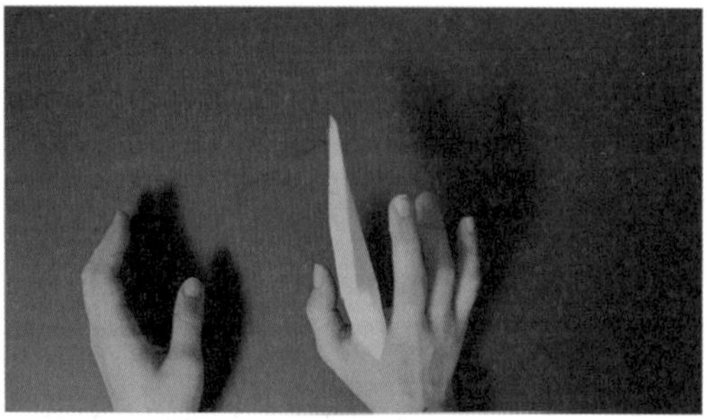

15. 사진과 같은 모습으로 손가락을 끼운다.

16. 종이 손가락을 2개 끼우면 작은 물체를 들 수 있다.

▶ 활동모습

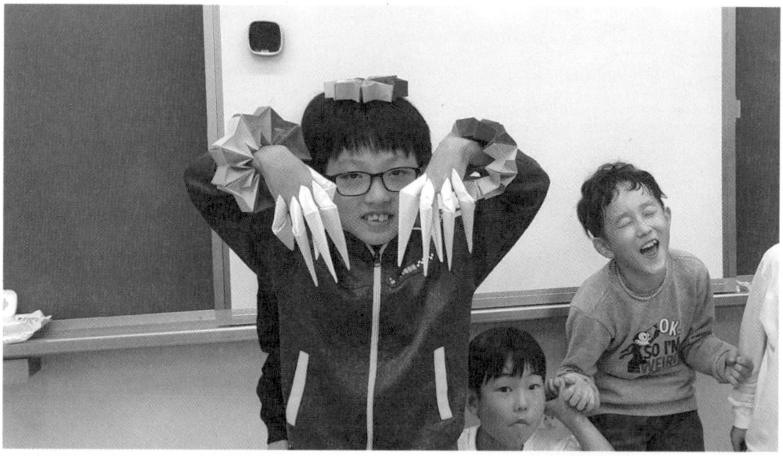

할로윈 종이 손가락을 끼고 별장난감을 소품으로 활용하여 친구들과 자유롭게 인증샷을 찍으며 놉니다.

모둠원끼리 할로윈 종이 손가락 2개를 끼고 사탕, 초콜릿 등을 옮기는 협력놀이를 한 후 획득한 사탕과 초콜릿을 함께 나눠 먹는 시간을 가져도 좋습니다.

놀이활용 Tip

1. A4용지는 이면지를 활용해도 됩니다.
2. 종이 손가락은 개인당 최소한 2개를 만들어야 모둠 협력놀이가 가능합니다.
   - 모둠 협력놀이 : 일정한 장소에 있는 소포장된 사탕이나 초콜릿을 옆 사람에게 한 번에 한 사람씩 옮겨 정해진 종이컵에 넣는 놀이
   - 활동 후 획득한 것을 함께 나눠 먹도록 합니다.
3. 종이 손가락을 소품 삼아 사진을 찍을 때 별장난감(60쪽 참고)을 함께 활용하면 더욱 효과가 좋습니다.

12 크리스마스_산타 카드 만들기

유아 | 초등 1~2학년 | 초등 3~6학년

#크리스마스_카드만들기 #귀여운_산타카드

제작영상

▶ 준비물

A4색지(도안 인쇄), 색종이, 뿅뿅이, 인형눈, 가위, 풀, 솜

▶ 활동설명

크리스마스 하면 생각나는 산타의 모습을 담은 카드 만들기 활동입니다. 솜을 활용해 몽글몽글하게 산타의 수염을 표현하면 귀여운 모습의 산타가 완성됩니다. 산타의 수염을 들면 내용을 적을 수 있는 카드가 나타납니다.

▶ 활동방법

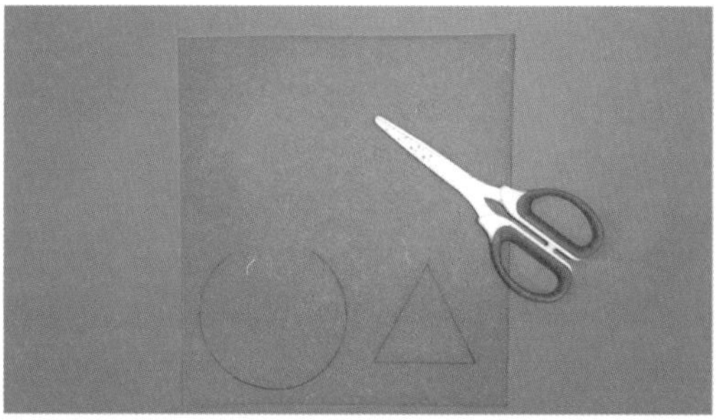

1. 제시된 도안을 준비한다.

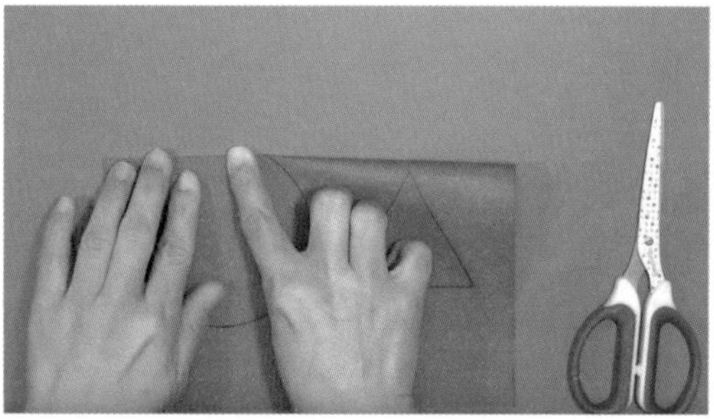

2. 동그라미의 뚫려 있는 쪽을 기준으로 색지를 반으로 접는다.

3. 접힌 색지를 모양대로 자른다.

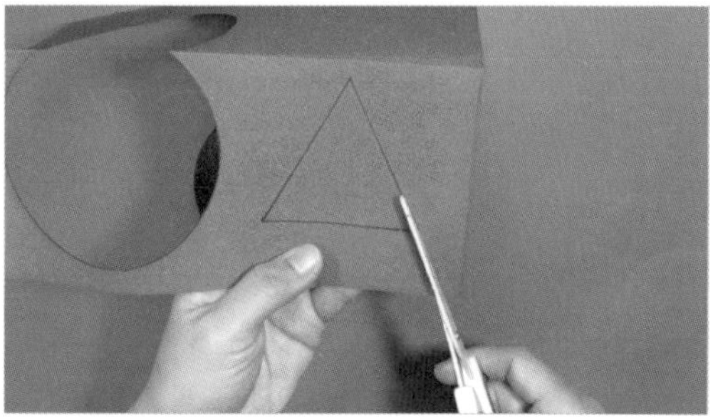

4. 도안의 삼각형도 자른다.

5. 자른 삼각형을 예쁜 종이에 대고 따라 자른다.

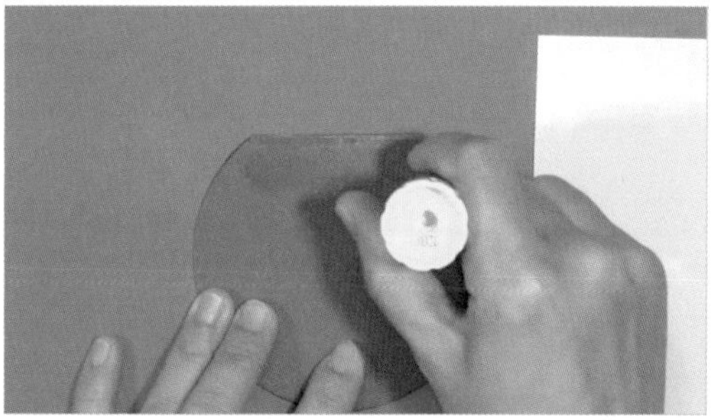

6. 동그란 카드의 한 면에 풀칠을 한다.

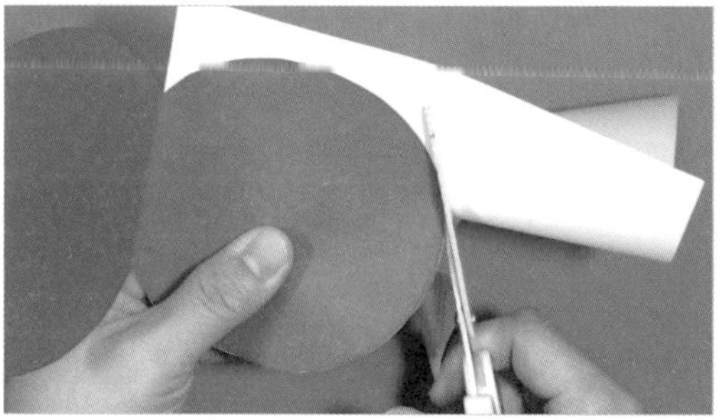

7. 산타의 얼굴색이 될 색종이를 붙인 후 동그라미 모양을 따라 자른다.

8. 한 면은 산타의 얼굴색이 된다.

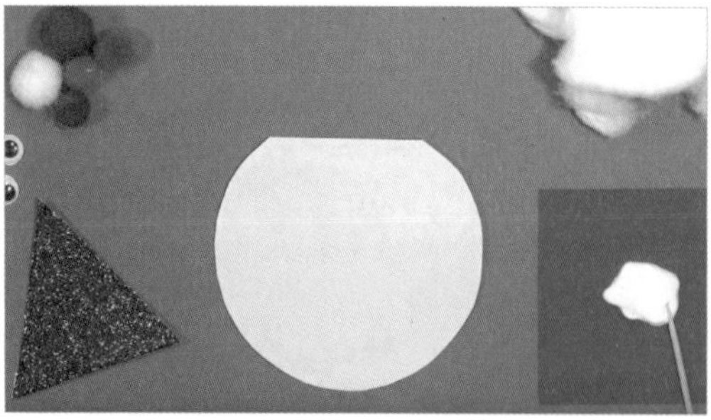

9. 산타의 얼굴을 꾸며 줄 재료를 준비한다.

10. 잘라 놓은 모자를 붙인다.

11. 솜을 이용해 모자에 장식한다.

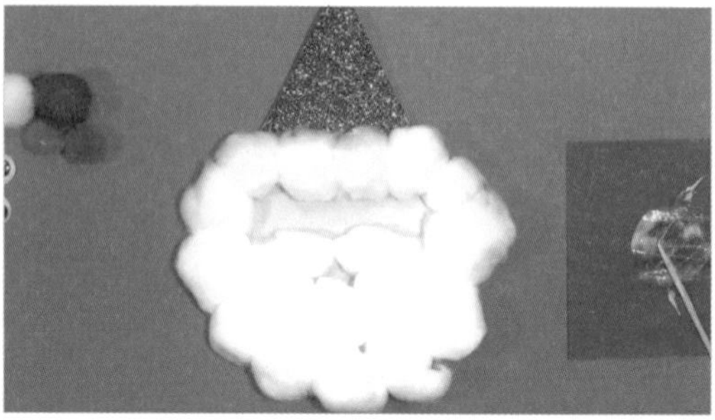

12. 솜을 이용해 산타 얼굴에 수염을 붙인다.

13. 뿅뿅이를 코에 붙인다.

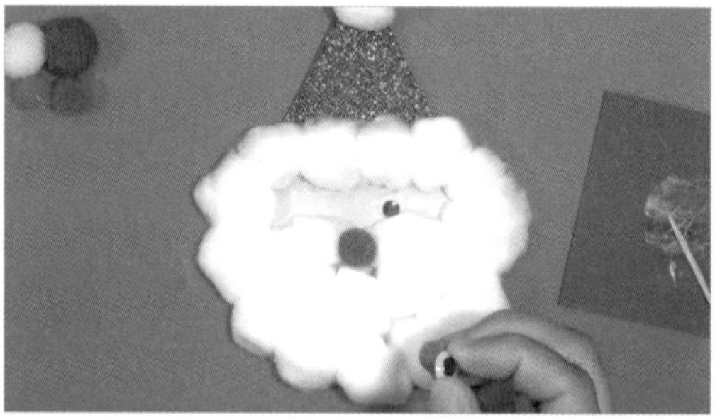

14. 인형눈 또는 눈 스티커를 붙인다.

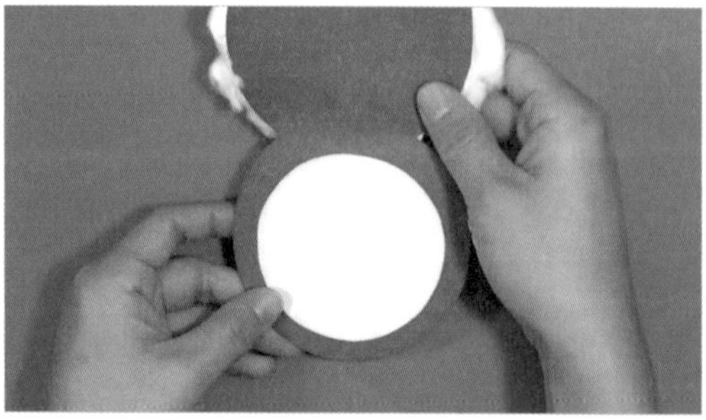

15. 카드 속에 속지를 붙인다.

16. 마음을 담아 카드를 쓰고 완성한다.

▶ 활동모습

학생 작품

교실 환경 꾸미기

놀이활용 Tip

1. 책 표지 날개에 제시된 QR코드를 스캔하여 받은 자료를 활용합니다.
2. 모자가 될 종이나 꾸며 줄 재료는 학생들의 창의적인 생각이 반영되도록 자유롭게 준비하도록 합니다.
3. 눈을 표현하는 방법은 인형눈 또는 눈 스티커를 사용하거나 사인펜으로 직접 그릴 수도 있습니다.
4. 산타 할아버지의 눈, 코, 수염의 길이 등을 통해 다양한 느낌의 산타를 만들어 낼 수 있습니다.
5. 크리스마스 전까지 교실에 게시한 뒤 크리스마스가 되면 카드로 활용해 마음을 전하도록 합니다.

13 크리스마스_비밀 메시지 매직카드

유아 | 초등 1~2학년 | 초등 3~6학년

#크리스마스_카드 #비밀_메시지 #당기면_매직

제작영상

▶ 준비물

A4색지 2장(도안 인쇄), 가위, 풀, 스카치테이프, 네임펜, 색연필

▶ 활동설명

크리스마스에 카드를 쓸 일이 많습니다. 카드를 직접 만들어 상대에게 전한다면 훨씬 큰 감동을 줄 수 있을 것입니다. 카드를 당기면 보이지 않던 비밀 메시지가 보이고 색도 변하는 '크리스마스 비밀 메시지 매직 카드'입니다. 도안 2장을 색칠하고 자르고 붙이면 쉽게 만들 수 있는 활동입니다.

▶ 활동방법

1. 도안 2장 인쇄물 및 준비물을 준비한다.

2. 도안에 있는 X자 부분을 모두 가위로 잘라낸다.

3. 사진과 같이 가위를 이용해 X자 부분을 모두 잘라낸다.

4. 메시지 카드의 틀 부분에 외곽선을 따라 안쪽으로 접는다.

5. 메시지 카드틀 부분을 그림과 같이 접는다.

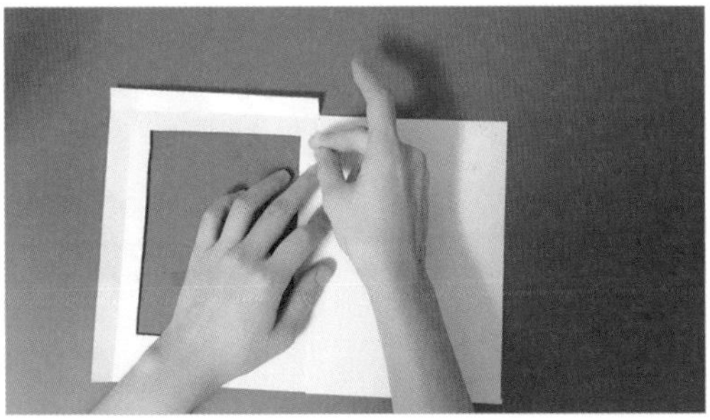

6. 안쪽 부분에 종이를 한 장 덧대어 스카치테이프로 붙인다.

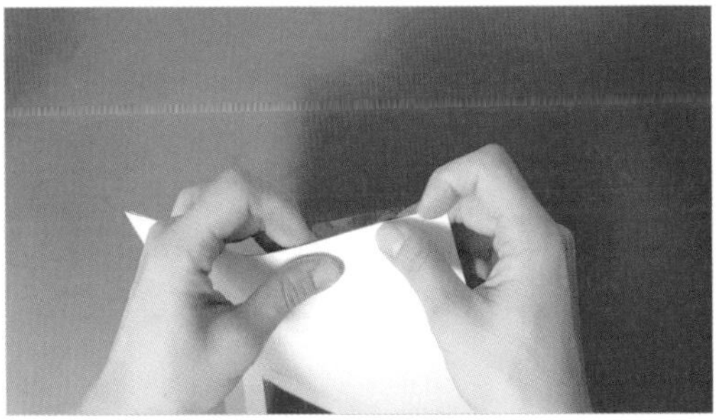

7. 스카치테이프를 이용해 안쪽에 한 장을 잘 붙인다.

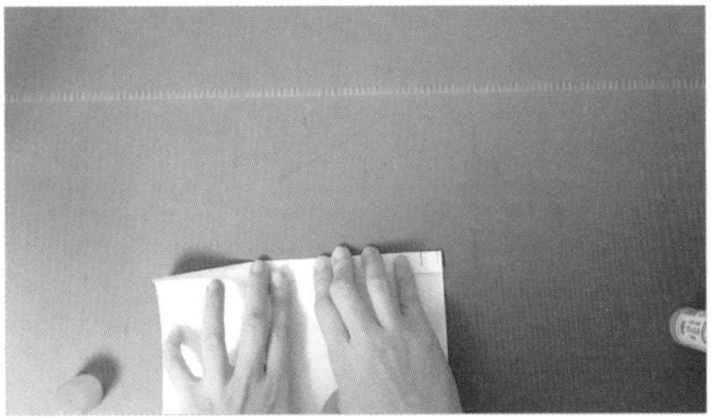

8. 바깥쪽 부분을 풀로 붙여 메시지 카드의 틀을 완성한다.

9. 메시지 카드의 틀은 사진과 같이 안쪽에 한 장이 덧대어 진 상태로 완성한다.

10. 도안을 색연필로 예쁘게 색칠한다.

11. 자신이 더 꾸미고 싶으면 네임펜을 이용해 더 꾸미고 색칠한다.

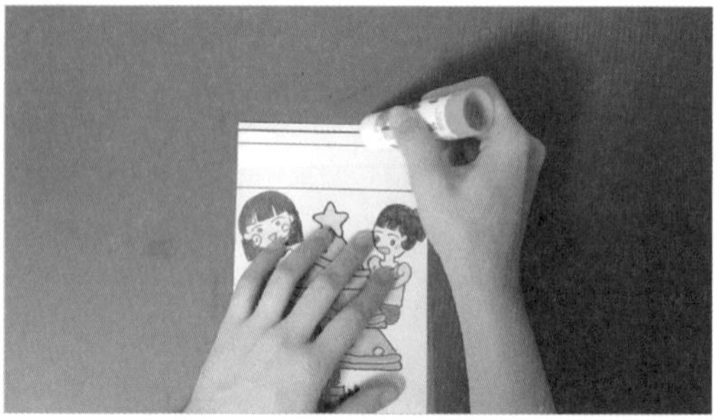

12. OHP필름을 도안 사이즈에 맞게 자른 후 풀로 붙인 후 스카치테이프로 잘 붙인다.

13. OHP필름 위로 위쪽 네모칸 부분에 상대방에게 전할 비밀 메시지를 적는다.

14. 네임펜으로 OHP필름 위로 도안을 따라 그린다.

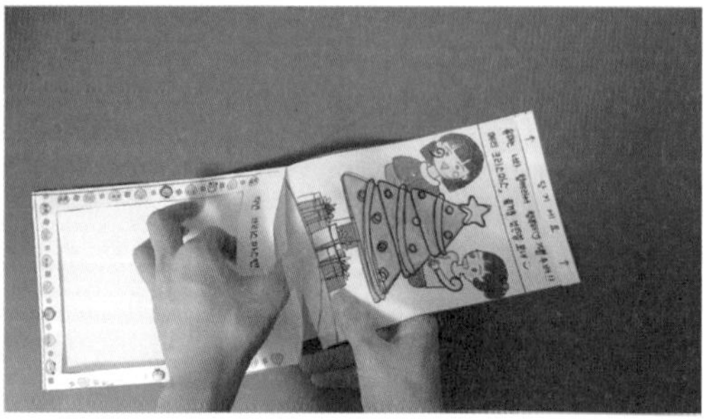

15. OHP필름을 붙인 도안을 OHP필름은 바깥쪽으로, 도안은 안쪽으로 갈 수 있게 천천히 넣는다.

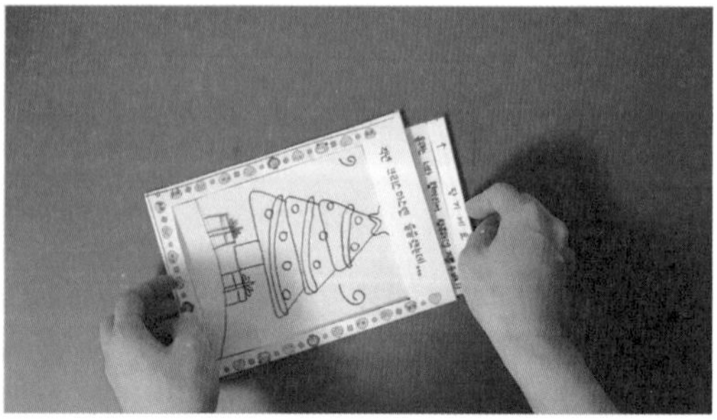

16. 윗부분에 '당기시오'를 적어 표시한다.

▶ 활동모습

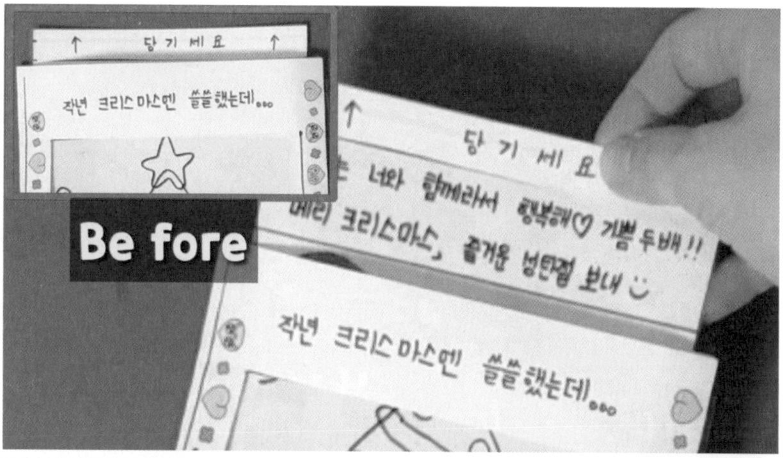

메시지 카드를 살짝 올리면 보이지 않던 비밀 메시지가 보여 받는 사람이 즐겁습니다.

메시지 카드를 쭉 올리면 없던 색이 보이며 카드가 더욱 화려해져서 재미있습니다.

놀이활용 Tip

1. 책 표지 날개에 제시된 QR코드를 스캔하여 받은 자료를 활용합니다.
2. 네임펜으로 OHP필름 위로 도안을 따라 그릴 때 도안을 똑같이 그리기보다 조금 허전한 느낌이 들도록 그립니다.
   - 상대방이 카드를 받고 위로 당겼을 때 효과가 더욱 큽니다.
3. 메시지 카드들을 만들 때 제대로 만들지 않으면, 안쪽에 넣은 OHP필름과 도안이 잘 안 빠지는 현상이 발생합니다.
   - 메시지 카드틀을 최대한 깔끔하게 만들 수 있도록 노력합니다.
4. 자신이 원하는 대로 메시지 카드틀의 겉 부분을 꾸밀 수 있습니다.
5. 메시지 카드틀과 안쪽 도안 + OHP필름 붙이는 과정을 먼저 한 후 색칠 및 꾸미기를 나중에 해도 좋습니다.

14 새해_소원조명 만들기

유아 | 초등 1~2학년 | 초등 3~6학년

#크리스마스_조명 #새해_소원등 #반짝반짝_Led #미니조명_만들기

제작영상

▶ 준비물

흰색 한지(화선지), LED초, 물풍선, 물풀, 사인펜

▶ 활동설명

크리스마스 분위기를 내는 조명에서부터 새해 소원 등의 역할까지 할 수 있는 소원조명 만들기 활동입니다. 동그란 조명의 앞면에는 크리스마스 문구를 적고, 뒷면에는 새해 소원을 적어서 시기에 맞게 사용하면 됩니다. LED초의 은은한 불빛을 보며 한해를 반성하고, 새해의 소원을 빌어보는 활동을 합니다.

▶ 활동방법

1. 물 풍선을 동그랗게 분다.

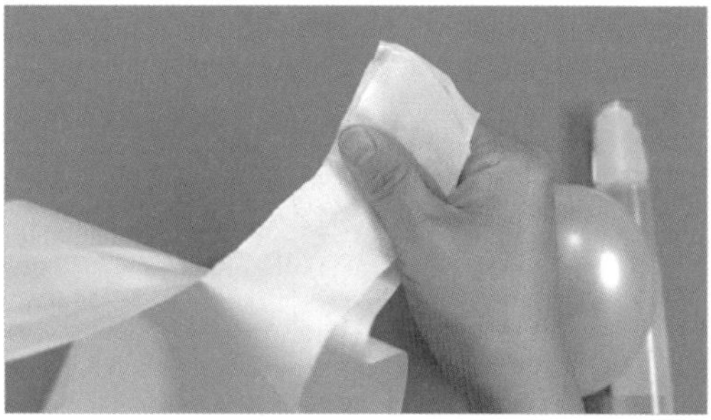

2. 흰색 한지를 손으로 찢는다.

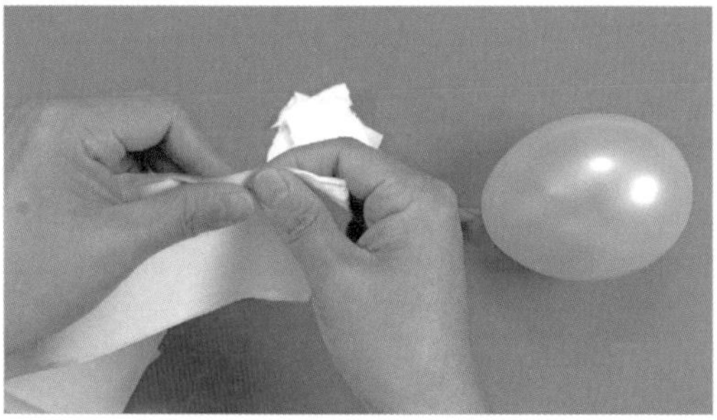

3. 흰색 한지를 작게 자른다.

4. 물풀을 사용해 풍선 전체에 흰색 한지를 붙인다.

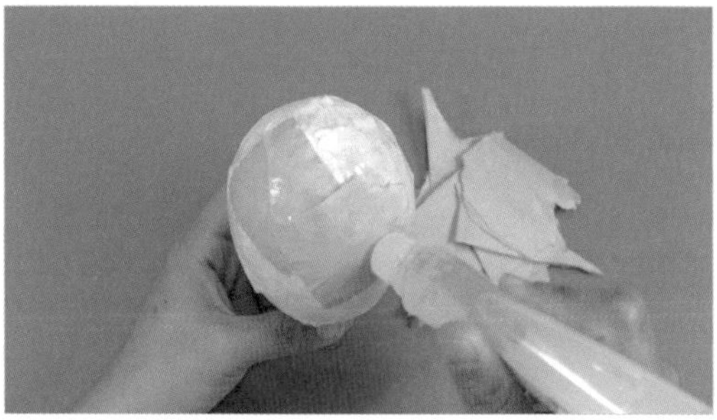

5. 색 한지도 찢어서 붙인다.

6. 풍선을 세워서 하루 정도 말린다.

7. 완전히 말리면 딱딱해진다.

8. 풍선 위에 붙일 글자를 종이에 적는다.

9. 풍선 위에 직접 적을 수 도 있다.

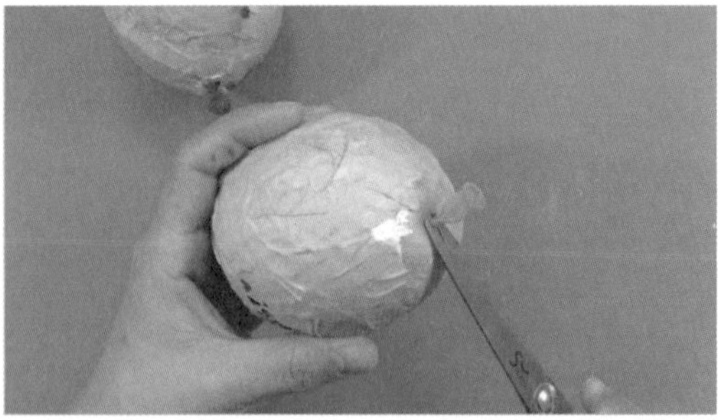

10. 풍선의 꼭지를 자른다.

11. 터진 풍선을 빼낸다.

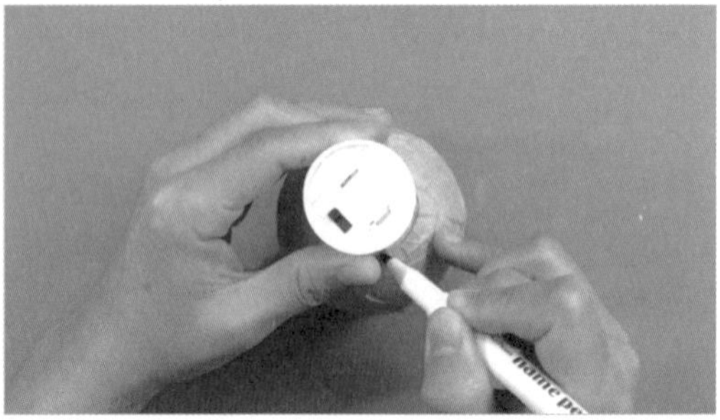

12. LED초를 대고 원을 그린다.

13. 그려준 원의 모습

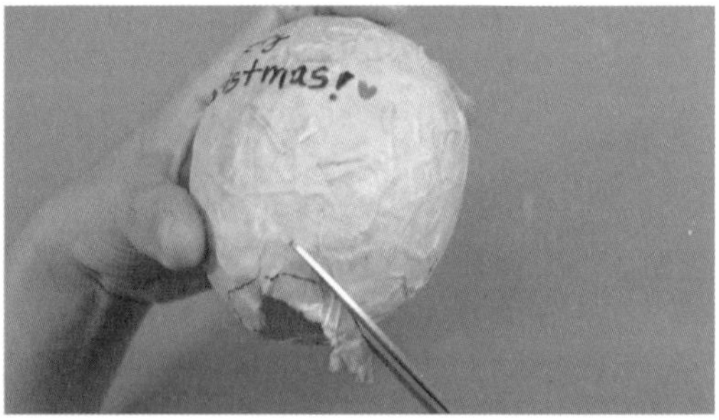

14. 그린 모양대로 가위로 자른다.

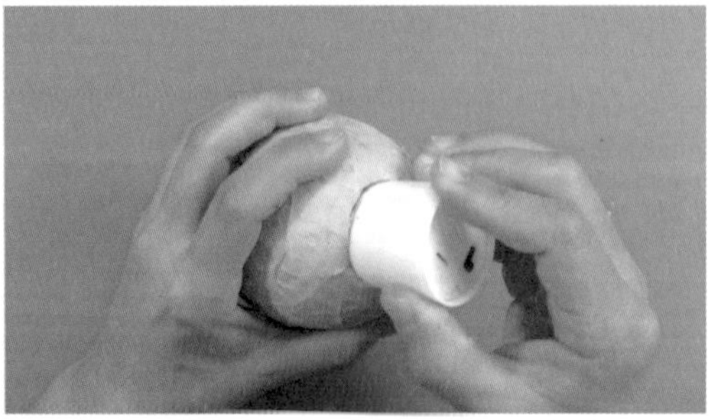

15. LED초를 꽂아 테이프로 고정한다.

16. 스위치를 켜면 은은한 조명이 된다.

▶ 활동모습

학생 작품

은은한 불빛을 보며 소원 빌기 활동을 합니다.

놀이활용 Tip

1. 큰 풍선을 사용할 수도 있으나 클수록 한지 붙이는 시간이 많이 걸리므로 3~4학년은 작은 풍선을 추천합니다.
2. 흰색 한지를 붙일 때 빈틈이 없도록 합니다.
3. 색 한지를 붙일 때 꾸미고 싶은 무늬를 생각하여 붙이도록 합니다.
4. 풍선은 세워서 말리는 것이 좋으나 눕혀서 말릴 경우 전체가 마를 수 있도록 돌려주면서 말립니다.
5. 풍선을 터뜨렸을 때 풍선의 바람이 빠지면서 한지가 찌그러질 수 있습니다. 이 경우 구멍으로 펜 같은 도구를 넣어 찌그러진 부분을 펴주면 됩니다.
6. 한 면에는 크리스마스 문구나 그림을 넣고, 다른 면에는 새해 소원을 넣어 표현합니다.

15 학기 말_유튜브 미술활동

유아 | 초등 1~2학년 | 초등 3~6학년

#나만의_콘텐츠_만들기 #학생_친숙+재미 #채널_만들기+구독하기

제작영상

▶ 준비물

A4용지 2장(도안 인쇄), 펜, 연필, 색연필

▶ 활동설명

학생들에게 친숙하고 재미있는 것 중 하나인 '유튜브' 플랫폼을 활용한 활동입니다. 자신의 경험, 생각, 느낌을 그림과 글로 표현하고 친구의 작품을 감상하며 공유하는 형식의 활동이 가능합니다. 학예회, 체험학습, 학교행사 등의 경험을 표현해도 좋고, 배운 내용을 바탕으로 학습에 활용해도 좋으며, 자신과 친구를 알아보는 친교활동에도 좋습니다. 다양한 주제 중에 알맞은 내용을 선택해서 활용해 보기 바랍니다.

▶ 활동방법

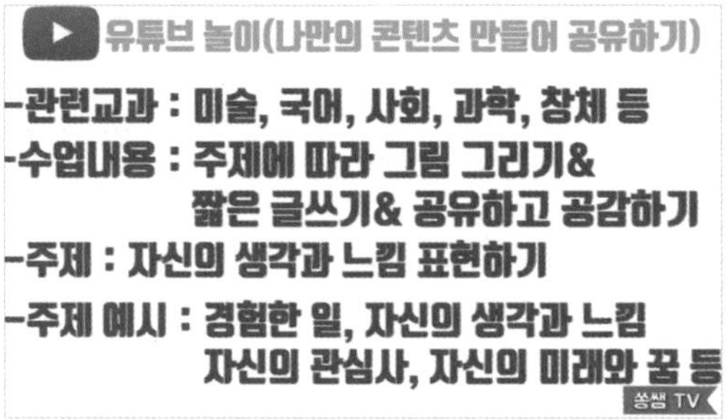

1. 유튜브 미술활동의 수업 내용 및 주제에 대해 이해한다.

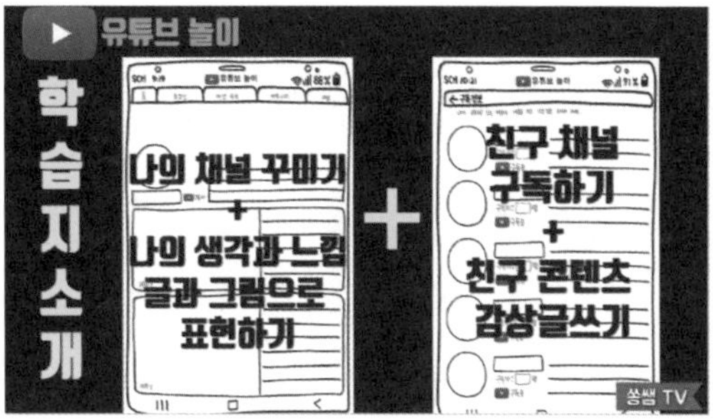

2. 도안 2장에 무엇을 어떻게 작성하는지에 대해 이해한다.

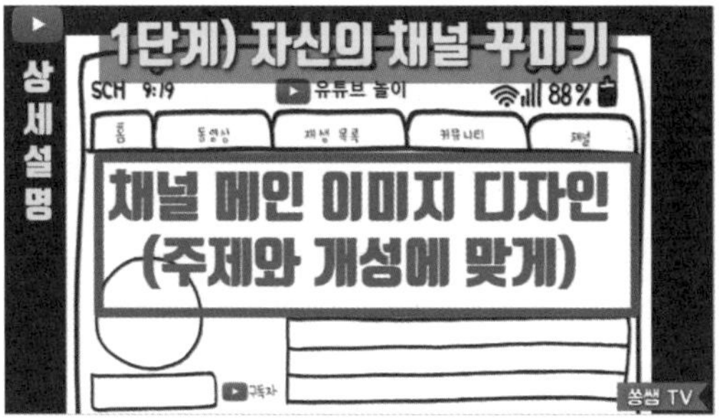

3. 자신의 채널 꾸미기 활동 중 채널 메인 이미지 디자인을 그려 꾸민다.

4. 자신의 채널은 이번에 작성하는 주제와 어울리게 자신의 개성을 살려 꾸미면 좋다.

5. 자신의 얼굴과 채널명을 쓴다.

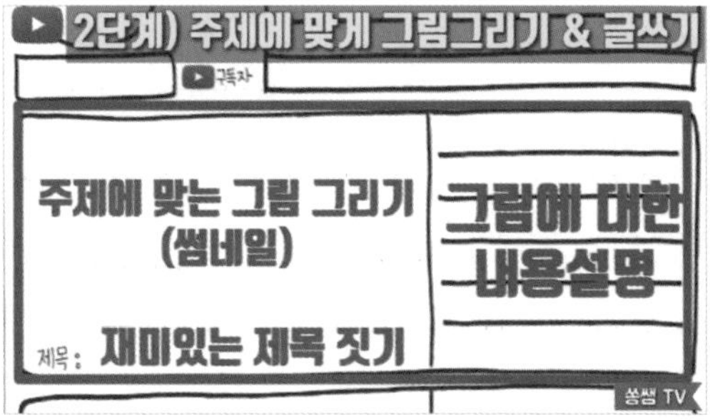

6. 주제에 맞는 그림을 그리고 제목과 그림에 대한 내용 설명을 적는다.

7. 자신의 취미를 소개한 예시 작품

8. 자신의 취미를 소개한 예시 글

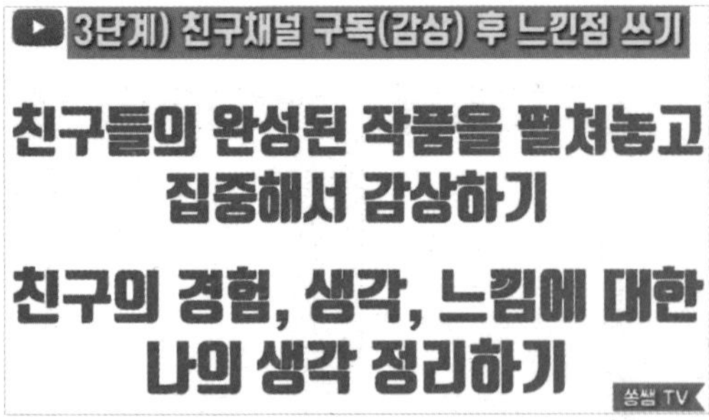

9. 친구가 작성한 작품을 보며 집중해서 감상한다.

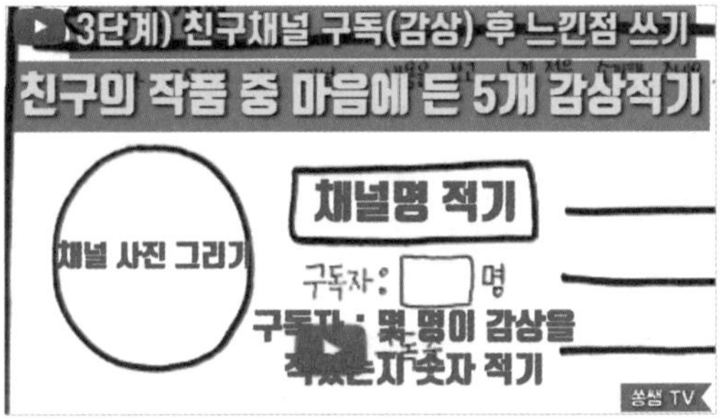

10. 도안 2의 구독 후 느낀 점 적기 활동을 한다.

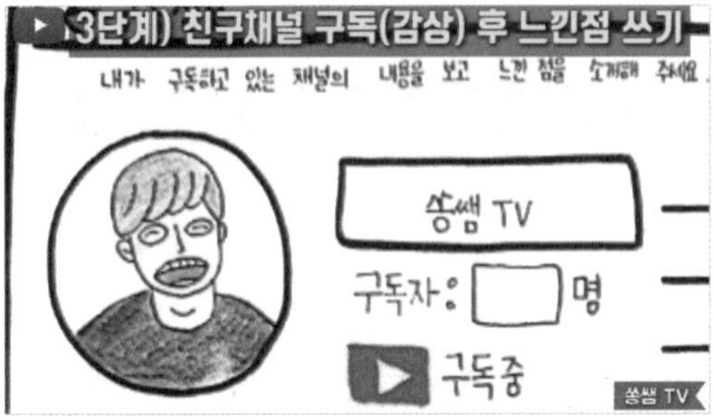

11. 친구 채널 사진 그리기, 채널명 적기 등을 한다.

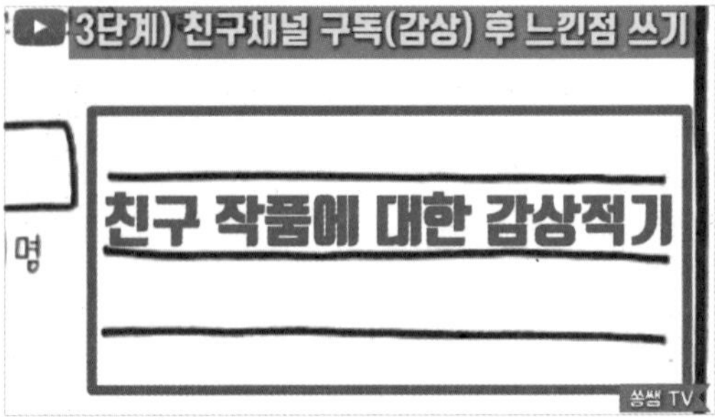

12. 친구 작품에 대한 자신의 감상을 적는다.

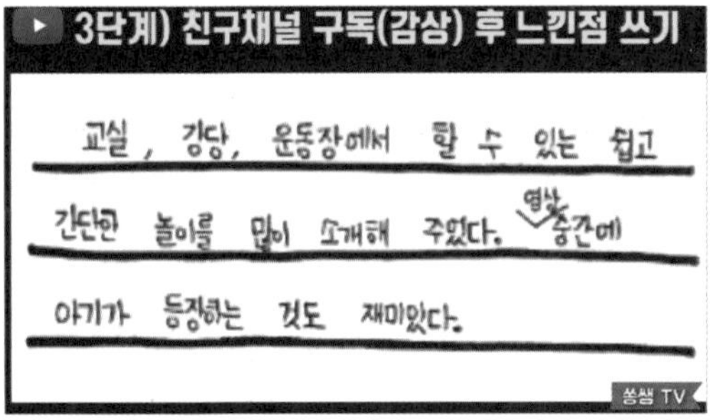

13. 자신의 생각이나 느낌을 적은 예시 글

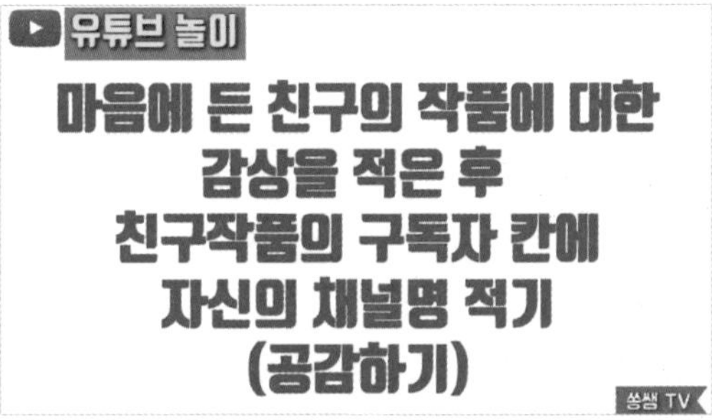

14. 친구 작품의 구독자 칸에 자신의 채널명을 적는다.

15. 예시 그림과 같이 내 작품을 보고 감상을 적은 채널명을 나열해서 적는다.

16. 내가 적은 친구의 구독자가 몇 명 정도 되는지 재량껏 적는다.

▶ 활동모습

첫 번째 도안은 표현활동으로 자신의 채널을 꾸미고 자신의 경험을 그림과 글로 표현합니다.

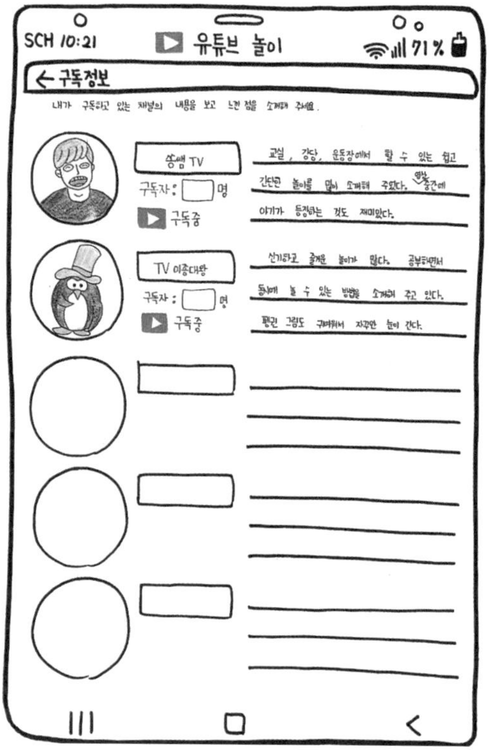

두 번째 도안은 감상활동으로 친구의 표현 활동지를 보며 자신의 느낌과 생각을 적습니다.

놀이활용 Tip

1. 책 표지 날개에 제시된 QR코드를 스캔하여 받은 자료를 활용합니다.
2. 도안 1은 주제에 맞게 자신의 채널을 꾸미고 콘텐츠(제목, 그림, 글)를 만드는 활동입니다.
3. 도안 2는 도안 1(친구의 채널)의 작품을 보고 마음에 드는 5개의 콘텐츠에 대한 후기(자신의 생각, 의견, 느낌) 쓰기, 친구의 채널 구독하기 활동입니다.
4. 본 활동은 다양한 주제로 활동이 가능합니다.

예) • 특정 기간(방학, 학기, 학년, 체험학습, 명절 등) 중에 가장 기억에 남은 일
• 자신(취미, 특기, 가족 소개, 하고 싶은 일, 소중한 추억, 소중한 물건 등)을 소개하기
• 주제에 대한 자신의 생각, 의견, 느낌

16 학기 말_추억뽑기 미술활동

#도안제공

#페이퍼크래프트

추억뽑기
미술활동

유아 | 초등 1~2학년 | 초등 3~6학년

#인형뽑기_아이디어 #추억그리기 #한해_마무리_미술

제작영상

▶ 준비물

A4용지 1장(도안 인쇄), 색연필, 가위, 풀, 펜

▶ 활동설명

한 해를 보내며 가장 기억에 남은 추억은 무엇인가요? 인형뽑기가 아닌 추억뽑기 미술활동을 통해 기억을 되짚어 보며 한 해를 되돌아보는 기회를 갖는 활동입니다. 인형뽑기 기계를 보며 아이디어를 얻어 만든 페이퍼크래프트로 가장 기억에 남은 추억 1개의 그림을 그려보고 전시해 보기 바랍니다.

▶ 활동방법

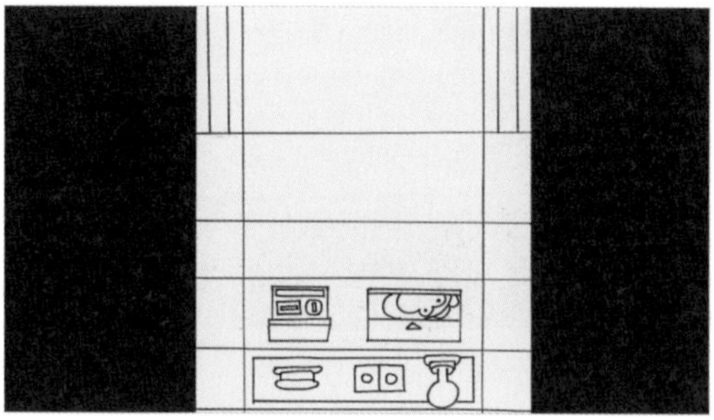

1. 도안1을 1인당 1장씩 준비한다.

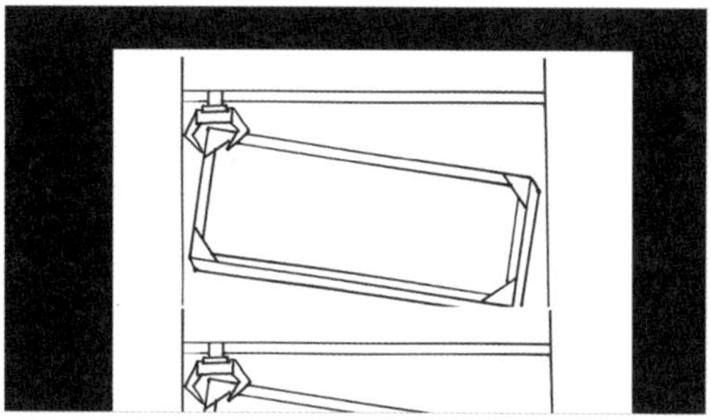

2. 도안 2는 3인당 1장씩 준비한다.

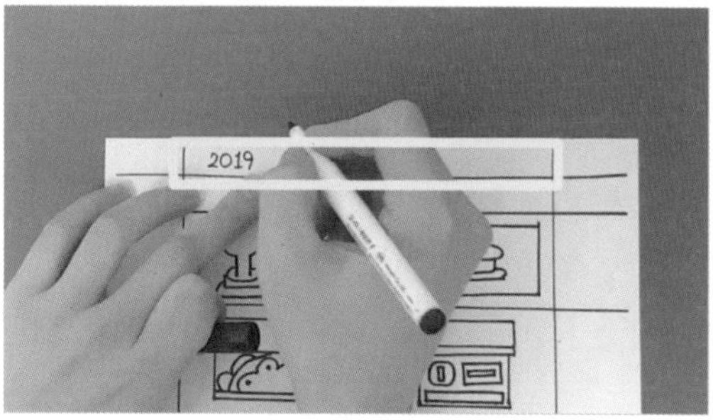

3. 도안 1위 맨 윗부분에 작품 주제를 적는다.

4. 도안 1을 색연필로 예쁘게 색칠한다.

5. 도안 2의 추억 그리는 부분을 그린 후 색칠한다.

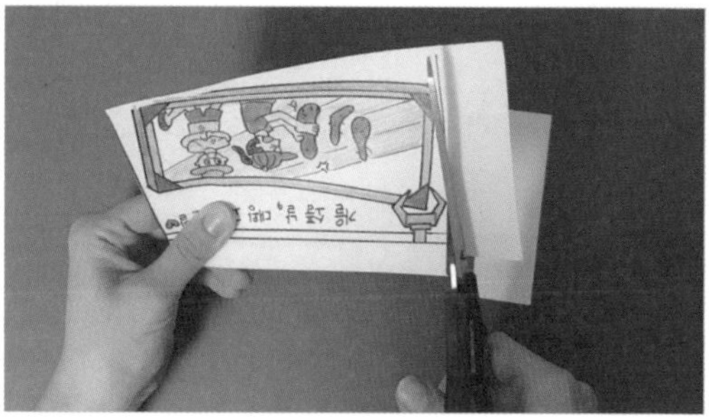

6. 도안 2의 자신이 그린 부분을 가위로 자른다.

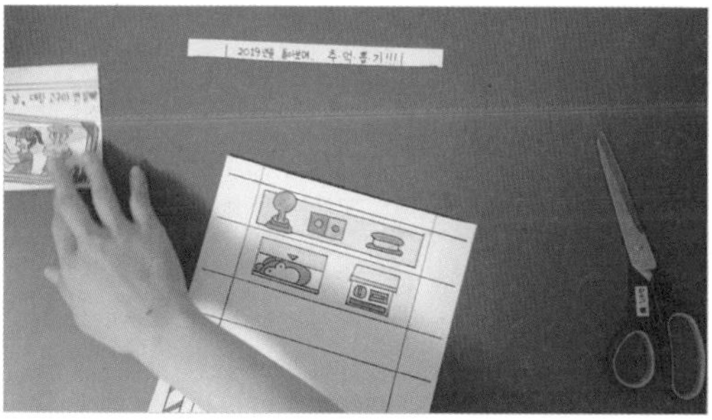

7. 작품 주제, 자신이 그린 부분을 잘라 준비한다.

8. 도안 1의 아랫부분을 사진과 같이 색칠해서 꾸민다.

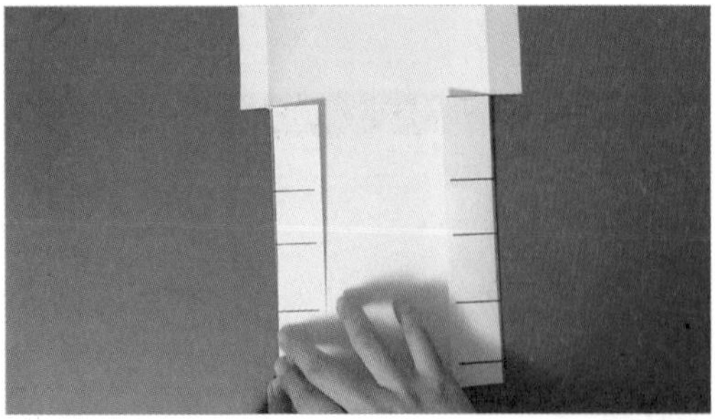

9. 도안 1을 뒤로 뒤집어 선을 따라 접는다.

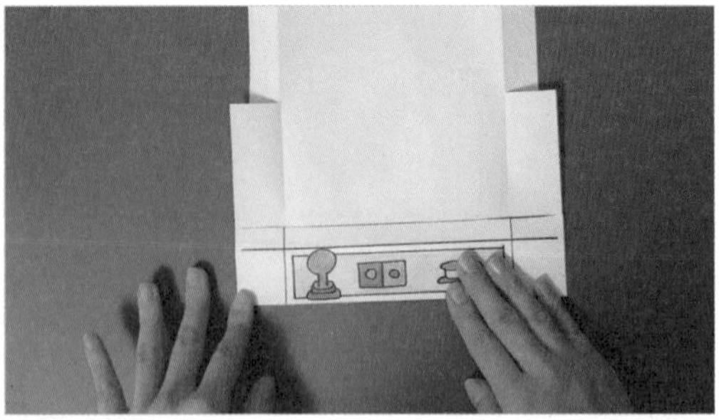

10. 선을 따라 뒤로 접는다.

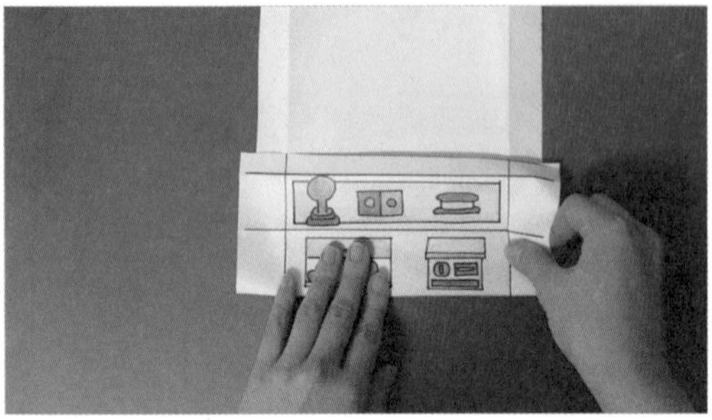

11. 계속해서 선을 따라 뒤로 접는다.

12. 색칠한 부분도 한 번 접어준다.

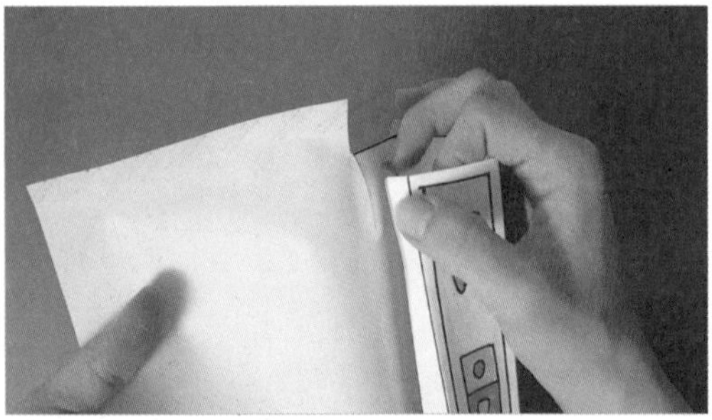

13. 선을 따라 계속 접어 맨 아랫부분을 중간 부분에 넣어 준다.

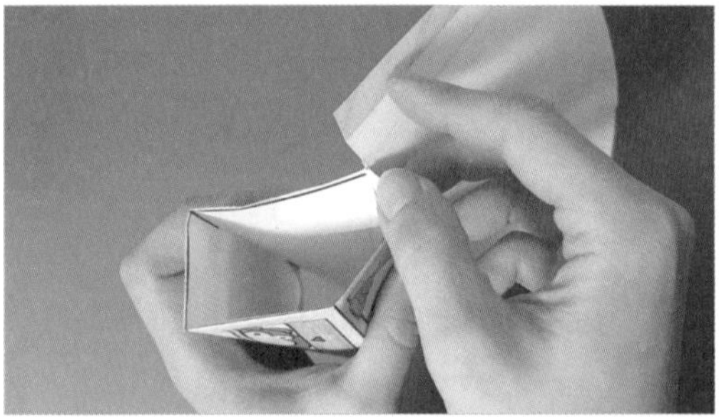

14. 반대편도 잘 넣어 조립한다.

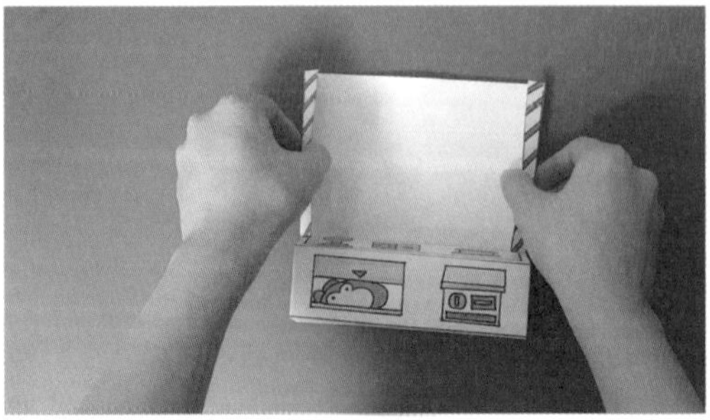

15. 그림과 같이 모양을 잡아준다.

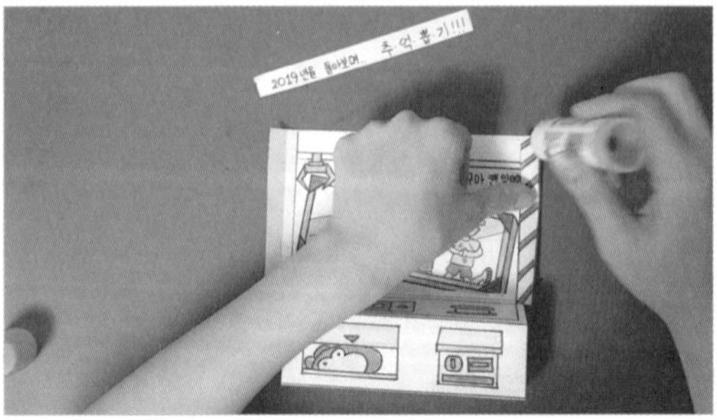

16. 윗부분에 작품 주제를 적은 것을 풀로 붙여 완성한다.

▶ 활동모습

작품의 사이즈는 스마트폰 보다 조금 큽니다.

완성된 작품을 세울 수 있어 어디서든지 쉽게 전시할 수 있습니다.

놀이활용 Tip

1. 책 표지 날개에 제시된 QR코드를 스캔하여 받은 자료를 활용합니다.
2. 추억을 그릴 수 있는 부분의 주제는 예와 같이 다양합니다.
   예) 읽은 글에서 가장 기억에 남은 일, 체험학습 때 가장 기억에 남은 일, 가장 행복했던 순간 등
3. 종이 1장으로 뽑기 기계를 만드는 페이퍼크래프트 활동으로서 다소 어려움을 겪는 친구는 주변 친구의 도움을 받도록 합니다.
4. 시간이 남은 친구에게는 더 만들 수 있게 기회를 줍니다.
5. 먼저 다 함께 접어 본 후 그리기 및 색칠하기 과정으로 진행해도 좋습니다.

17 학기 말_카카오톡 롤링페이퍼

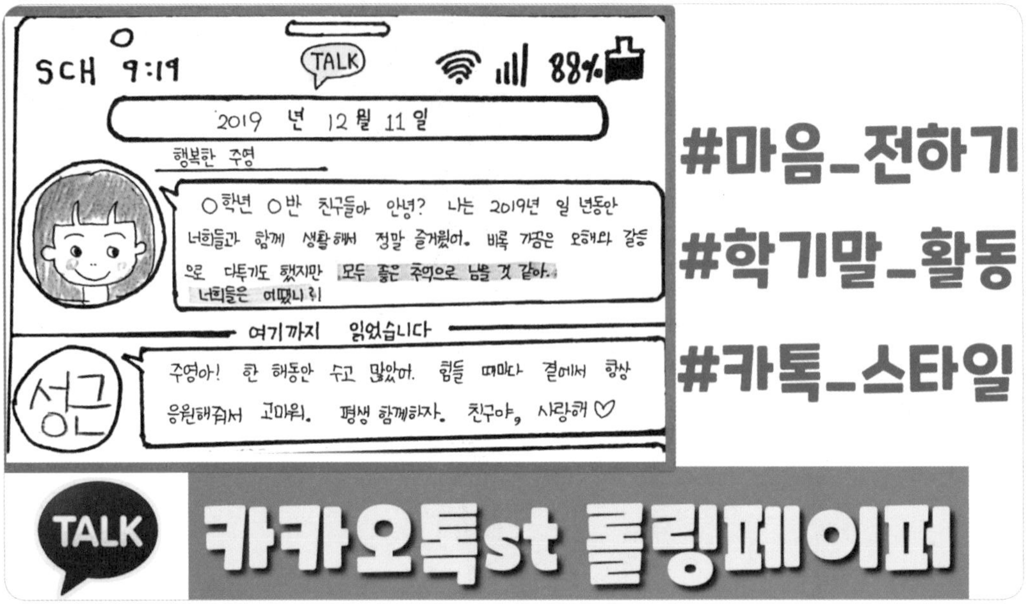

유아 | 초등 1~2학년 | 초등 3~6학년

#학기말_롤링페이퍼 #카카오톡_스타일 #도안제공_30명분

제작영상

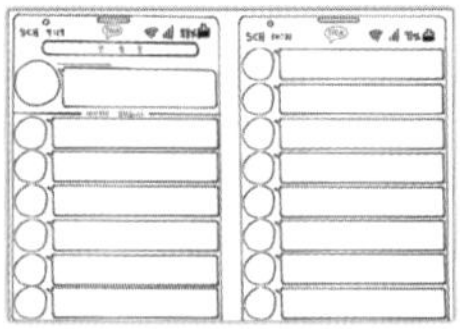

▶ 준비물

A4용지 2장(최대 30명, 도안 인쇄), 펜, 색연필

▶ 활동설명

학기 말이 되면 학급에서 꼭 하는 롤링페이퍼 활동입니다. 롤링페이퍼 양식을 카카오톡 스타일로 만들었습니다. 자신의 캐릭터 꾸미기, 소개 글쓰기 등 학생들이 친숙한 카카오톡 스타일이라서 활동에 재미를 느끼며 참여합니다. 1년 동안 함께한 소중한 친구에게 메시지를 남기는 카카오톡 롤링페이퍼로 학기 말 마무리 활동을 해보기 바랍니다.

▶ 활동방법

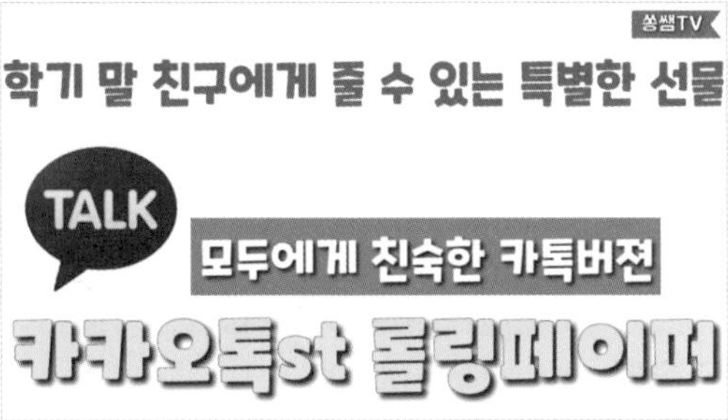

1. 활동 전 카카오톡 스타일 롤링페이퍼 활동 방법을 영상으로 이해하면 좋다.

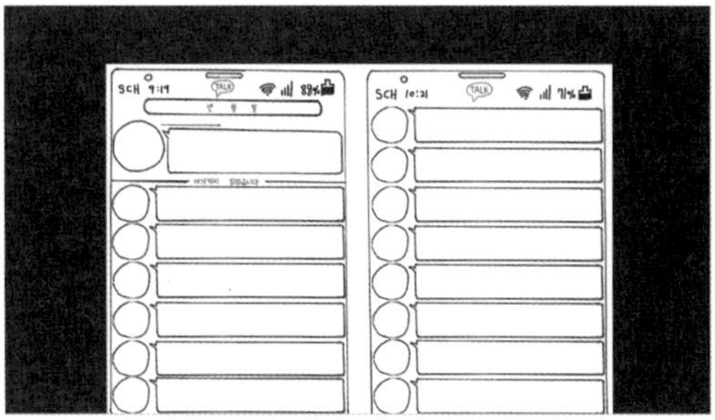

2. 도안을 인쇄해서 준비한다.

3. 자신의 캐릭터를 그린다.

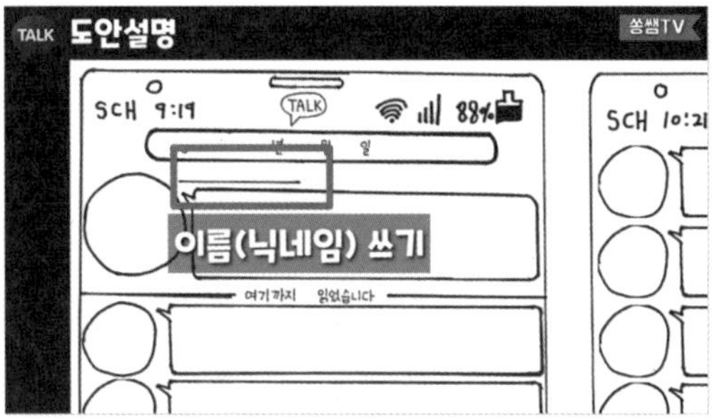

4. 친구들이 알아볼 수 있게 자신의 이름 또는 닉네임을 적는다.

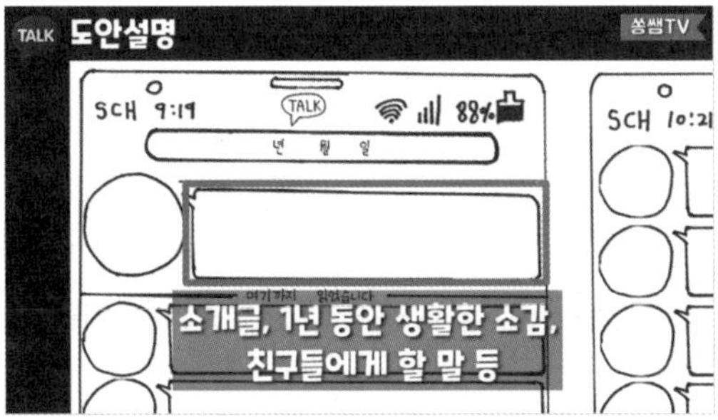

5. 자신의 소개 글, 1년 동안 생활한 소감, 친구들에게 할 말 등을 적는다.

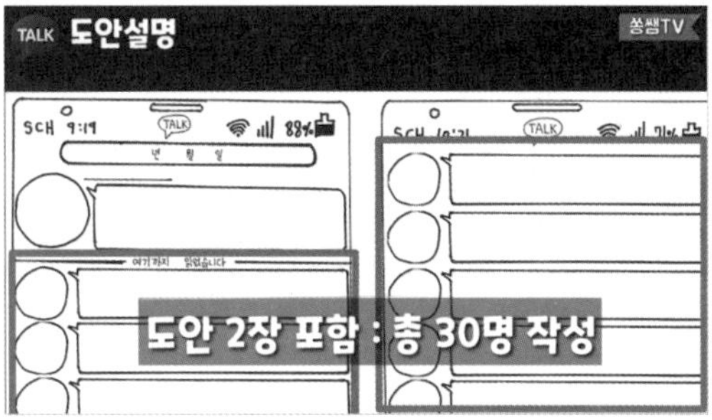

6. 도안 1은 15명까지 작성할 수 있다.

7. 도안 2를 포함해서 총 30명이 작성을 할 수 있다.

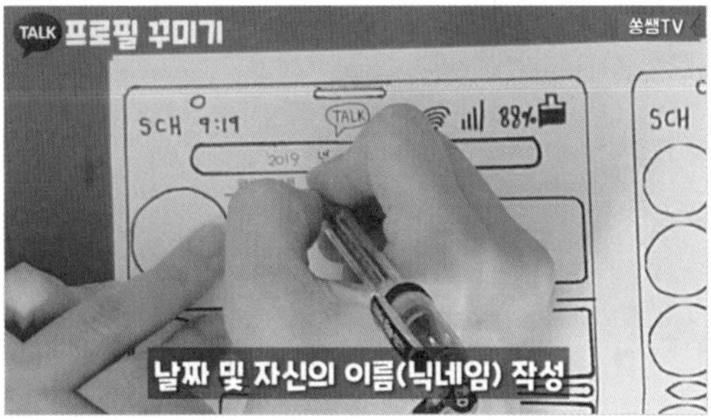

8. 날짜 및 자신의 이름 또는 닉네임을 작성한다.

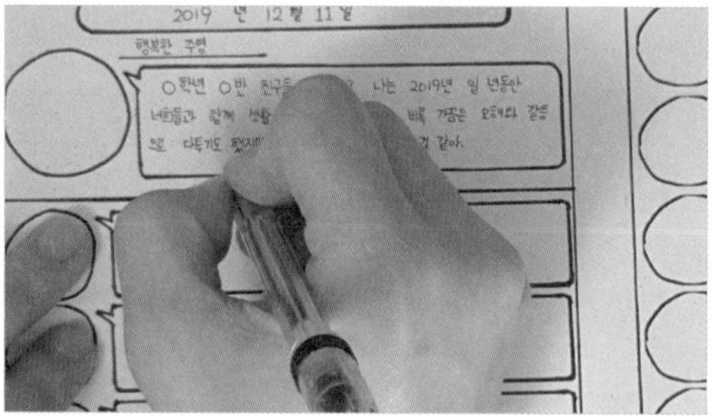

9. 차분한 마음으로 자신의 칸에 하고 싶은 말을 적는다.

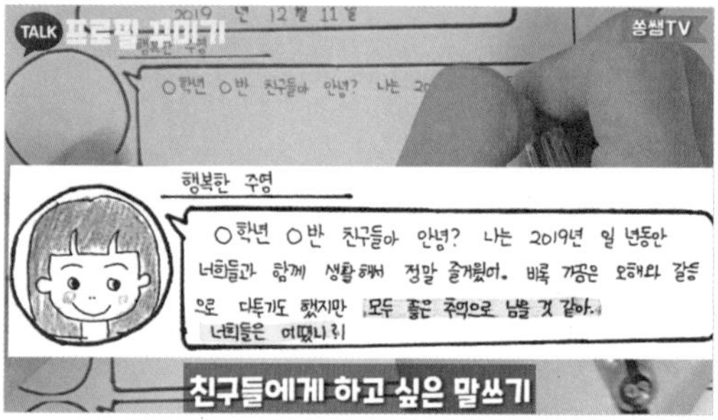

10. 1년간의 학급생활을 떠올리며 정성껏 적는다.

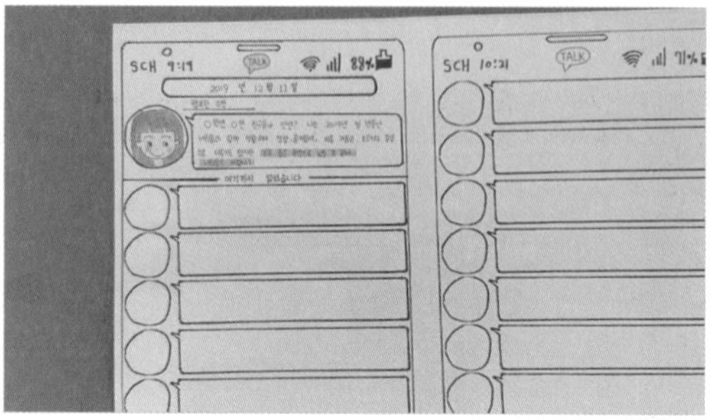

11. 자신의 칸을 완성한 모습

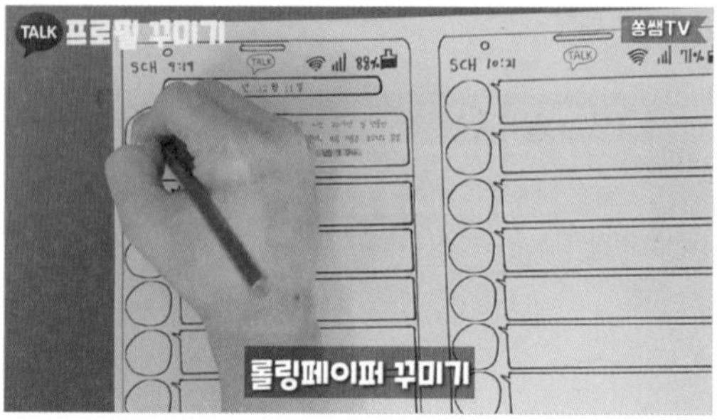

12. 롤링페이퍼 도안을 색연필로 꾸민다.

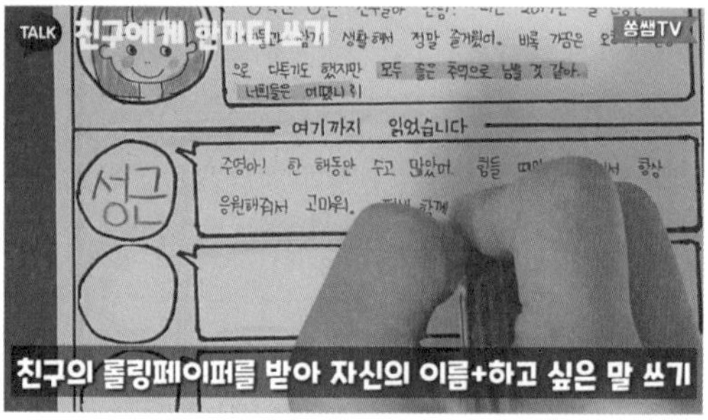

13. 친구의 롤링페이퍼를 읽고 자신의 이름을 작성 한 후 그 친구에게 하고 싶은 말을 적는다.

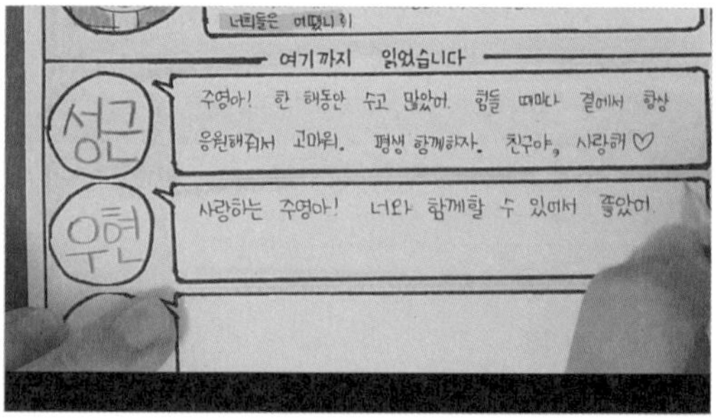

14. 정해진 시간에 맞춰 친구의 롤링페이퍼에 자신의 마음을 담아 글을 적는다.

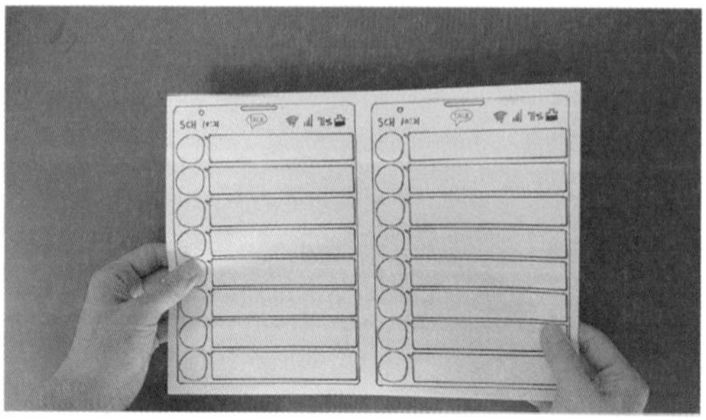

15. 16명 이상일 경우 도안 2를 활용해 계속해서 종이를 돌리며 글을 적는다.

16. 양면 복사한 롤링페이퍼를 활용해도 좋다.

▶ 활동모습

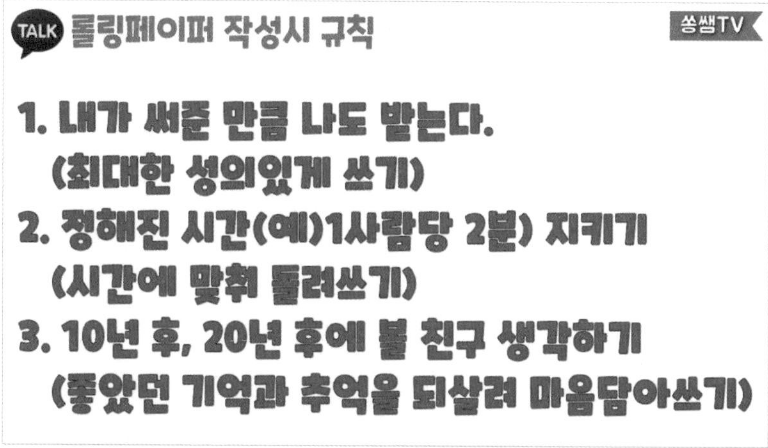

활동 전 롤링페이퍼 작성의 기본 규칙을 이야기하는 시간을 갖습니다.

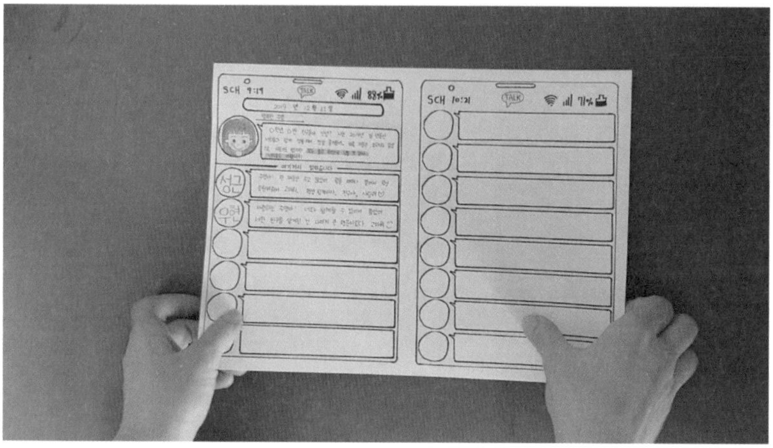

자신의 캐릭터 꾸미기, 하고 싶은 말 적기, 친구와 돌려가며 롤링페이퍼 활동하기 등을 진행합니다.

놀이활용 Tip

1. 책 표지 날개에 제시된 QR코드를 스캔하여 받은 자료를 활용합니다.
2. 학급 인원이 15명 이하이면 도안 1만 인쇄 후 사용, 16명 이상이면 도안 2까지 인쇄 후 사용하면 됩니다.
3. 롤링페이퍼 활동을 해보면 성의 없이 막 적는 학생들이 있기 마련입니다. 활동 전 다음의 3가지를 유의하며 활동합니다.
   - 최대한 성의 있게 쓰기(내가 써준 만큼 나도 받음)
   - 정해진 시간(한 사람당 2분 등) 지키기(시간에 맞춰 돌려쓰기), 시간에 맞춰 종 쳐주기
   - 10년, 20년 후에 볼 친구 생각하기(좋았던 기억과 추억을 되살려 마음 담아 쓰기)
4. 롤링페이퍼를 작성 한 후 선생님이 수합해서 종업식 날 선물로 주면 좋습니다.

18 설날_복주머니 만들기

유아 | 초등 1~2학년 | 초등 3~6학년

#설날_만들기 #복주머니_종이접기 #설맞이_미술활동

제작영상

▶ 준비물

색종이, 풀, 끈

▶ 활동설명

설날을 맞이하여 할 수 있는 복주머니 만들기 활동입니다. 종이접기로 만드는 복주머니이지만, 실제로 사용이 가능합니다. 복주머니를 만들며 설날에 대한 기대감을 키워 보고, 세배하는 활동과 세뱃돈을 담는 활동도 연계할 수 있습니다.

▶ 활동방법

1. 색종이를 대각선 방향으로 접는다.

2. 네 모서리를 중앙에 모아 접는다.

3. 가로, 세로 각각 3등분으로 나눠 접는다.

4. 사진과 같이 접되 윗부분 반만 눌러 접는다.

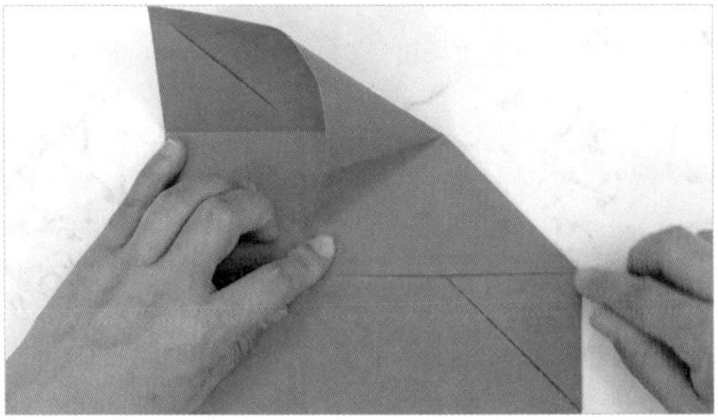

5. 사진과 같이 접되 아랫부분 반만 눌러 접는다.

6. 같은 위치의 양쪽을 모두 같은 방법으로 접어 X자 형태가 나오도록 한다.

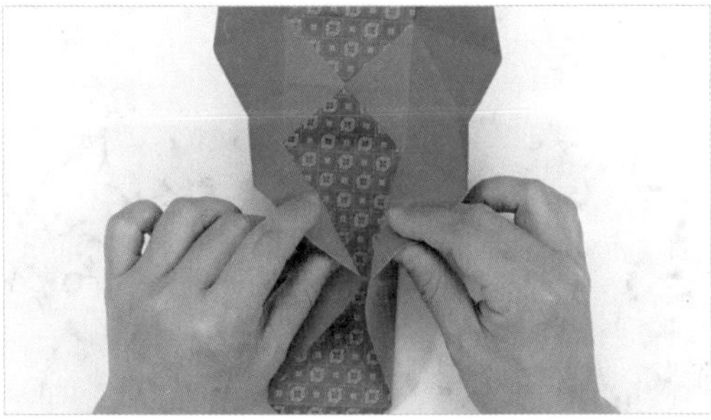

7. 아랫부분을 접은 선을 따라 모아준다.

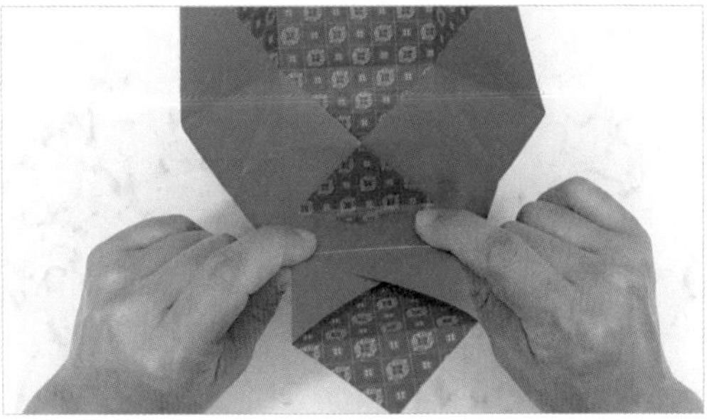

8. 종이가 뜨는 부분은 풀칠을 하여 붙인다.

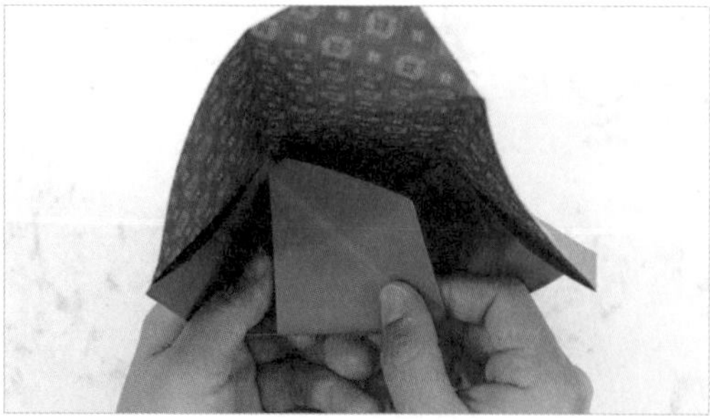

9. 아래로 길게 내려온 부분은 안쪽으로 말아 속으로 넣는다.

10. 옆 부분을 접은 선을 따라 모아준다.

11. 윗부분도 아랫부분과 같은 방법으로 모아 접는다.

12. 위쪽의 긴 부분은 반으로 접어 뚜껑으로 만든다.

13. 무늬 종이를 이용하여 꾸며 준다.

14. 여밈 부분에 벨크로를 붙여 뚜껑이 닫히도록 한다.

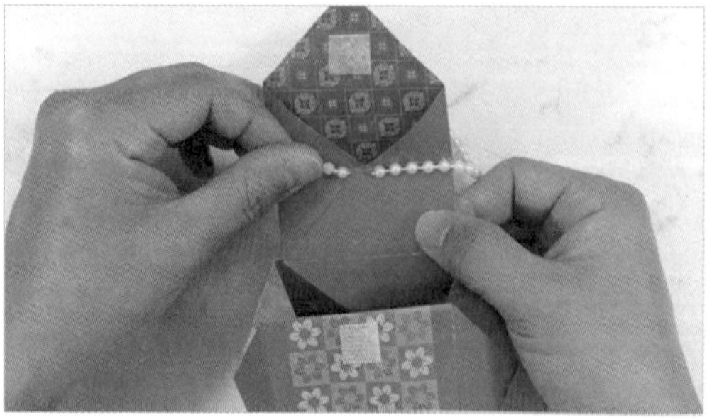

15. 가방끈을 붙인다.

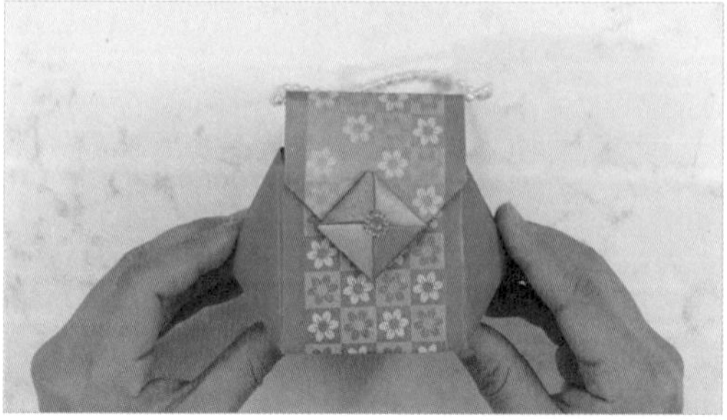

16. 장식을 한다.

▶ 활동모습

다양한 색깔의 종이나 끈을 사용하여 만듭니다.

물건이나 세뱃돈을 담습니다.

놀이활용 Tip

1. 색종이의 크기는 한 변이 25~30cm 정도가 되어야 실제 사용이 가능합니다.
2. 큰 색종이가 없다면, 색지를 사용하여 만든 후 무늬 종이를 이용하여 꾸며도 좋습니다.
3. 전통문양 종이를 이용하면 설날에 어울리는 복주머니를 만들기에 좋습니다.
4. 접은 다음 고정이 안 되는 부분은 풀이나 스카치테이프를 이용하여 붙입니다.
5. 가방끈을 붙일 때는 글루건이나 스카치테이프를 이용합니다.
   - 글루건 사용 시 다치지 않도록 주의합니다.
6. 설날 계기교육으로 복주머니를 만들어 실제 사용해보는 활동까지 연계할 수 있습니다.

<미술놀이 SOS>

미술놀이가 학급경영에 도움이 되는 이유

미술놀이는 즐거운 미술활동을 의미합니다. 전문적인 미술 기술이나 어려운 기법을 알지 못해도 즐겁게 미술을 즐기자는 취지에서 미술놀이라는 개념을 생각했습니다. 특히 유아기나 초등학생 시기에 재미있고 즐거운 미적 경험을 통해 미술활동에 대해 긍정적인 생각을 지녔으면 좋겠습니다. 이런 미술놀이는 학급경영에 많은 도움을 줍니다. 담임교사로서 학급환경, 생활지도, 교과지도 등의 학급을 경영하는 데 미술놀이가 주는 의미는 큽니다. 미술놀이가 학급경영에 도움이 되는 이유 다음과 같습니다.

첫째, 미술놀이는 계기교육에 도움이 됩니다

계기교육은 특정한 날 또는 특정 의미에 대한 주제를 다루는 교육입니다. 예를 들어 독도의 날(10월 25일)인 경우 교과지도(특정 학년에 나와 있는 경우도 있음)에는 나와 있지 않지만 학생들에게 지도를 해줄 필요가 있는 날입니다. 독도의 날을 맞아 관련 내용을 이해하고 생각해 보는 시간으로 미술놀이만큼 좋은 것이 없습니다. 독도의 날 포스터나 표어를 그리고 쓰는 것도 의미가 있지만 보다 새로운 방식으로 '독도의 날 3D PAPER 활동'을 해도 좋을 것입니다. 자칫 딱딱할 수 있는 계기교육 시간에 미술놀이를 활용해 보다 활동적이고 재미있는 시간이 되었으면 좋겠습니다.

둘째, 미술놀이는 학급환경구성에 도움이 됩니다

미술놀이를 통해 나온 결과물을 환경구성에 활용해 보면 좋습니다. 학생 작품을 위주로 한 학급환경구성은 선생님이 꾸미고 만드는 작업에 대한 부담을 줄일 수 있습니다. 미술놀이 결과물의 형태에 따라 사물함 또는 책장 위에 세우거나 게시판에 붙여 전시할 수 있습니다. 다른 친구의 작품을 서로 공유하며 친구를 알아갈 수 있도록 학급환경구성에 적극 활용해 보기 바랍니다.

셋째, 그리고 꾸미며 놀면서 친구를 이해할 수 있습니다

학급이라는 같은 공간에서 함께 생활하는 친구는 학생들에게 중요한 존재입니다. 친구 관계가 원만하고 좋으면 학교 가는 것이 즐거울 것이고, 반대의 경우에는 학교 가는 것이 재미없을 것입니다. 원만한 친구 관계를 형성하기 위해서는 친구에 대해 알고 이해하는 것이 중요합니다. 자연스럽게 각각의 친구 특성을 파악하고 이해하기에는 놀이만한 것이 없습니다. 색종이 장난감을 활용한 놀이, 꾸미며 각자의 생각을 표현하는 놀이 등 미술놀이를 통해 자연스럽게 친구를 이해하고 친해질 수 있는 기회를 만들었으면 좋겠습니다.

이와 같이 학급경영 전반에 도움이 되는 미술놀이를 적절한 교과와 연계하여 지도해 보기 바랍니다.

PART 03

계절별 환경구성

(#방법_간단 #학생_작품_환경구성 #계절_분위기)

01 학기 초_ 자화상으로 나를 표현하기

유아 | 초등 1~2학년 | 초등 3~6학년

#학기초_첫_미술활동 #자기소개활동 #팝아트_자화상_그리기

제작영상

▶ 준비물

A4 도화지, 먹지, 우드락, 파레트, 붓, 물통, 아크릴 물감(포스터 물감), 유성매직

▶ 활동설명

학기 초 첫 미술시간에 하기 좋은 자화상 그리기 활동입니다. 팝아트 표현활동으로 미술에 두려움을 느끼는 아이들도 완성도 높은 결과물을 만들어 냅니다. 자화상과 함께 자기소개서도 작성하고 환경판에 게시하여 새학기에 어울리는 교실 환경을 구성할 수 있습니다.

▶ 활동방법

1. 사진을 찍어 연하게 프린트한다.

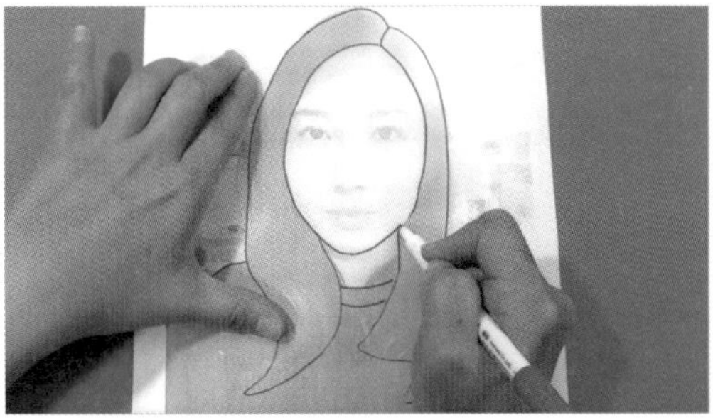

2. 사인펜으로 사진의 테두리를 따라 그린다.

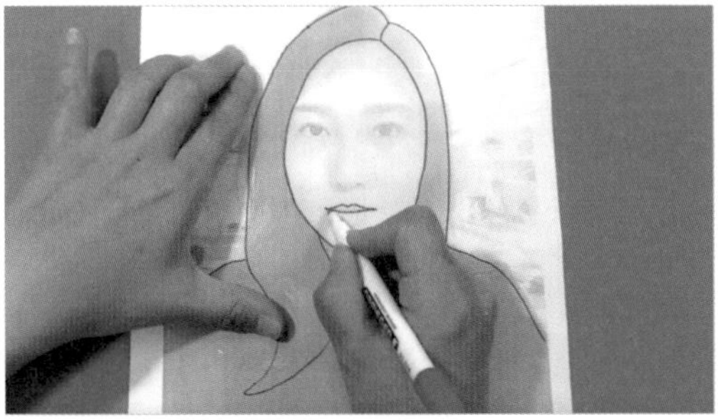

3. 얼굴 표정도 따라 그린다.

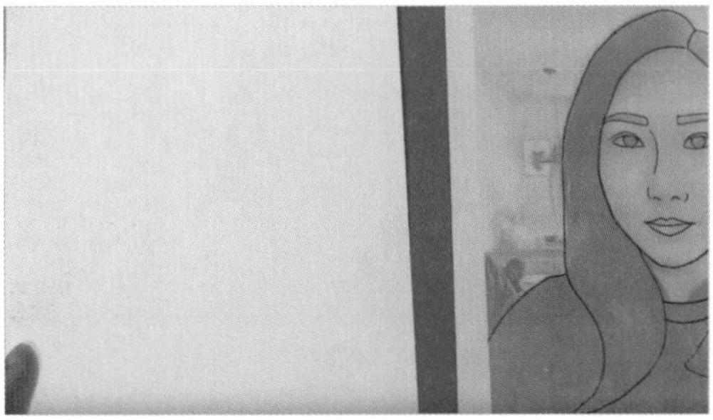

4. 사진과 같은 크기의 도화지를 준비한다.

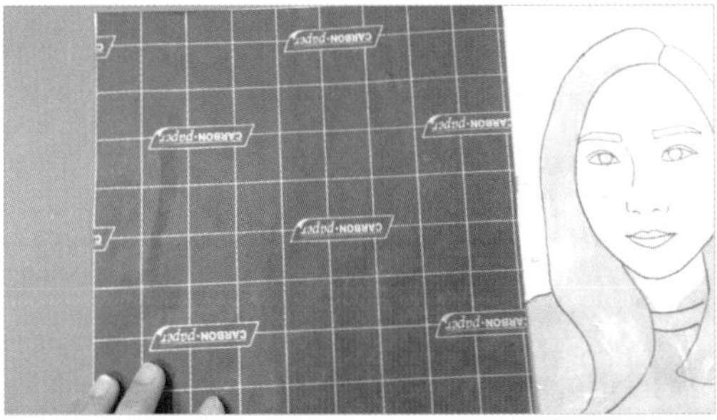

5. 도화지 위에 먹지를 올린다.

6. 먹지 위에 사진을 올린다.

7. 사진이 움직이지 않도록 스카치테이프로 고정한다.

8. 끝이 뾰족한 펜을 사용해 그림을 따라 그린다.

9. 먹지와 사진을 걷어낸다.

10. 그려진 그림 속에 채색을 한다.

11. 팝아트 느낌이 살도록 강렬한 색을 선택한다.

12. 전체적으로 진하게 색칠하여 완성한다.

13. 매직을 사용해 채색된 그림의 테두리를 따라 그린다.

14. 얼굴 표정은 조금 얇은 유성매직으로 따라 그린다.

15. 도화지의 한쪽에 그림을 붙인다.

16. 다른 한쪽에는 새학기 소개 자료를 붙여 완성한다.

▶ 활동모습

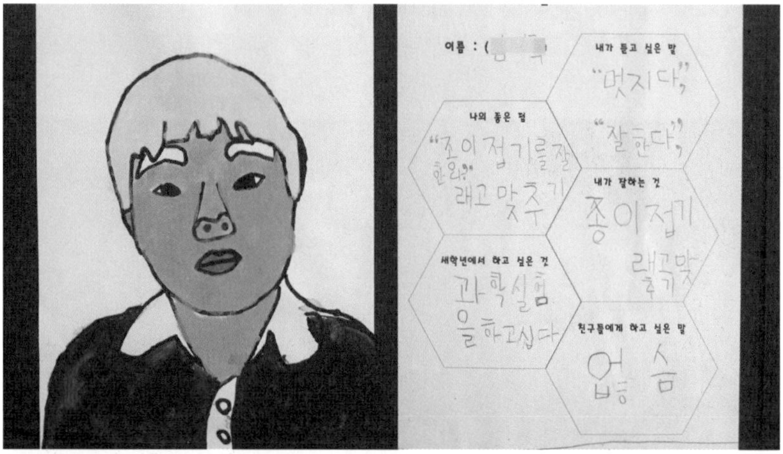

학생 작품

교실 환경 꾸미기

놀이활용 Tip

1. 책 표지 날개에 제시된 QR코드를 스캔하여 받은 자료를 활용합니다.
2. 색칠을 할 때 물을 적게 사용하여 진하게 표현하도록 합니다.
3. 먹지를 대고 그릴 때는 세세한 표현은 생략하고, 간략하게 큰 것만 따라 그립니다.
   - 종이가 움직이지 않도록 스카치테이프로 고정하여 활동합니다.
4. 팝아트의 느낌이 살도록 머리카락이나 눈썹 등의 색은 검은색을 피하는 것이 좋습니다.
5. 탑재된 자기소개 자료를 활용하여 자화상 옆에 붙여 게시합니다.

02 봄_벚꽃으로 봄 표현하기

유아 | 초등 1~2학년 | 초등 3~6학년

#봄_미술활동 #봄_환경판_꾸미기 #벚꽃표현활동

제작영상

▶ 준비물

도화지, 파레트, 물통, 붓, 수채물감, 가위, 풀, 유성매직, 흰색 펜

▶ 활동설명

교실에 봄의 기운을 들일 수 있는 벚나무를 표현하는 미술활동입니다. 아이들에게 어렵게 느껴질 수 있는 수채화를 손쉽게 표현하는 방법을 익히고, 다양한 재료를 사용하여 벚꽃을 표현합니다. 대부분의 아이들에게서 완성도가 높은 작품이 나오며, 미술에 대한 자신감을 키워줄 수 있습니다.

▶ 활동방법

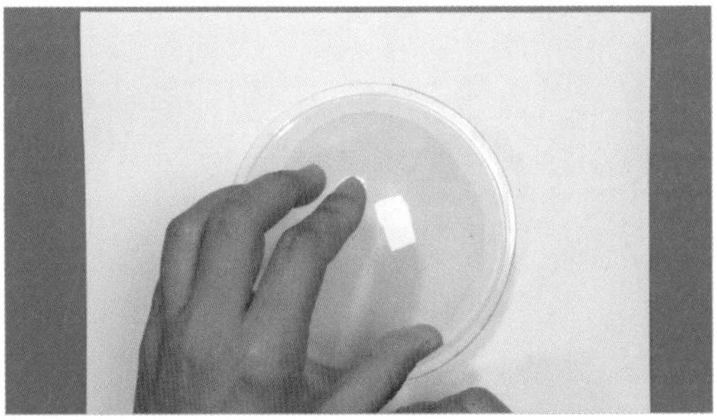

1. 도화지에 원을 그린다.

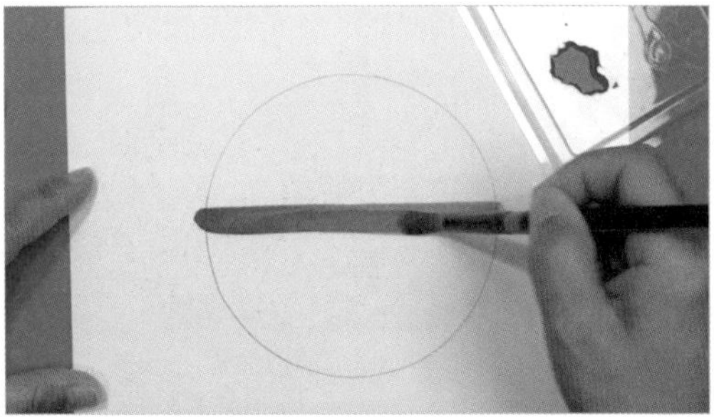

2. 중간 부분부터 색칠을 시작한다.

3. 가운데 부분에서 가장자리로 갈수록 물을 많이 섞어 연하게 칠한다.

4. 아래로 내려갈수록 어두운색을 섞어 어둡게 칠한다.

5. 노란색 배경을 할 때는 진한 색으로 초록색 계열을 섞는다.

6. 파란색 배경을 하고 싶다면, 진한 색으로 보라색이나 검은색을 섞는다.

7. 흰 종이에 벚꽃을 그린다.

8. 그림을 따라 가위로 자른다.

9. 매직을 사용해 나무를 그린다.

10. 벚꽃을 붙인다.

11. 가운데 부분에 빨간색으로 점을 찍어준다.

12. 점 위에 물을 찍어 번지는 효과를 낸다.

13. 하얀색 펜을 사용해 배경에 꽃가루를 표현한다.

14. 그림이 완성된 모습

15. 그림보다 조금 더 크게 원을 그린 후 모양가위로 잘라 붙인다.

16. 위에 반구를 붙여 완성한다.

▶ 활동모습

학생 작품

교실 환경 꾸미기

놀이활용 Tip

1. 물 사용에 따른 수채화의 느낌에 대해 지도한 후 채색에 들어갑니다.
2. 자연스러운 그라데이션을 살리기 위해 비슷한 색을 섞어 채색하도록 합니다.
3. 나무 그리기를 어려워 할 경우 손가락을 펼쳐서 나뭇가지의 뻗어나감을 생각하도록 합니다.
4. 작품의 배경지로 도일리페이퍼를 사용해도 좋습니다.
5. 반구를 붙이면 액자에 넣은 느낌이 나서 좋으나 없으면 생략이 가능합니다.

03 봄_계란판을 활용한 에바 알머슨 따라잡기

유아 | 초등 1~2학년 | 초등 3~6학년

#봄_미술활동 #에바알머슨_따라잡기 #계란판_활용 #재활용품_미술

제작영상

▶ 준비물

계란판, 8절 도화지, 가위, 목공풀, 붓, 물감, 물통, 파레트, 사인펜

▶ 활동설명

'행복을 그리는 화가'라는 수식어가 붙어 있는 에바 알머슨의 작품을 따라 해보는 활동입니다. 단순히 그림을 따라 하는 것에서 벗어나 계란판을 재활용하여 작품을 표현해 봅니다. 꽃을 담은 화사한 작품이 봄과 어울리며, 재활용품을 사용한다는 점에서 환경에 대해 생각해보는 시간을 가질 수 있습니다.

▶ 활동방법

1. 도화지에 사람을 그린다.

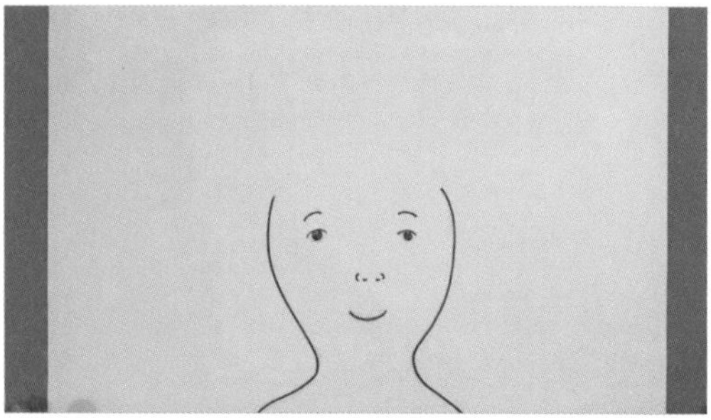

2. 사인펜으로 따라 그린다.

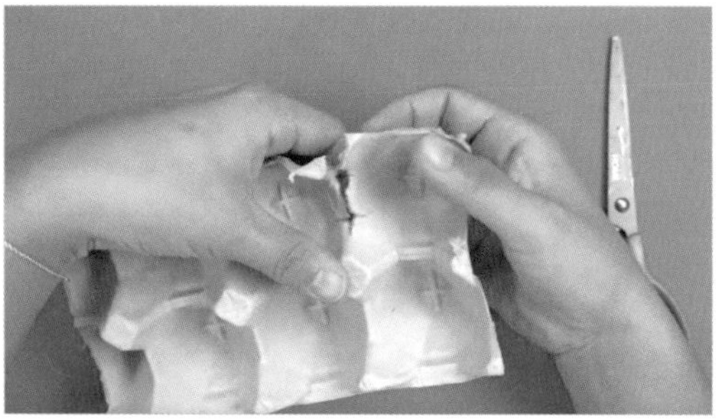

3. 계란판을 한 칸씩 찢는다.

4. 한 칸씩 잘려진 계란판을 다듬는다.

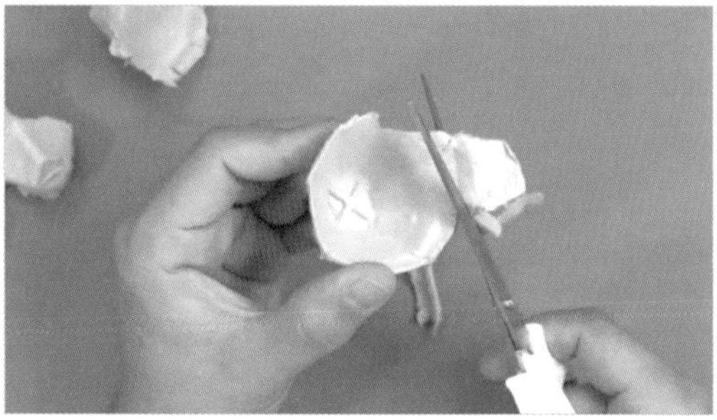

5. 가위로 끝부분을 정리한다.

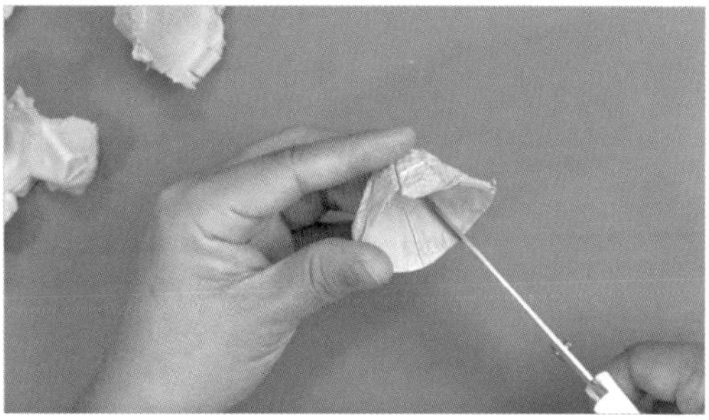

6. 바깥에서 안쪽으로 가위집을 내 자른다.

7. 꽃잎을 펼친다.

8. 가위를 사용하지 않고 손으로 찢어서 만들 수도 있다.

9. 다양한 모양의 꽃을 준비한다.

10. 그림 위에 배치해 본다.

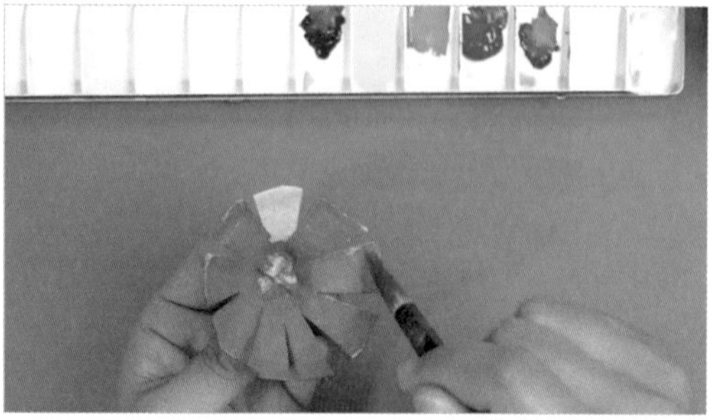

11. 물감을 사용해 채색한다.

12. 가운데 부분은 다른 색을 사용해 수술 부분을 표현한다.

13. 그림의 머리 위로 가지를 그린다.

14. 가지가 있는 부분에 물감으로 배경색을 칠한다.

15. 목공풀을 사용해 꽃을 하나씩 붙인다.

16. 그림 아래쪽도 배경색을 칠한다.

▶ 활동모습

학생 작품

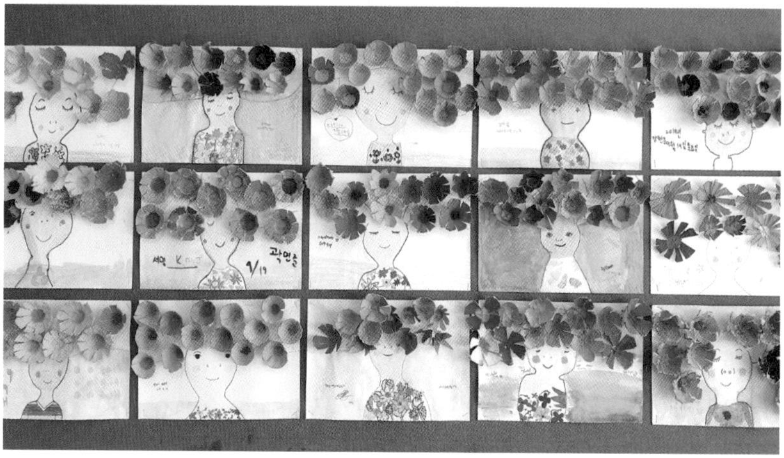

교실 환경 꾸미기

놀이활용 Tip

1. 제작영상을 학생들에게 보여주어 에바 알머슨에 대해 이해하는 시간을 갖습니다.
2. 사람의 표정을 그릴 때는 행복하고 편안한 표정으로 그립니다.
3. 계란판을 뜯어낼 때 움푹 파인 부분이 찢어지지 않도록 주의합니다.
4. 자르는 방법에 따라 다양한 꽃 모양을 표현할 수 있습니다.
5. 배경을 칠할 때는 수채물감이 아닌 파스텔이나 색연필을 사용해도 좋습니다.

04 여름_휴지심 부엉이 만들기

유아 | 초등 1~2학년 | 초등 3~6학년

#휴지심_활용 #재활용_미술활동 #귀여운_부엉이 #여름나무에_앉은_부엉이

제작영상

▶ **준비물**

휴지심, 가위, 풀, 색종이, 연필, 두꺼운 색지 조금

▶ **활동설명**

주변에서 쉽게 구할 수 있는 휴지심을 활용하여 부엉이를 만드는 활동입니다. 재활용품을 사용하는 미술활동을 통해 환경에 대해 생각해보는 시간을 가져 봅니다. 휴지심 부엉이를 응용하여 다양한 휴지심 동물 만들기 활동으로 발전시킬 수 있습니다.

▶ 활동방법

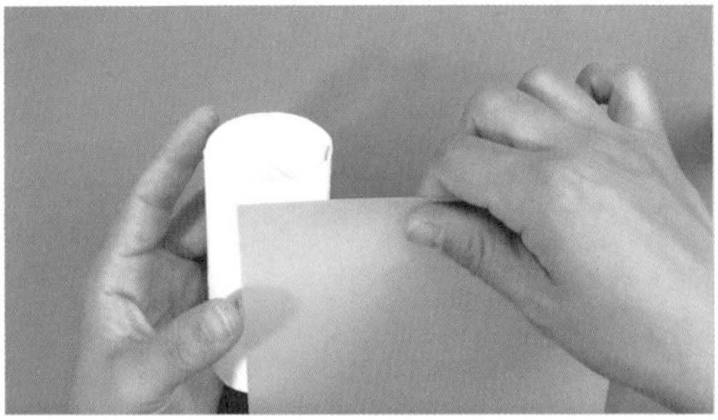

1. 색종이를 사용해 휴지심을 감싼다.

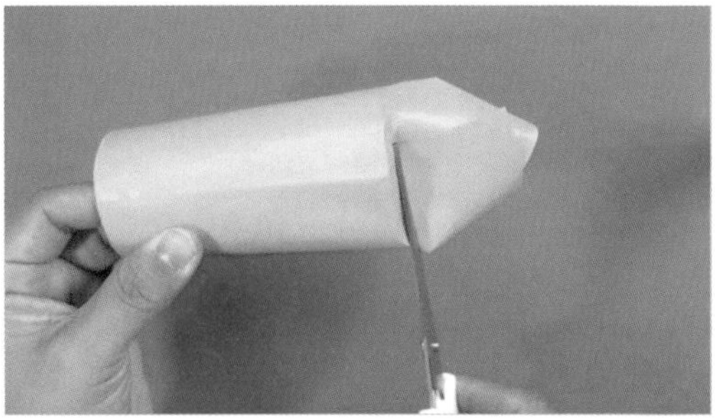

2. 휴지심보다 길게 남은 색종이는 가위로 잘라 정리한다.

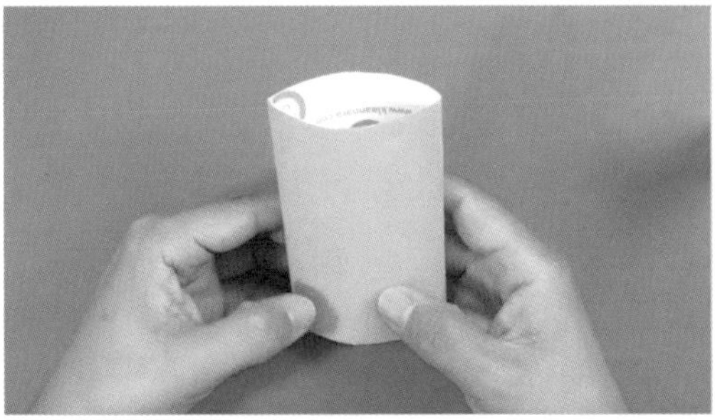

3. 휴지심을 납작하게 누른다.

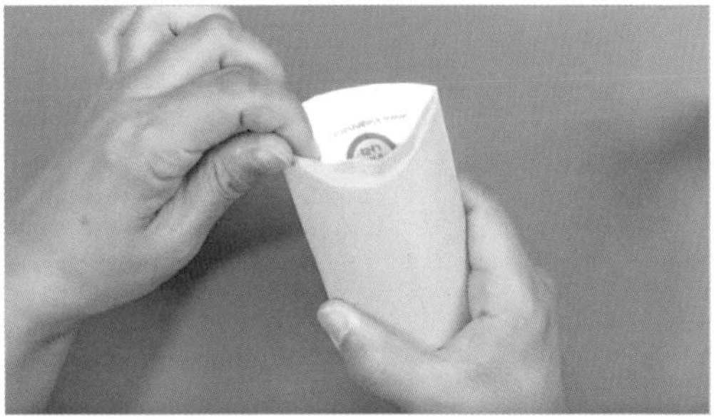

4. 윗부분을 U자 형태가 되도록 눌러서 접는다.

5. 부엉이의 몸이 완성된 모습

6. 부엉이를 꾸밀 수 있도록 다양한 색종이를 준비한다.

7. 색종이의 뒷면에 부리와 꼬리를 그린다.

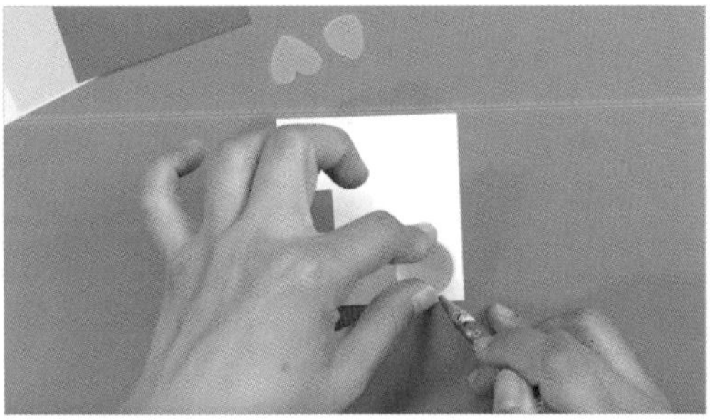

8. 깃털은 풀 뚜껑을 대고 동그라미를 그려 만든다.

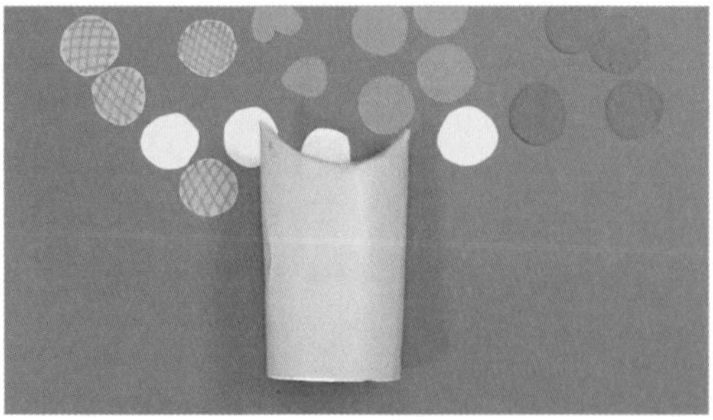

9. 자른 색종이를 부엉이의 몸에 붙인다.

10. 깃털은 아랫부분부터 붙이며, 색종이를 겹쳐서 붙인다.

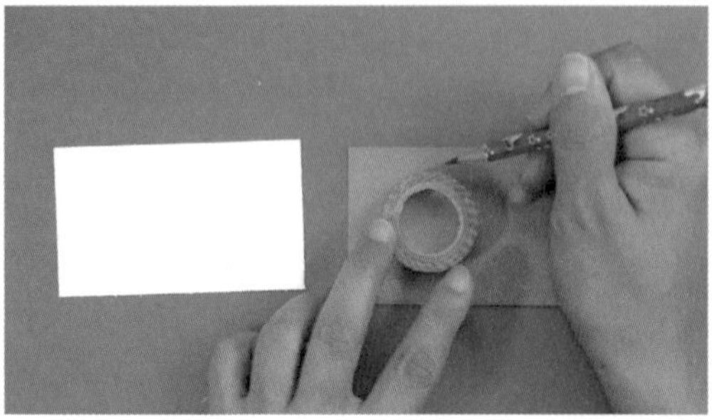

11. 색지에 눈을 그린다.

12. 색지 위에 흰 종이로 눈동자를 붙여 부엉이의 눈을 만든다.

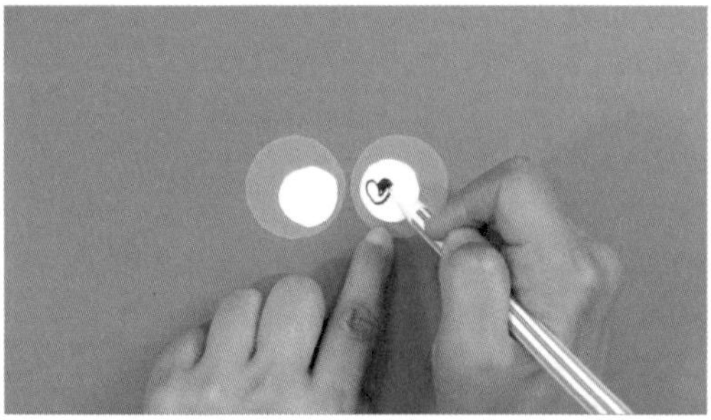

13. 눈을 직접 그릴 수도 있다.

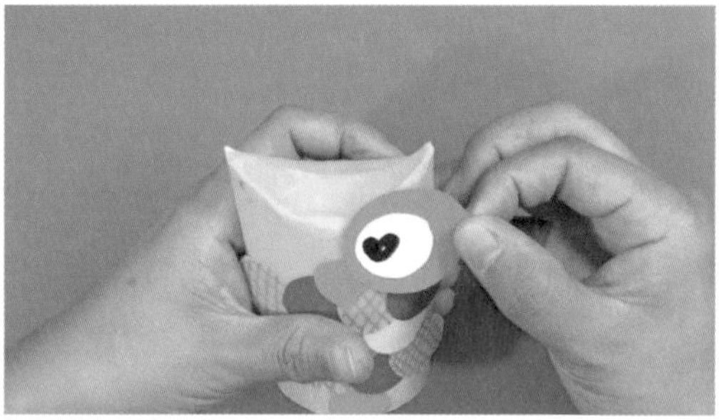

14. 눈을 붙인다.

15. 눈 밑으로 날개를 붙인다.

16. 다양한 색을 활용해 부엉이를 완성한다.

▶ 활동모습

학생 작품

교실 환경 꾸미기

놀이활용 Tip

1. 제작영상을 학생들에게 보여주어 전체적인 활동 방법을 알 수 있게 합니다.

2. 부엉이의 표정이나 색깔 등을 학생들이 창의적으로 표현할 수 있게 기회를 줍니다.

3. 부엉이의 눈은 색종이나 인형눈을 사용해서 붙여도 좋고 사인펜으로 그려도 좋습니다.

4. 여름나무 위에 부엉이를 붙여 여름 환경판을 꾸며 줍니다.

5. 휴지심 부엉이 만들기 활동 후에 다양한 휴지심 동물 만들기를 자유활동으로 제시할 수 있습니다.

05 여름_면봉으로 여름나무 표현하기

유아 | 초등 1~2학년 | 초등 3~6학년

#여름나무_표현하기 #면봉으로_쉽게 #즐거운_수채화_수업

제작영상

▶ 준비물

A4 도화지, 면봉, 고무줄, 파레트, 물통, 붓, 수채물감

▶ 활동설명

여름의 푸르른 나무를 표현해 보는 활동입니다. 면봉이라는 도구를 활용하여 많은 아이들이 어렵다고 느끼는 수채화 수업에 손쉽게 다가갈 수 있습니다. 면봉으로 찍는 기법을 사용하기 때문에 유아부터 활동이 가능하며, 전체적인 완성도가 높게 나오는 미술놀이입니다.

▶ 활동방법

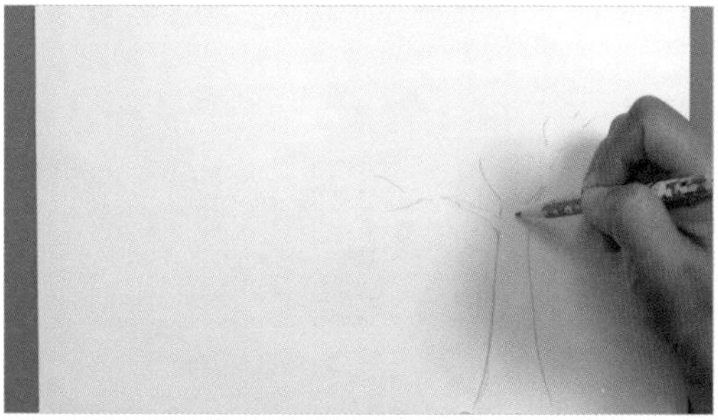

1. 도화지에 나무를 그린다.

2. 가지를 그릴 때는 살짝살짝 끊어서 그린다.

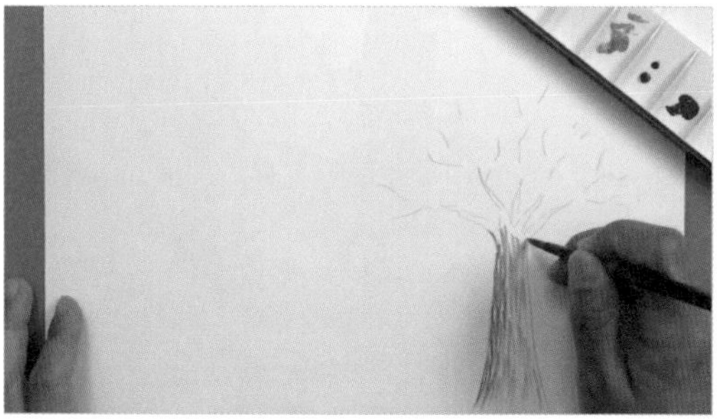

3. 수채물감으로 채색을 한다.

4. 나뭇가지도 채색을 한다.

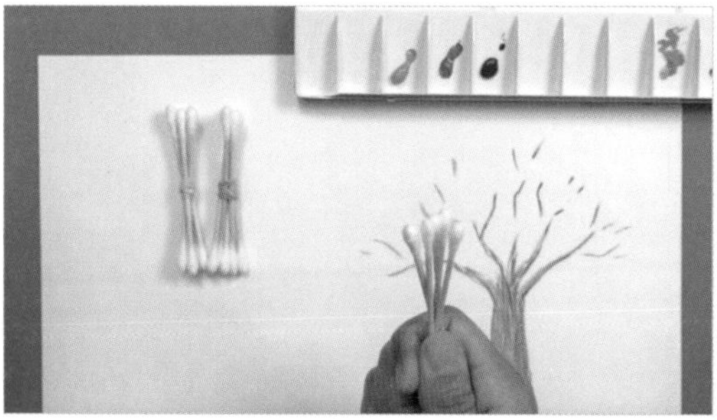

5. 면봉을 4~5개씩 묶어서 준비한다.

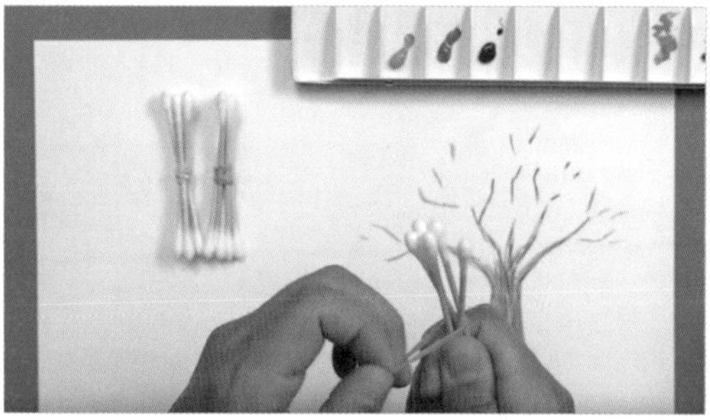

6. 묶을 때는 작은 고무줄을 사용하면 편리하다.

7. 초록색 계열의 물감 3가지를 준비한다.

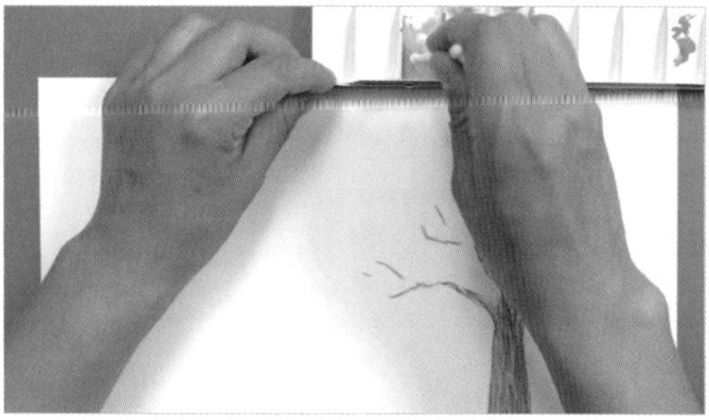

8. 연한색부터 면봉에 찍어 사용한다.

9. 전체적으로 연한 색을 찍어서 나뭇잎을 표현한다.

10. 조금 진한 색을 사용해 부분 부분 찍어준다.

11. 가장 진한 색으로 나무의 느낌이 살도록 찍어준다.

12. 나무의 아랫부분에 잔디를 표현한다.

13. 잔디는 세로로 그어서 표현할 수 있다.

14. 나무 표현방법과 같게 면봉으로 찍어서 표현해도 된다.

15. 나무 위로 하늘의 느낌도 채색해 본다.

16. 나무 주변에 내 모습을 그려 넣는다.

▶ 활동모습

학생 작품

교실 환경 꾸미기

놀이활용 Tip

1. 여름나무의 푸른 느낌이 들도록 초록색 계열의 물감을 사용합니다.
2. 다른 색을 사용하면 다른 계절의 느낌을 표현할 수 있습니다.
   - 노랑이나 분홍 계열은 봄, 갈색이나 붉은색을 사용하면 가을의 느낌이 납니다.
3. 나무 채색 시 세로로 줄을 그어가며 색칠하여 나무의 질감이 살도록 합니다.
4. 자연스러운 채색을 위해 비슷한 계열의 색 2~3가지를 덧칠하는 것이 좋습니다.
5. 나무 아래에서 자신이 무엇을 할지 상상하여 자유롭게 그려 넣도록 합니다.

06 가을_코스모스로 가을 표현하기

유아 | 초등 1~2학년 | 초등 3~6학년

#가을이_오면 #가을_꽃 #코스모스_표현하기

제작영상

▶ 준비물

색종이, 배경도안, 풀, 가위

▶ 활동설명

가을의 대표적인 꽃인 코스모스를 표현해보는 활동입니다. 색종이로 코스모스를 만들어 리스 느낌이 나도록 배경지에 붙여 장식합니다. 코스모스의 수술을 만들 때 미술놀이를 하는 아이의 수준에 맞추어 제작 방법을 달리할 수 있습니다. 코스모스를 만들며 가을이 성큼 다가왔음을 느껴 봅니다.

▶ 활동방법

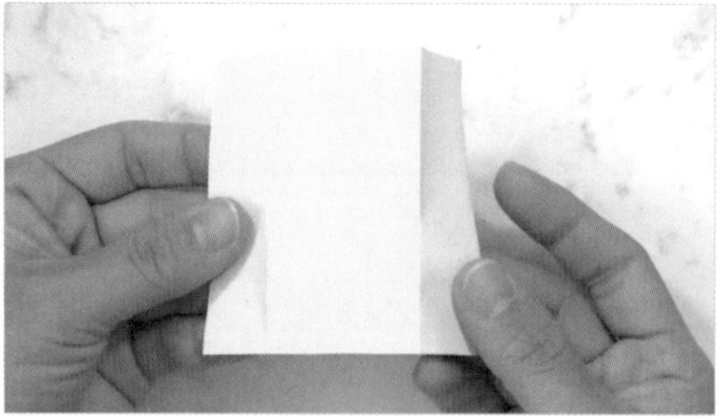

1. 7.5cm의 색종이를 4등분으로 접는다.

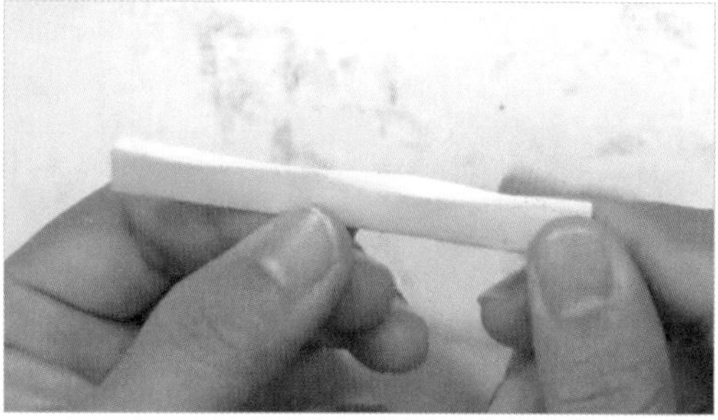

2. 접은 선 중 가운데 선을 따라 자르고 다시 반으로 접는다.

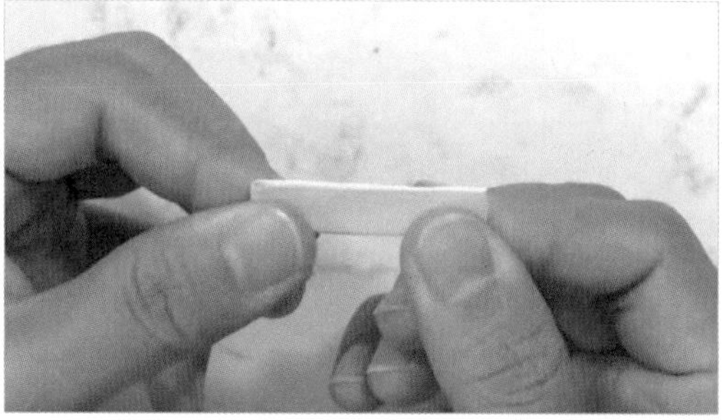

3. 긴 부분을 반으로 접는다.

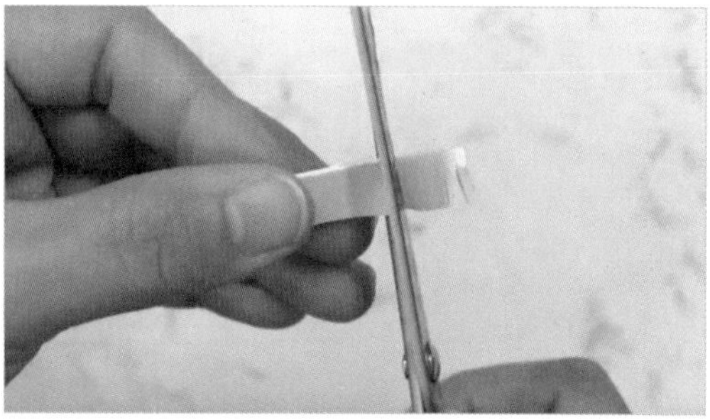

4. 가위로 촘촘하게 가위집을 낸다.

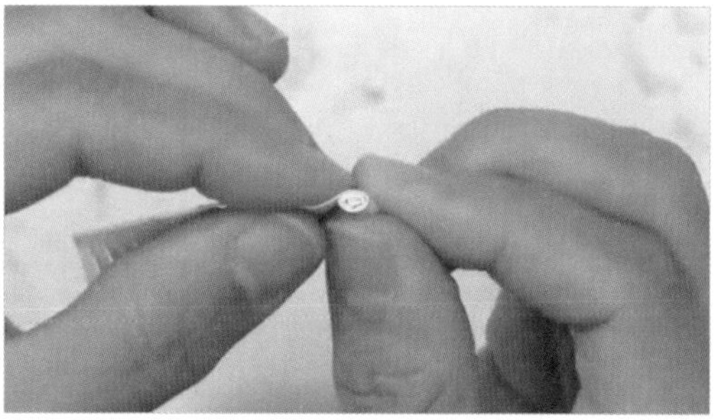

5. 끝부터 돌돌 말아서 수술을 준비한다.

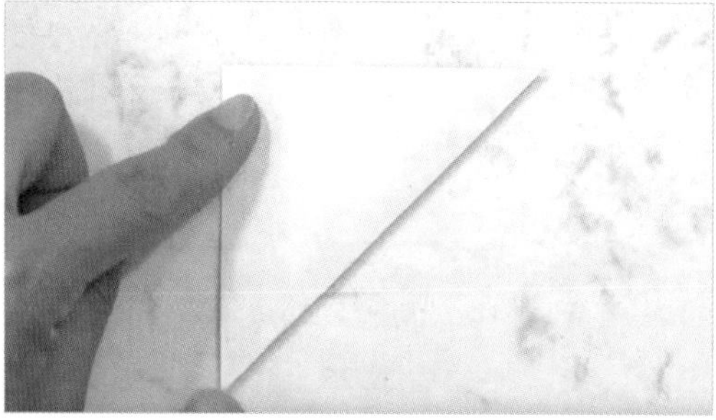

6. 꽃을 만들 색종이를 대각선 방향으로 반으로 접는다.

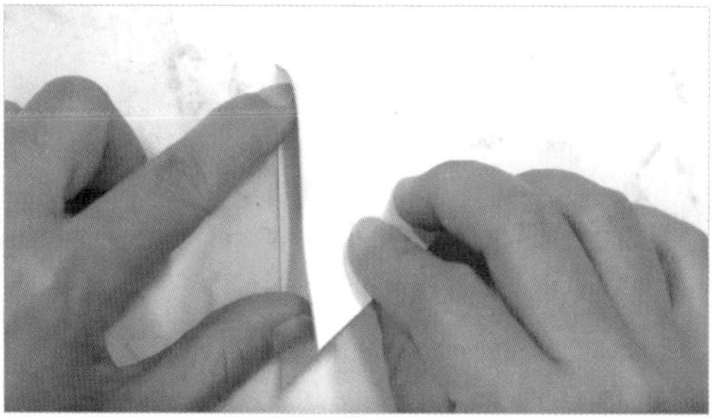

7. 다시 한 번 반으로 접는다.

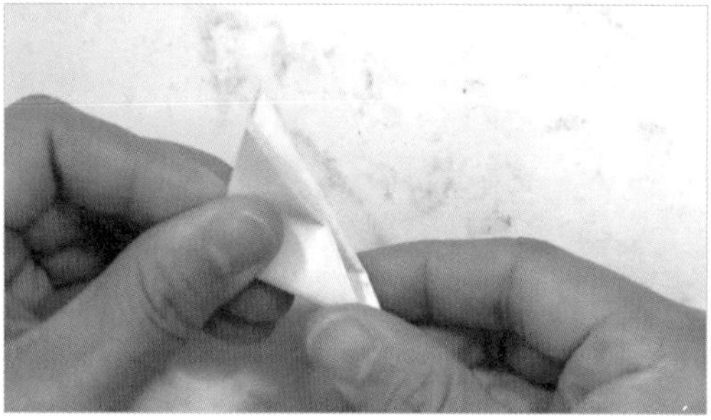

8. 또 한 번 반으로 접는다.

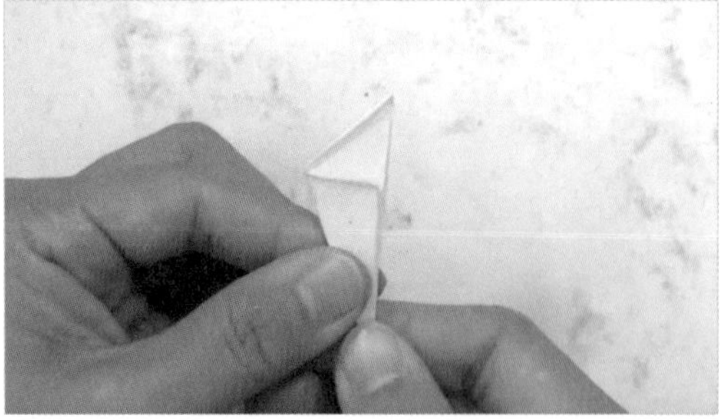

9. 사진과 같은 모양이 나오도록 접는다.

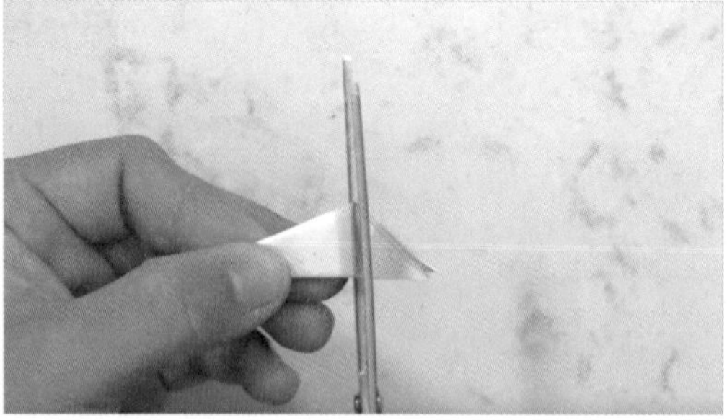

10. 위에 튀어나온 부분을 잘라낸다.

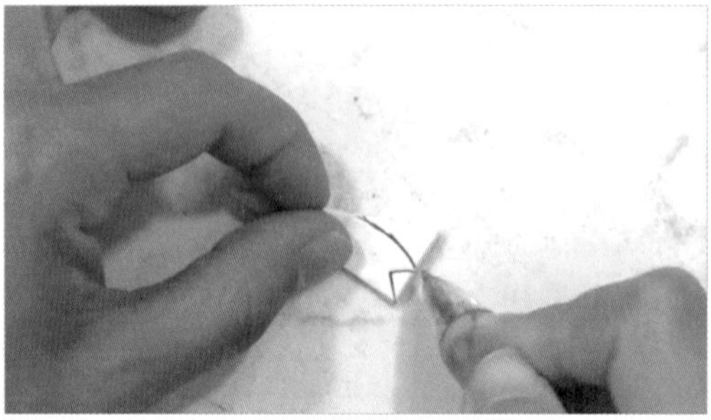

11. 꽃잎의 모양이 되도록 그림을 그린다.

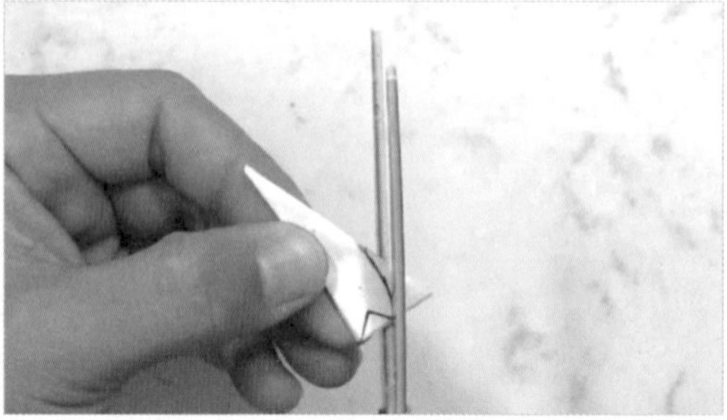

12. 가위로 자른다.

13. 두 번 펼친 후 표시된 부분을 가위로 잘라 꽃잎을 벌려 준다.

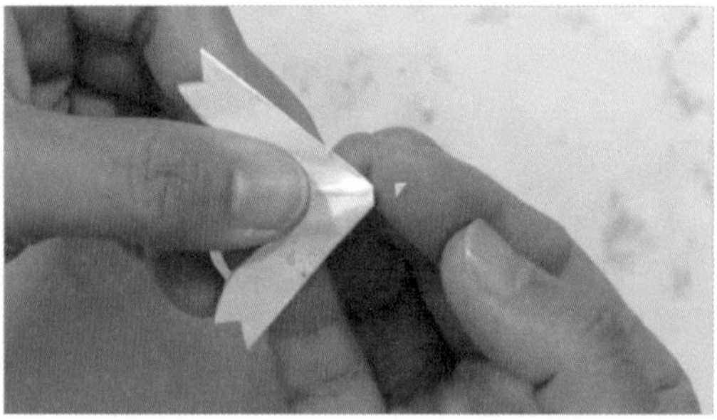

14. 꽃의 중심이 될 끝부분을 아주 살짝 자른다.

15. 만들어 놓은 수술을 가운데 구멍에 끼워 붙인다.

16. 배경지에 꽃을 붙여 완성한다.

▶ 활동모습

학생 작품

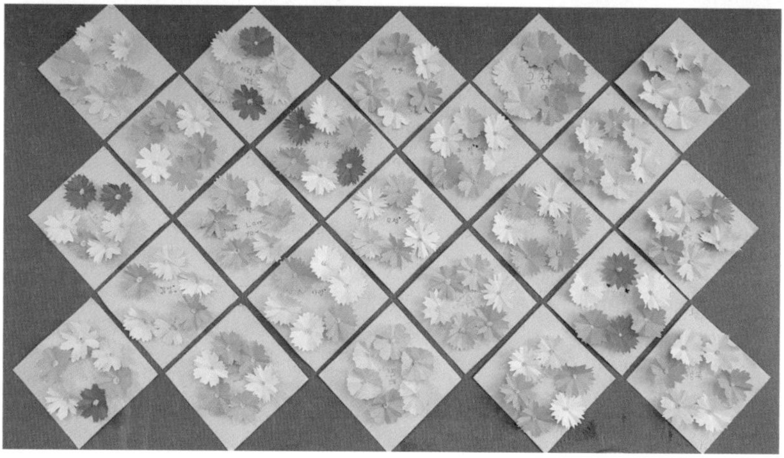

교실 환경 꾸미기

놀이활용 Tip

1. 책 표지 날개에 제시된 QR코드를 스캔하여 받은 자료를 활용합니다.
2. 색종이의 색상은 실제 코스모스 색상을 떠올리며 선택하도록 합니다.
   - 간혹 남색이나 검은색을 선택하는 아이들이 있는데, 가을과 어울리는 색을 선택하도록 유도합니다.
3. 7.5cm 크기의 색종이는 미리 잘라서 준비하면 활동 시간을 줄일 수 있습니다.
4. 꽃의 중심이 될 부분은 종이를 펼치면 생각보다 구멍이 크게 뚫리므로 아주 작게 자르도록 합니다.
5. 가운데 수술을 끼울 때는 목공풀을 사용하여 붙입니다.
6. 수술을 만들기 힘들어 하는 경우 펀치로 작은 동그라미를 만들어 붙여도 좋습니다.

07 가을_낙엽으로 표현하기

유아 | 초등 1~2학년 | 초등 3~6학년

#가을낙엽_미술활동 #낙엽활용_미술 #가을을_느껴요

제작영상

▶ **준비물**

도안, 낙엽, 풀, 가위, 사인펜, 색연필

▶ **활동설명**

가을에 주변에서 쉽게 구할 수 있는 낙엽을 활용한 활동입니다. 다양한 모양, 다양한 색깔의 낙엽을 붙이는 것만으로도 재미있는 미술놀이가 가능합니다. 밑그림 도안을 활용하여 손쉽게 활동을 할 수 있으며, 직접 밑그림을 그려 다양한 작품으로 표현해 볼 수도 있습니다.

▶ 활동방법

1. 도안을 준비한다.

2. 도안 위에 채색이 필요한 부분은 색연필로 색칠을 한다.

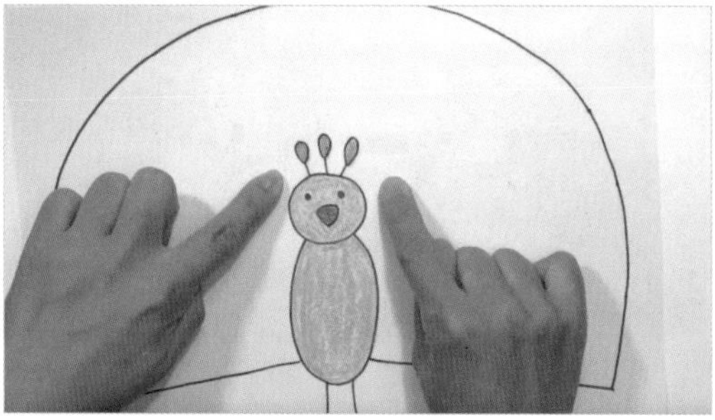

3. 낙엽 위로 올라오게 하고 싶은 부분을 생각한다.

4. 낙엽 위로 올라오게 하고 싶은 부분을 가위로 오린다.

5. 공작의 몸을 날개와 분리한다.

6. 공작의 날개에 낙엽을 붙인다.

7. 낙엽을 붙일 때는 바깥쪽에서 안쪽으로 겹쳐가며 붙인다.

8. 낙엽을 모두 붙인 모습

9. 잘라 둔 공작의 몸을 붙인다.

10. 낙엽이 떨어지지 않도록 책으로 눌러 말린다.

11. 낙엽으로 닭을 표현할 수 있다.

12. 낙엽을 다 붙인 후 눈을 붙인다.

13. 남자 아이 도안 위에 눈을 그린다.

14. 머리카락을 붙인다.

15. 위에서부터 아래로 내려가면서 겹쳐 붙인다.

16, 고슴도치도 표현이 가능하다.

▶ 활동모습

학생 작품

다양한 도안으로 작품 표현하기

놀이활용 Tip

1. 책 표지 날개에 제시된 QR코드를 스캔하여 받은 자료를 활용합니다.
2. 공작새와 사자는 밑그림을 오려놓고, 낙엽을 붙인 후 그 위에 다시 밑그림을 붙입니다.
3. 낙엽은 마르기 전에 붙여야 편합니다.
4. 작품에 붙인 낙엽이 마르면서 말리는 현상이 있으므로 1~2일 동안 책으로 눌러서 말립니다.
5. 직접 밑그림을 그리면, 더욱 다양한 작품으로 표현할 수 있습니다.

08 겨울_입체 눈꽃 만들기

유아 | 초등 1~2학년 | 초등 3~6학년

#겨울에는_눈꽃 #눈꽃_만들기 #겨울_환경꾸미기

제작영상

▶ 준비물

A4용지, 가위, 풀

▶ 활동설명

겨울에는 눈꽃 만들기 하나만으로도 겨울 분위기를 낼 수 있습니다. 도안을 활용한 평면 눈꽃과 함께 입체적인 눈꽃도 만들어 주면 더욱 화려한 느낌의 겨울 분위기가 연출됩니다. 다양한 크기의 입체 눈꽃 만들기 놀이를 통해 겨울이 다가왔음을 느껴 봅니다.

▶ 활동방법

1. 정사각형 종이를 준비한다.

2. 대각선 방향으로 반으로 접는다.

3. 다시 한 번 반으로 접는다.

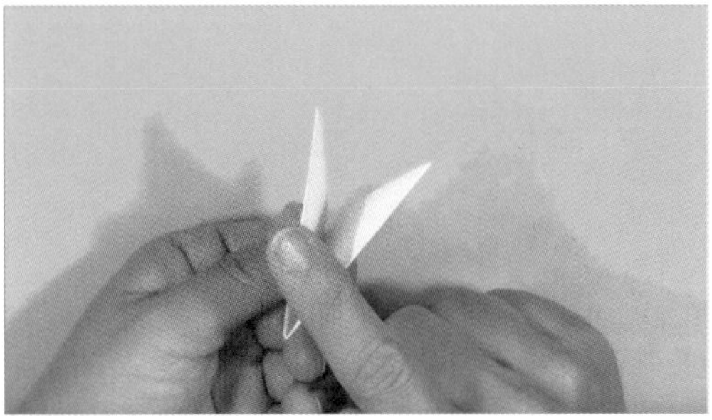

4. 붙어 있는 쪽이 아래로 오도록 종이를 놓는다.

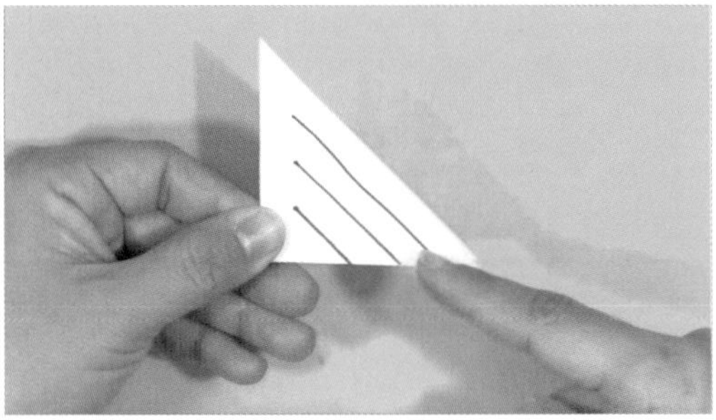

5. 사진과 같이 그림을 그린다.

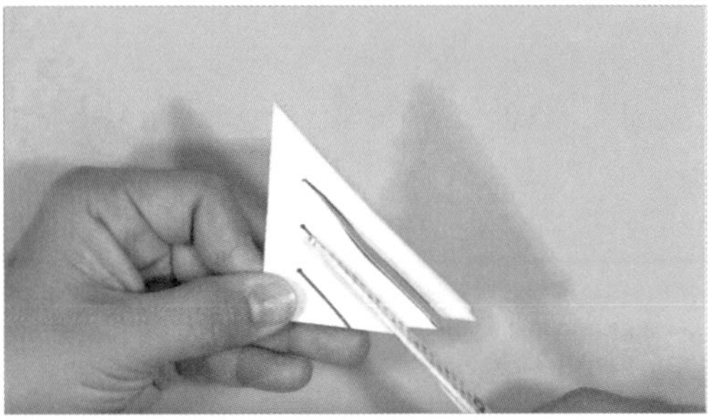

6. 그린 선을 따라 가위로 자른다.

7. 종이를 펼친다.

8. 같은 위치에 있는 종이를 가운데로 모아 풀로 붙인다.

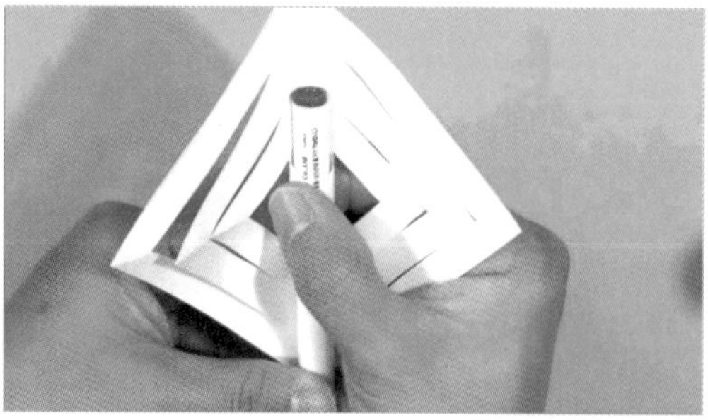

9. 가운데에 있는 종이를 모아 붙일 때는 펜을 끼워 동그랗게 고정되도록 한다.

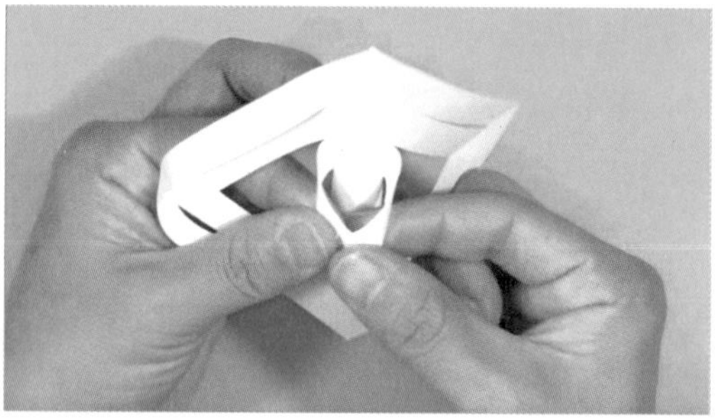

10. 뒤로 돌려 다음 종이를 가운데로 모아 붙인다.

11. 계속 앞, 뒤로 번갈아 가면서 종이를 가운데로 모아 붙인다.

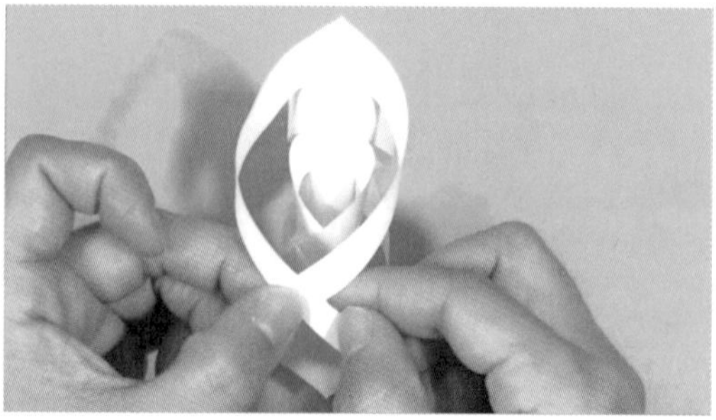

12. 마지막까지 붙여준다.

13. 같은 방법으로 6개를 만든다.

14. 세 개씩 모아서 붙인다.

15. 6개를 모두 모아 붙인다.

16. 도안을 활용해 평면 눈꽃도 만들 수 있다.

▶ 활동모습

학생 작품

교실 환경 꾸미기

놀이활용 Tip

1. 책 표지 날개에 제시된 QR코드를 스캔하여 받은 자료를 활용합니다.
2. 눈꽃이라고 하여 꼭 흰색만 사용할 필요는 없습니다. 학생들에게 색상 선택의 기회를 줍니다.
3. 정사각형 종이의 크기를 다양하게 하여 다양한 크기의 눈꽃을 만듭니다.
4. 정해진 시간 안에 여러 개를 만들 수 있도록 하면 수준별 활동이 가능합니다
5. 눈꽃의 벌어진 부분에 실을 묶어 천장에 매달아 환경을 꾸밀 수 있습니다.
6. 벽에 부착하거나 트리에 매달아 장식으로 사용해도 좋습니다.

09 겨울_크리스마스 리스 만들기

유아 | 초등 1~2학년 | 초등 3~6학년

#겨울_미술 #크리스마스_활동 #리스_만들어_장식하기

제작영상

▶ 준비물

종이접시, 색도화지, 흰도화지, 가위, 풀, 색종이, 장식 재료

▶ 활동설명

크리스마스가 다가올 때 추천하는 미술놀이입니다. 크리스마스와 어울리는 색깔의 종이를 사용하여 리스를 만들어 주변을 꾸며 줍니다. 리스 위를 장식할 재료를 이용해 각자의 개성을 담을 수 있습니다.

▶ 활동방법

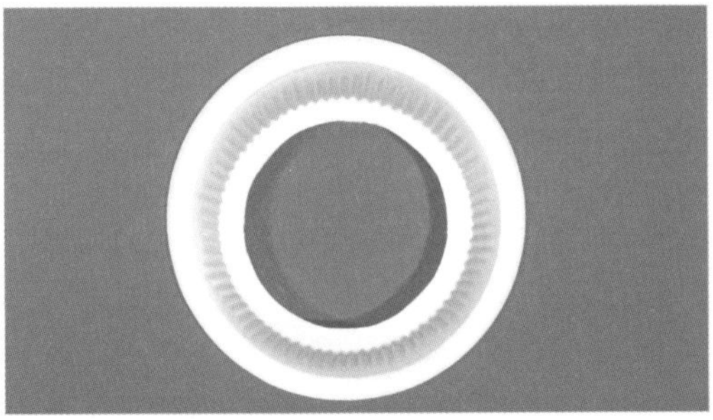

1. 종이접시 가운데 부분에 구멍을 내 자른다.

2. 도화지를 2cm 정도 간격으로 접어 올린다.

3. 앞뒤로 번갈아 접어 지그재그 모양이 되도록 한다.

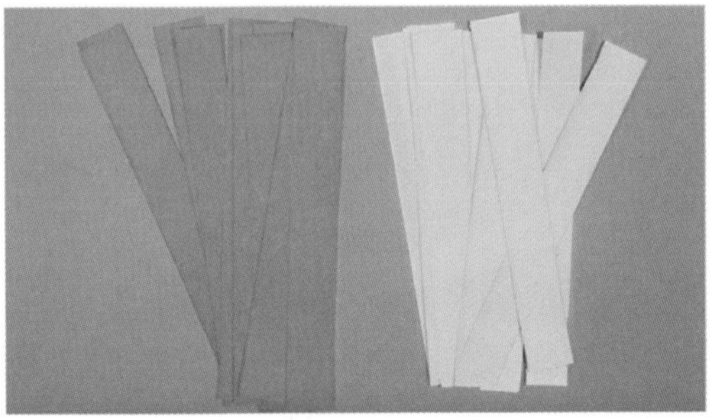

4. 접힌 선을 따라 모두 자른다.

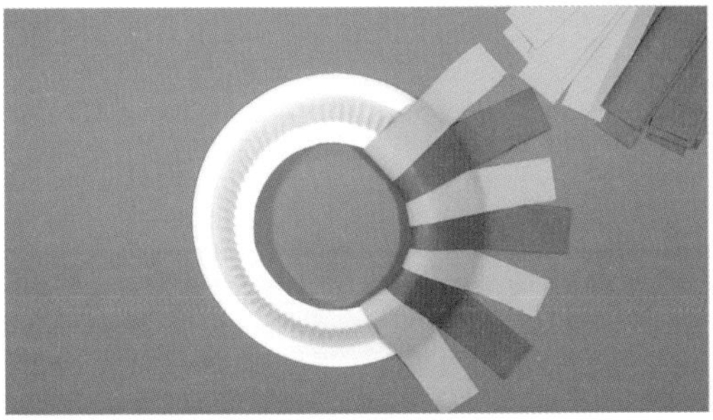

5. 자른 종이를 접시 테두리에 감아 붙인다.

6. 종이를 모두 붙인 모습

7. 종이의 끝부분을 산 모양으로 그린다.

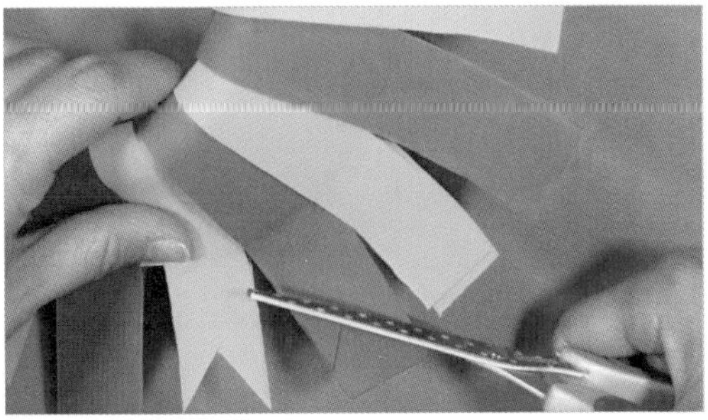

8. 그린 선을 따라 자른다.

9. 끝부분을 모두 자른 모습

10. 흰 종이 두 장을 준비한다.

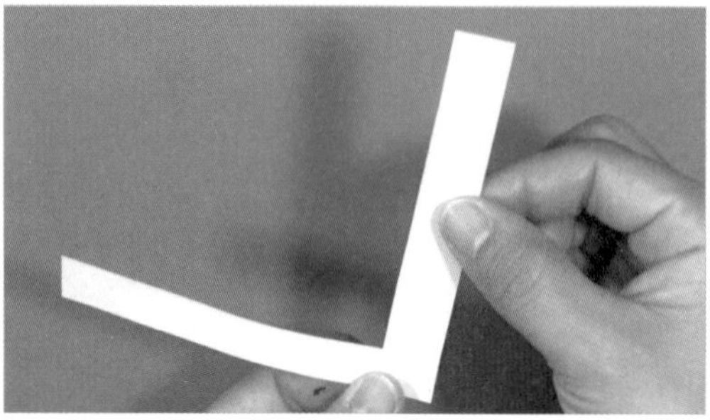

11. 끝부분을 ㄱ자 모양으로 이어 붙인다.

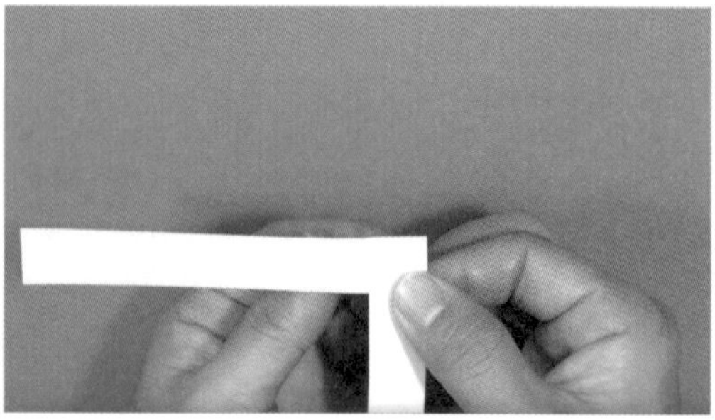

12. 아래에 있는 종이를 위쪽으로 접는다.

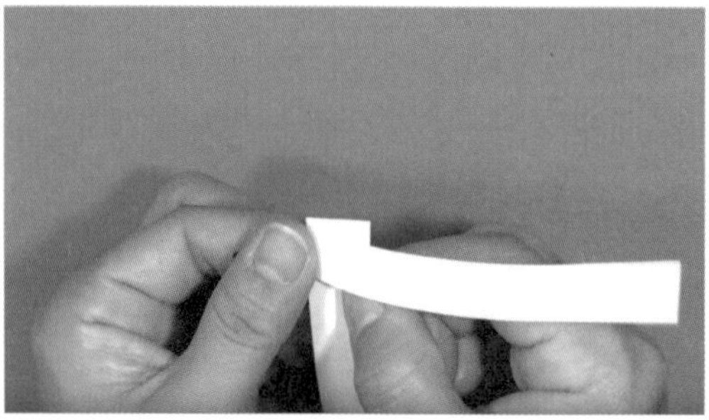

13. 번갈아 가면서 위로 올려 접는다.

14. 종이의 끝까지 접어주면 사진과 같이 양초 모양이 된다.

15. 양초 끝에 불꽃을 만들어 붙인다.

16. 만들어 놓은 리스에 양초를 붙이고 다양한 재료를 사용해 장식한다.

▶ **활동모습**

학생 작품

교실 환경 꾸미기

놀이활용 Tip

1. 색지는 크리스마스 분위기가 나도록 하여 학생 스스로 선택할 기회를 줍니다.
2. 종이접시를 처음 뚫을 때 칼 사용이 필요하므로 주의합니다.
3. 접시 테두리에 종이를 붙일 때 종이가 겹쳐지도록 붙입니다.
4. 리스 위를 장식할 재료는 스스로 준비하여 각자의 개성이 드러나도록 표현합니다.
5. 리스를 완성하여 벽에 붙이거나, 천장이나 트리에 매달아 장식합니다.

10 겨울_리스 카드 만들기

유아 | 초등 1~2학년 | 초등 3~6학년

#색종이_리스 #크리스마스_카드만들기 #리스로_장식하기 #카드로_마음전하기

제작영상

▶ 준비물

색종이, 검은색 도화지, CD, 풀, 가위, 꾸밀 재료

▶ 활동설명

크리스마스 분위기를 낼 수 있는 리스를 색종이로 만들어 보는 활동입니다. 겉보기엔 장식용 리스이지만, 열고 닫을 수 있는 카드로 사용이 가능한 리스 카드입니다. 소중한 사람에게 리스 카드를 주면 읽어 본 후 벽이나 트리 위에 장식할 수 있습니다.

▶ 활동방법

1. 7.5cm 정사각형 크기의 색종이를 준비한다

2. 흰색이 위로 오도록 한 다음 가로, 세로 한 번씩 반으로 접는다.

3. 종이를 뒤로 뒤집은 후 대각선 방향으로 한 번씩 반으로 접는다.

4. 접힌 종이를 그대로 모아준다.

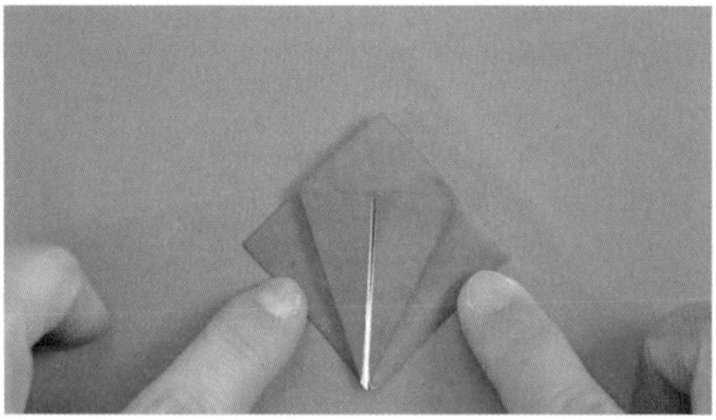

5. 아랫부분을 가운데로 모아 접는다.

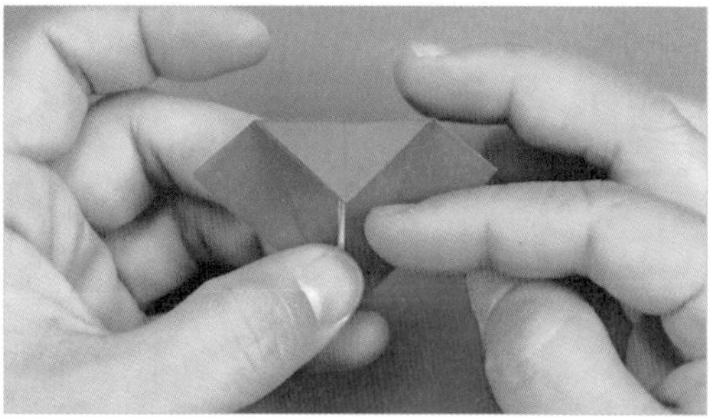

6. 윗부분을 선을 따라 내려 접는다.

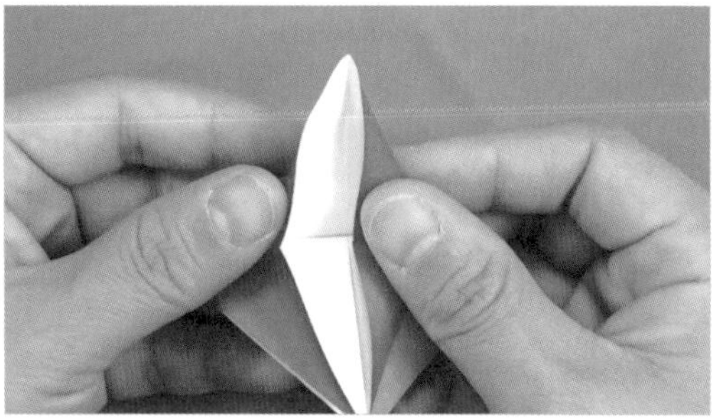

7. 종이를 펼쳐서 들어 올리며 양쪽을 모아 접는다.

8. 양쪽 부분을 모두 안쪽으로 모아 접는다.

9. 같은 방식으로 16개를 만든다.

10. 다른 색상을 서로 끼워서 붙인다.

11. 모두 끼워주면 사진과 같이 동그란 리스가 된다.

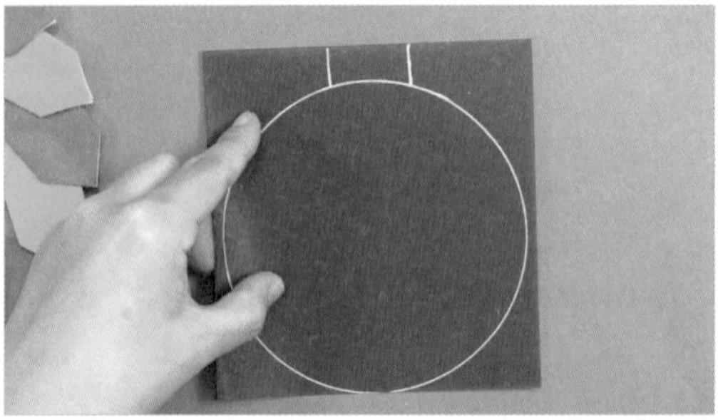

12. 검은색 도화지를 반으로 접은 후 위에 CD를 사용해 그림을 그린다.

13. 검은색 도화지를 자른 후 만든 리스를 붙인다.

14. 고리 부분에 구멍을 낸 후 끈을 끼운다.

15. 앞면에 다양하게 장식을 한다.

16. 카드를 적어 마음을 전한다.

▶ 활동모습

학생 작품

교실 환경 꾸미기

놀이활용 Tip

1. 제작영상을 활용하여 따라 접도록 하면 쉽게 활동이 가능합니다.
2. 7.5cm 크기보다 작게 하고 싶다면 5cm 크기를 사용하여 종이를 접습니다.
3. 나뭇잎을 붙일 때는 목공풀을 이용하면 잘 붙습니다.
4. 고리는 카드가 붙어 있는 쪽에 그려줍니다.
5. 리스 카드를 활용해 크리스마스 교실 환경을 꾸민 후 크리스마스가 되면 카드로 활용합니다.

<미술놀이 SOS>

상황에 맞는 목공풀 사용법

미술놀이를 하다 보면, 플라스틱, 나무 등 일반 풀로는 잘 붙지 않는 재료들이 있습니다. 그런 것을 붙일 때 글루건을 사용하면 편하지만, 아이들이 사용하는 데 위험 요소가 많아 현장에서는 잘 사용하지 않습니다. 그 대체 용품으로 사용할 만한 것이 목공풀입니다. 목공풀은 일반 물풀이나 딱풀에 비해 훨씬 다양한 재료를 붙일 수 있기 때문에 많이 사용됩니다.

미술놀이를 좀 더 풍성하게 하기 위해서 목공풀 사용방법을 지도해 두면, 두고두고 편리하게 이용이 가능합니다. 경우에 따라서 목공풀의 사용방법이 달라지는데, 다양한 목공풀 사용방법을 지도해 보세요.

첫째, 목공풀을 직접 짜서 씁니다

붙여야 할 재료가 1~2개 정도로 소량일 경우에는 재료에 목공풀을 직접 짜서 쓰는 것이 편리합니다. 그때는 좁은 입구를 열어 재료에 직접 목공풀을 짜서 사용합니다. 이때, 풀을 너무 많이 묻히면 마르는 데 시간이 오래 걸리므로 살짝 짜낸 후 넓게 펼쳐서 사용하는 것이 좋습니다.

둘째, 목공풀을 종이에 짜서 찍어 씁니다

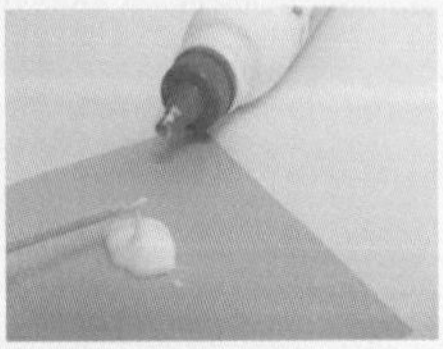

붙여야 할 재료가 많은 경우에는 미리 공간을 만들어 풀을 짜 놓고 이쑤시개나 성냥개비 등을 이용해 찍어 쓰는 방법이 좋습니다. 목공풀은 아주 소량만 사용해도 잘 붙으며, 소량만 사용했을 때 마르는 속도도 더 빠르기 때문에 편리합니다. 그래서 소량만 찍어 사용하기 위해 찍어 쓰는 도구를 이용합니다. 다양한 재료를 붙일 때도 사용되며, 종이모형 만들기와 같이 종이와 종이를 붙이지만 섬세한 작업이 필요한 경우에도 이 방법을 사용하면 편리합니다.

셋째, 넓은 면을 바를 때는 입구가 넓은 쪽으로 이용합니다

대부분 두 번째 방법을 사용하면 되지만, 간혹 정말 넓은 면을 목공풀로 칠해야 하는 경우에는 넓은 쪽의 뚜껑을 열어 사용합니다. 넓은 면은 사진처럼 빗살무늬로 표현되어 있는데, 짜낸 후 빗질을 해서 넓게 편 후 접착을 해주면 됩니다.

목공풀을 처음 사용할 때 위와 같이 세 가지 사용법을 알려주면, 미술놀이 시 목공풀 사용을 알아서 척척 잘하는 아이들로 활동이 훨씬 원활하게 진행될 것입니다.

<미술놀이 SOS>

가위질이 힘든 아이, 가위 사용 지도법

초등학교 3학년이 되어서도 가위질이 서툰 아이들이 종종 보입니다. 가위질이 서툴다 보니, 가위질이 필요한 미술놀이에서 좋은 결과물을 기대하기가 어렵습니다. 가위질이 서툰 아이들의 공통점 한 가지는 연령에 맞지 않는 가위를 사용한다는 것입니다. 실제 손의 근육 발달이 덜 되어 가위질이 서툰 아이들도 있지만, 대부분은 유아기에 사용하던 작은 안전가위를 사용하는 아이들의 가위질이 서툽니다. 안전을 너무 생각하다 보니 연령에 맞지 않는 작은 가위만을 고집하여 생긴 일입니다.

	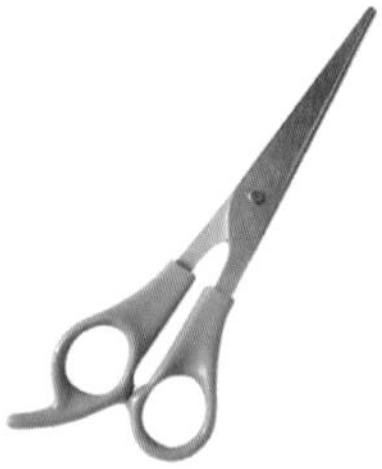
유아용 안전가위	일반 문구용 가위
날이 짧고 끝이 둥글다.	안전가위에 비해 날이 길고 끝이 뾰족하다.

초등학생이 되면 유아용 안전가위가 아닌 일반 문구용 가위로 바꿔야 합니다. 일반 문구용 가위가 안전가위보다 훨씬 절삭력도 좋으며, 많은 부분을 한꺼번에 자를 수 있으므로 미술놀이에 재미를 더해주게 됩니다. 다칠까 염려하여 아이의 발전을 막아서는 안 됩니다. 날카로운 도구를 쓰게 되면, 그에 따른 안전지도를 철저히 하여 아이 스스로 다치지 않도록 조심할 수 있도록 해주어야 하는 것입니다.

새학기가 시작되어 가위가 필요한 시간에 아이들이 모두 자신의 연령에 맞는 가위를 사용하고 있는지 확인하고, 연령에 맞지 않는 유아용 가위를 쓰고 있는 경우에는 바꾸도록 지도합니다. 자신이 사용하던 가위보다 큰 가위를 쓰는 것이 처음엔 어색할 수 있지만, 훨씬 좋은 결과물을 만들어 내는 것을 볼 수 있습니다.

날카로운 가위를 사용할 때는 자신의 손은 물론, 주변의 친구가 다치지 않도록 항상 조심해야 함을 사용할 때마다 지도하여 다치는 일이 없도록 합니다. 그리고 가위 사용이 서툰 친구들은 종이에 직선을 그려 여러 번 잘라보도록 지도한 다음, 간단한 곡선 자르기, 복잡한 곡선 자르기 등으로 연습을 시켜 봅니다. 가위질 능력은 손의 소근육 발달과 밀접한 관련이 있으므로 가위질을 통해 손의 힘을 길러주면 그림을 그리거나 글씨를 쓰는 능력도 함께 좋아지게 됩니다.

"저는 가위질을 원래 못해요."라고 이야기하는 아이가 있습니다. 그 아이에게 가위질을 수십 번 하도록 하면 당연히 잘하게 됩니다. 원래 못하는 건 없습니다. 가위질을 잘하는 아이들은 그렇지 않은 아이들보다 더 많은 가위질을 해봤을 뿐입니다.
자신에게 맞는 가위를 사용한 가위질을 통해 손의 소근육에 힘을 기르고, 좋은 결과물이 나오도록 이끌어 보세요.

PART 04

3D PAPER 시리즈

(#쉽지만_멋진_작품 #모든_도안_제공 #입체_미술)

01 자기소개 울타리 3D PAPER

#자기소개

#칠판아래 환경구성

자기 소개 울타리 만들기

유아 | 초등 1~2학년 | 초등 3~6학년

#자기소개_환경구성 #칠판아래_환경구성 #취미+특기+1년_다짐

제작영상

▶ 준비물

A4용지 1장(도안 인쇄), 가위, 색연필, 풀, 네임펜

▶ 활동설명

학기 초 자신을 소개하며 친구들을 알아가는 시간은 매우 중요합니다. 내가 누구인지를 서로 알리기 위한 미술활동으로 자신의 얼굴 캐릭터 그리기, 취미, 특기, 1년 다짐 등을 적는 활동입니다. 이렇게 만든 3D PAPER는 칠판 아래 여러 친구의 작품을 함께 붙여 환경구성을 할 수 있습니다. 시중에서 구입한 울타리보다 학생들이 직접 꾸미고 만든 작품으로 환경구성을 해보기 바랍니다.

▶ 활동방법

1. 1인당 1장의 도안을 준비한다.

2. 도안, 풀, 가위, 네임펜, 색연필을 준비한다.

3. 네임펜으로 자신의 머리 부분을 완성한다.

4. 연필로 자신의 얼굴을 그린 후 네임펜으로 완성한다.

5. 자신의 이름을 적고 색연필로 예쁘게 색칠한다.

6. 울타리 가운데 부분에 새해 다짐이나 학급생활 다짐을 적는다.

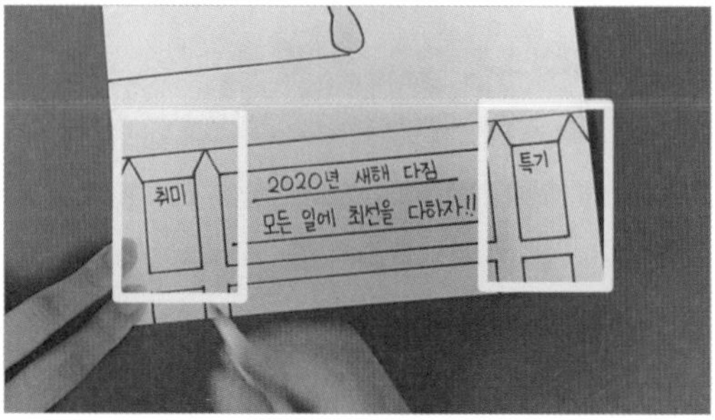

7. 울타리 양쪽 부분에 자신의 특기, 취미, 장점 등 자신을 드러낼 수 있는 것을 2가지 선택해 적는다.

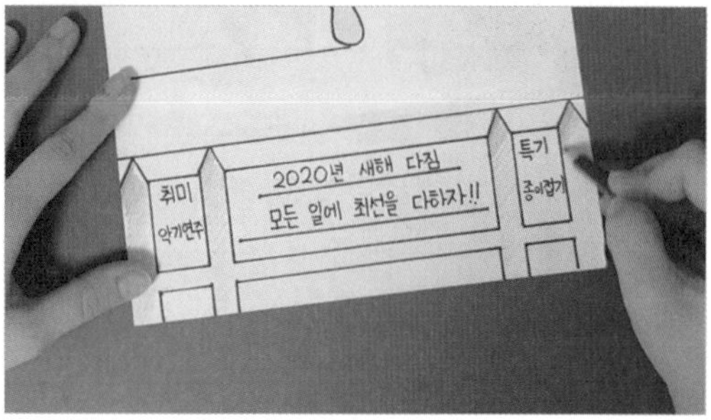

8. 울타리를 색연필로 색칠한다.

9. 가위로 선을 따라 도안을 자른다.

10. 자신의 캐릭터 부분도 선을 따라 자른다.

11. 캐릭터 아래쪽에 울타리를 붙인다.

12. 울타리가 볼록하게 되도록 풀로 붙인다.

13. 사진과 같은 모양이 나오도록 만든다.

14.(학생 활동 모습) 자신이 원하는 모습으로 캐릭터를 꾸미는 모습

15.(학생 작품) 자기소개 울타리 3D PAPER를 완성한 모습

16. 작품 완성 후 한 명씩 나와 작품을 보여주며 자신을 소개하는 시간을 갖는다.

▶ 활동모습

자기소개 울타리 3D PAPER를 칠판 아래에 자석을 활용하여 연결해 붙여 전시합니다.

칠판 아래 교실 환경구성으로 활용합니다.

놀이활용 Tip

1. 책 표지 날개에 제시된 QR코드를 스캔하여 받은 자료를 활용합니다.
2. 울타리에 적는 부분에는 자신이 원하는 것을 적도록 합니다.
   - 자신을 나타내거나 자신이 하고 싶은 말을 중심으로 적습니다.
3. 한 사람당 1개의 작품을 완성시킨 후 칠판 아랫부분에 연결해서 붙이도록 합니다.
4. 활동이 끝난 후 다른 친구의 작품을 보며 친구를 알아가는 시간을 갖도록 합니다.
5. 학기 초 자유로운 분위기 속에서 자신을 표현하는 시간을 갖도록 합니다.

02 한글날 3D PAPER

유아 | 초등 1~2학년 | 초등 3~6학년

#한글날_계기교육 #무궁화+세종대왕_나라사랑 #세종대왕_발명품

제작영상

▶ 준비물

A4용지 2장(도안 인쇄), 도화지, 색연필, 가위, 풀

▶ 활동설명

한글날 하면 세종대왕이 생각납니다. 세종대왕과 관련된 그림으로 무궁화, 태극기, 세종대왕 시절 발명품을 엮어서 만드는 3D PAPER입니다. 제공된 도안만 있으면 색칠하고 가위로 오려 붙이기면 하면 되므로 누구나 만들 수 있습니다. 학생의 작품으로 환경구성에도 좋은 '한글날 3D PAPER'로 한글날의 의미를 되새겨 보며 활동해 보기 바랍니다.

▶ 활동방법

1. 도안을 개인당 2장 준비한다.

2. 도안 1 세종대왕을 색연필로 예쁘게 색칠한다.

3. 도안 2 한글날과 관련된 그림을 색연필로 예쁘게 색칠한다.

4. 도안의 선을 따라 가위로 자른다.

5. 가위로 곡선 부분을 천천히 오린다.

6. 도안 1을 도화지에 풀로 붙인다.

7. 도안 1 사이즈에 맞게 가위로 자른다.

8. 도안 1의 아랫부분에 무궁화와 태극기를 조금 위로 해서 붙인다.

9. 무궁화와 태극기가 앞으로 휘어지도록 여유있게 붙인다.

10. 그 앞쪽으로 세종대왕 발명품을 붙인다.

11. 무궁화와 태극기보다 더 앞쪽으로 나오게 붙인다.

12. 한글날 현수막을 가위로 자른다.

13. 한글날 현수막을 색연필로 꾸민다.

14. 현수막 완성 모습

15. 세종대왕 머리 쪽에 현수막을 붙인다.

16. 사진과 같은 구도로 완성한다.

▶ 활동모습

(1학년 학생 작품) 초등학교 1학년도 쉽게 색칠하고 꾸며 완성할 수 있는 작품입니다.

(1학년 학생 작품 전시) 한글날을 맞이하여 한글의 소중함을 느끼며 활동 후 전시합니다.

놀이활용 Tip

1. 책 표지 날개에 제시된 QR코드를 스캔하여 받은 자료를 활용합니다.
2. 한글날 현수막은 제공된 도안이 아닌 자신이 직접 쓰거나 그려 활용할 수 있습니다.
3. 한글날과 관련된 나라 사랑 자료(태극기, 무궁화 등)와 관련된 영상을 보고 활동해도 좋습니다.
4. 세종대왕시대 발명품과 관련된 영상을 보고 이야기를 나눈 후 활동해도 좋습니다.
    - 측우기 [測雨器] : 조선 세종 이후부터 말기에 이르기까지 강우량을 측정하기 위하여 쓰인 기구
    - 앙부일구 [仰釜日晷] : 세종 때에 처음 제작하였으며, 종묘 남쪽 거리와 혜정교 옆에 설치하여 공중용 해시계로 사용
    - 한글 : 조선 전기 제4대 세종대왕이 훈민정음이라는 이름으로 창제하여 반포한 우리나라 고유의 문자
    - 자격루 [自擊漏] : 자동으로 시보를 알려주는 장치가 되어 있는 물시계
5. 한글날을 맞이하여 계기교육 자료로 활용하면 좋습니다.

03 독도의 날 3D PAPER

유아 | 초등 1~2학년 | 초등 3~6학년

#독도의날_10월25일 #독도의날_계기교육 #학예회_전시작품_추천

제작영상

▶ 준비물

A4용지 2장(도안 인쇄), 파란색 A4용지, 색연필, 가위, 풀

▶ 활동설명

'독도의 날'을 맞이하여 독도에 대해 다시 한 번 생각하며 3D PAPER 활동을 해보기 바랍니다. 독도의 동도와 서도를 배경으로 독도수비대, 강치, 괭이갈매기 등을 엮어 만들었습니다. 바다를 표현한 하늘색 종이가 독도와 잘 어울려진 멋진 작품을 만들어 보기 바랍니다.

▶ 활동방법

1. 도안 2장을 인쇄해 준비한다.

2. 도안 2 독도 관련 그림은 2인당 1장으로 준비한다.

3. 도안 1을 색연필로 예쁘게 색칠한다.

4. 도안 2 독도 관련 그림도 색연필로 예쁘게 색칠한다.

5. 색칠한 도안은 선을 따라 가위로 오린다.

6. 파란색 A4용지를 계속해서 절반으로 접는다.

7. 접힌 선을 따라 계속해서 절반으로 접는다.

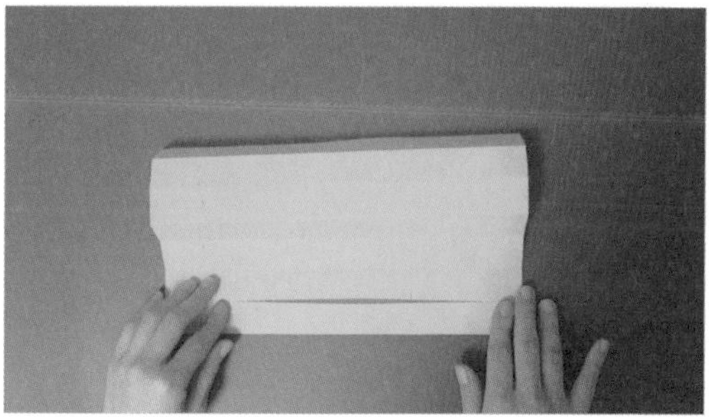

8. 접은 것을 펼친다.

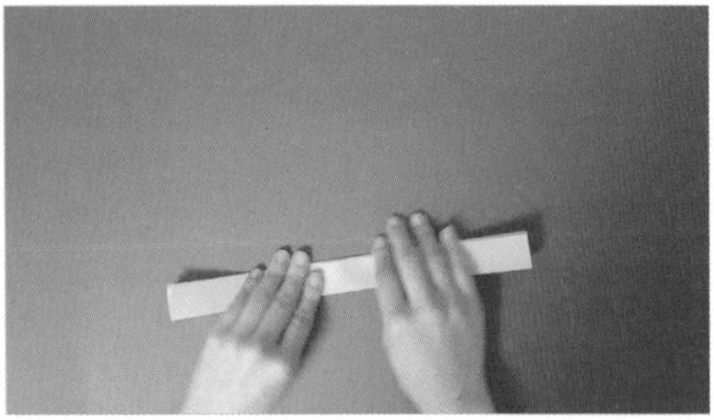

9. 부채를 접는 것처럼 접는다.

10. 절반으로 접는다.

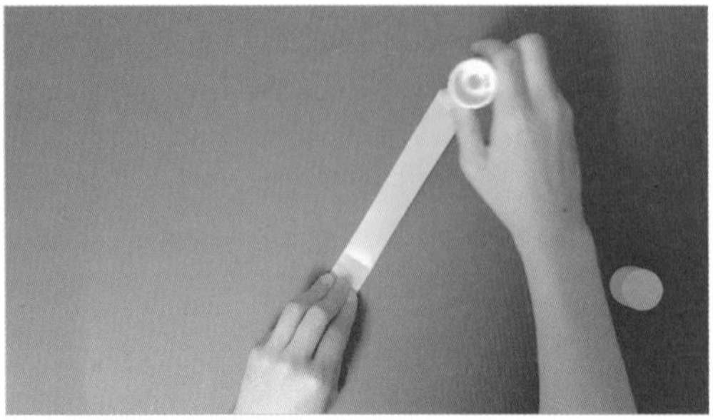

11. 풀칠을 한다.

12. 절반으로 접어 붙인다.

13. 도안 1 부분의 아래쪽에 바다를 표현한 파란색 종이를 붙인다.

14. 독도와 관련된 그림에 풀칠을 한다.

15. 독도와 관련된 그림을 바다 부분에 붙인다.

16. 자신이 원하는 곳에 배치해 붙여 작품을 완성한다.

▶ 활동모습

(1학년 학생 작품) 자신의 개성을 살려 다양한 색으로 작품을 꾸며 전시합니다.

(5학년 학생 작품) 색연필로 색을 칠할 때 바다와 태양 등의 표현을 섬세하게 하도록 합니다.

놀이활용 Tip

1. 책 표지 날개에 제시된 QR코드를 스캔하여 받은 자료를 활용합니다.
2. 다음의 단계로 활동하길 권장합니다.
    - 1단계 : 독도 자세히 알기 - 작품에 나오는 '독도수비대', '강치', '독도'에 대해 알아보기(PPT 자료)
    - 2단계 : 3D PAPER 활동하기 - 도안 2장 + A4용지 1장(하늘색 또는 흰색)
    - 3단계 : 작품 전시하기 - 세울 수 있는 스타일의 작품으로 알맞은 장소에 전시하기
3. 독도와 관련된 그림을 자신이 원하는 대로 더 그려 꾸밀 수 있습니다.
4. 독도 주간 및 독도의 날에 활용하길 추천합니다.

04 할로윈 3D PAPER

유아 | 초등 1~2학년 | 초등 3~6학년

#할로윈_미술 #할로윈느낌_물씬 #환경구성_굿!

제작영상

▶ 준비물

노란색 A4용지 1장과 흰색 A4용지 1장(도안 인쇄), 검은색 도화지, 가위, 풀, 색연필, 스테이플러

▶ 활동설명

할로윈데이를 맞이하여 재미있는 할로윈 3D PAPER 활동을 해보면 어떨까요? 무서운 마녀와 귀신의 집, 호박과 무덤 등 할로윈데이와 관련된 그림을 다양하게 엮어 만든 작품입니다. 아이들이 좋아하고 전 세계적으로 유명한 특별한 날의 느낌을 작품으로 만들어 환경구성을 해보기 바랍니다.

▶ 활동방법

1. 도안 1 호박과 유령의 집, 비석을 예쁘게 색칠한다.

2. 도안 2를 노란색 A4용지에 인쇄한 후 검은색 색연필로 예쁘게 색칠한다.

3. 도안 2 완성된 모습

4. 검은색 도화지를 A4 사이즈에 맞게 가위로 자른다.

5. 도안 2장과 도화지 모두 A4 사이즈에 맞게 준비한다.

6. 도안의 선을 따라 가위로 자른다.

7. 곡선 부분의 도안을 천천히 가위로 자른다.

8. 모든 도안을 선을 따라 가위로 자른다.

9. 검은색 도화지를 배경으로 자른 도안을 사진과 같이 배치하여 풀로 붙인다.

10. 유령의 집과 무덤 도안의 양 끝을 접는다.

11. 검은색 도화지 아래쪽에 풀로 붙인다.

12. 검은색 도화지가 휘도록 양 끝을 팽팽하게 붙인다.

13. 가운데 부분을 스테이플러로 한 번 찍는다.

14. 호박이 그려진 도안을 그 앞쪽으로 붙인다.

15. 최대한 팽팽해질 수 있도록 당겨 붙인다.

16. 종이가 팽팽해지도록 도안의 크기를 줄여서 붙인다.

▶ 활동모습

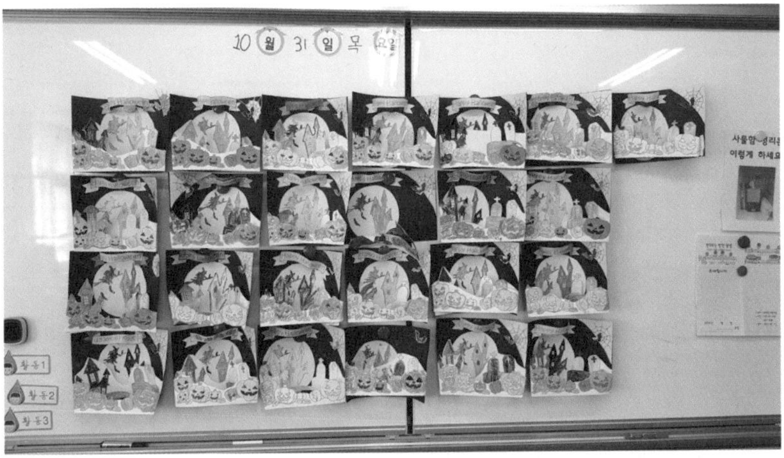

(5학년 학생 작품) 자신의 개성대로 다양한 색깔로 작품을 표현할 수 있습니다.

(1학년 학생 작품) 세워서 전시할 수 있고 벽에 붙여 전시할 수도 있습니다.

놀이활용 Tip

1. 책 표지 날개에 제시된 QR코드를 스캔하여 받은 자료를 활용합니다.
2. 노란색 A4용지가 없을 시 흰색으로 인쇄 후 색칠해서 활용합니다.
3. 유령의 집, 무덤 도안을 붙이지 않고 보여지는 배경의 빈 공간에 그림을 그려도 좋습니다.
4. 유령의 집, 무덤 도안의 가운데 부분에 스테이플러로 찍는 것은 선생님이나 부모의 도움을 받도록 합니다.
5. 작품 전시를 할 때는 세우거나 벽에 붙여 전시하도록 합니다.

05 나의 꿈 3D PAPER

유아 | 초등 1~2학년 | 초등 3~6학년

#나의_꿈_3D_PAPER #나만의_무대 #학예회+진로교육

제작영상

▶ 준비물

8절 도화지, 도안 3장 인쇄, OHP필름(재량), 유성매직(재량),
색연필, 가위, 스카치테이프

▶ 활동설명

학예회 때 공연한 모습을 멋진 무대 배경으로 꾸미는 활동입니다. 특히, 이 활동에는 OHP필름을 사용하여 조명 효과를 넣은 것이 포인트입니다. 무대 위의 모습은 학예회 공연 모습뿐만 아니라 다양한 주제로 가능합니다. 작품 활동을 통해 학생들이 인생이라는 무대의 주인공이 되길 응원합니다.

▶ 활동방법

1. 도안의 커튼을 예쁘게 색칠한다.

2. 도안 2의 무대 위 모습과 객석, 위 커튼을 예쁘게 색칠하고 선을 따라 가위로 오린다.

3. 위 커튼의 곡선 부분을 살려 가위로 오린다.

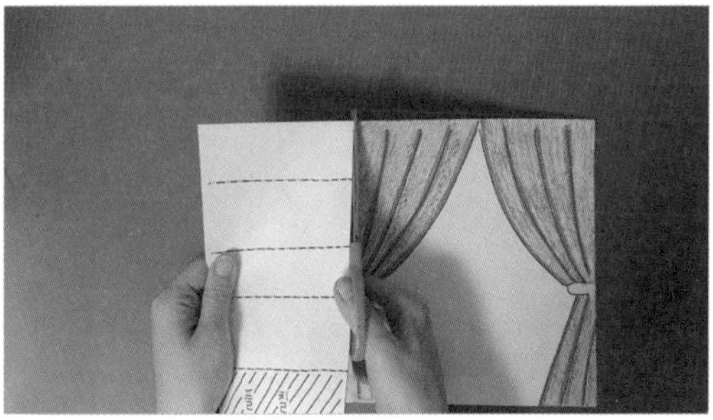

4. 커튼 부분을 가위로 자른다.

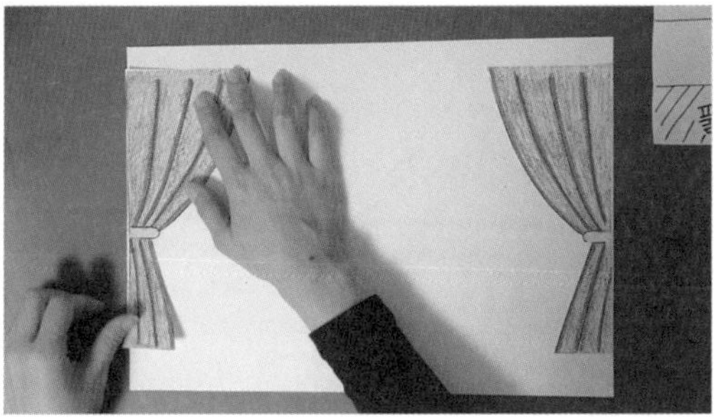

5. 8절 도화지의 커튼을 풀로 붙인다.

6. 무대 위 모습이 입체가 되도록 하는 직육면체를 종이를 접어 풀로 붙인다.

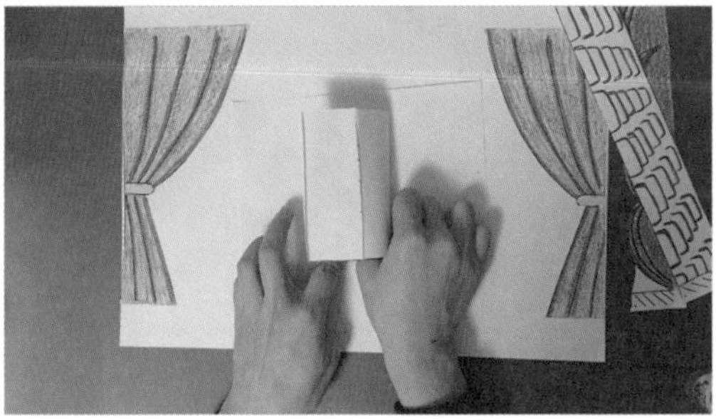

7. 무대 위 모습 뒷부분에 직육면체를 붙인다.

8. 무대 위 모습을 8절 도화지 가운데 부분에 붙인다.

9. 무대 위 모습 아래쪽으로 펜을 이용해 무대 바닥을 표현한다.

10. 8절 도화지 윗부분에 자신이 표현한 무대 위 모습과 관련된 문구를 적는다.

11. 도화지 아래쪽에 관객석을 붙인다.

12. 8절 도화지가 휘도록 당겨 붙인다.

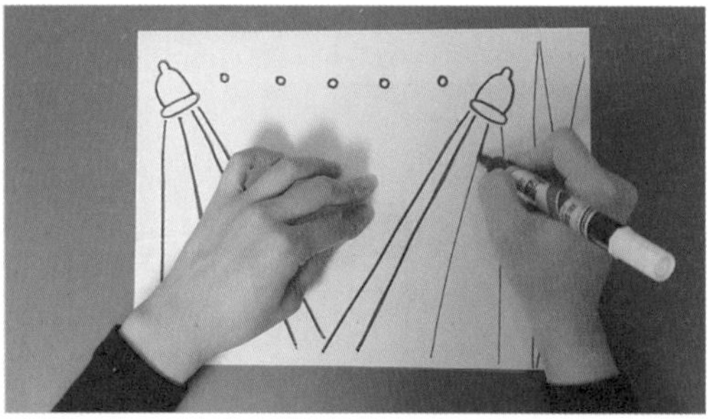

13. OHP 필름을 무대 조명 도안에 대고 매직으로 따라 그린다.

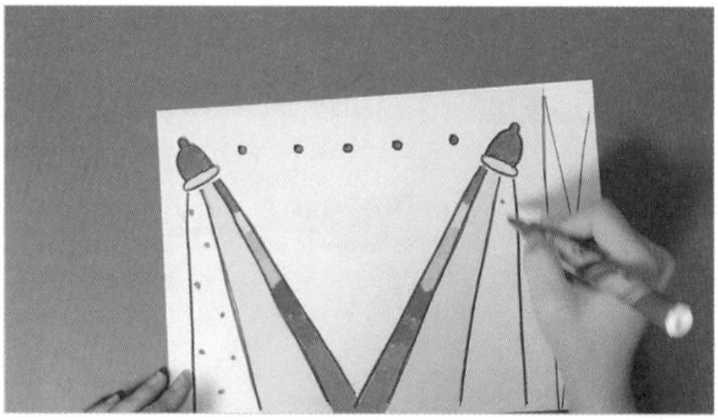

14. 유성매직으로 조명 효과가 날 수 있도록 OHP필름을 색칠한다.

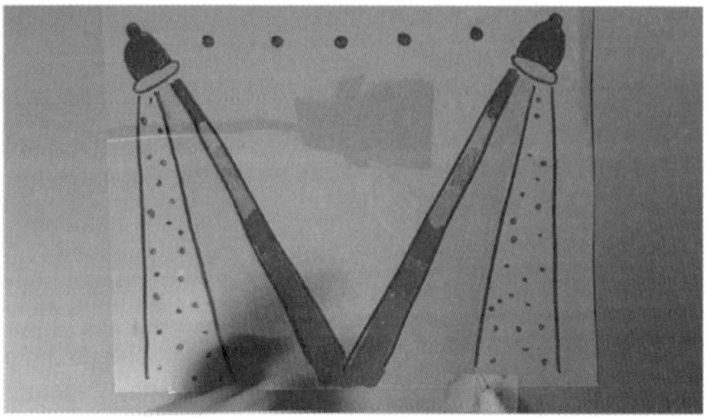

15. OHP필름 아래쪽과 위쪽으로 스카치테이프를 붙인다.

16. 무대 위쪽으로 커튼을 붙이고 OHP필름을 스카치테이프로 붙인다.

▶ 활동모습

(1학년 학생 작품) 무대 위 자신의 모습을 다양한 주제로 표현할 수 있습니다.

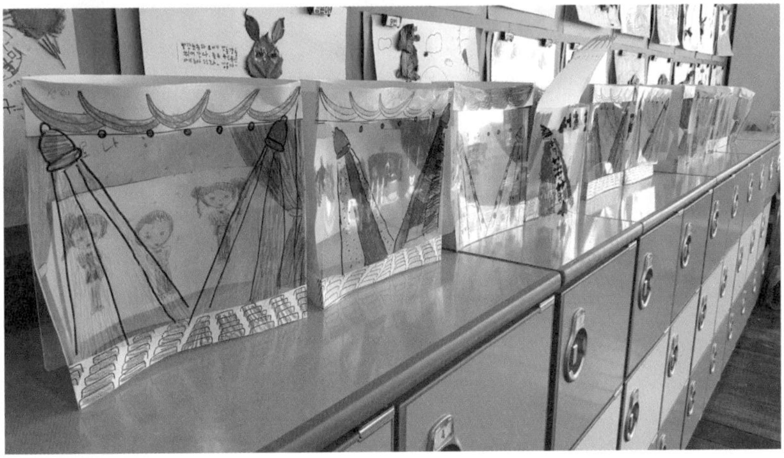

사물함 위에 여러 친구들의 작품을 전시해서 감상 활동이 자연스럽게 되도록 합니다.

놀이활용 Tip

1. 책 표지 날개에 제시된 QR코드를 스캔하여 받은 자료를 활용합니다.
2. 작품의 내용 중 OHP필름을 꾸며 붙이는 것은 학년 수준에 맞춰 재량껏 빼도 좋습니다.
3. 무대 위 모습의 주제를 다양하게 안내하고 자신이 선택해서 활동할 수 있도록 합니다.

   예) 자신의 학예회 모습, 자신의 꿈, 자신의 장래 희망, 연극 무대 모습, 자신이 읽은 책의 한 장면 등
4. 학예회 후 학예회 감상 활동으로 본 활동을 추천합니다.
5. 무대 위 모습 도안은 무대 위 합창 모습이 그려진 도안과 자신이 그릴 수 있도록 빈 공간이 있는 도안 중에 선택할 수 있습니다.

06 크리스마스 3D PAPER

유아 | 초등 1~2학년 | 초등 3~6학년

#멋진_크리스마스_작품 #미리_크리스마스 #환경구성_굿!

제작영상

▶ 준비물

도안 2장 인쇄, 도화지, 풀, 가위, 색연필

▶ 활동설명

크리스마스 트리, 루돌프, 산타, 눈사람을 엮어 만든 크리스마스 분위기가 나는 3D PAPER를 소개합니다. 도안 2장을 색칠하고 잘라 붙이기만 하면 작품이 완성되어 누구나 쉽게 만들 수 있으면서도 결과물은 멋집니다. 작품활동을 통해 크리스마스 분위기를 미리 내보기 바랍니다.

▶ 활동방법

1. 1인당 도안 2장을 인쇄해 준비한다.

2. 도안 1의 크리스마스 트리를 예쁘게 색칠하여 꾸민다.

3. 네임펜으로 재량껏 더 그려 색칠할 수 있다.

4. 도안 1을 흰색 도화지에 붙여 더욱 튼튼하게 한다.

5. A4 사이즈에 맞게 도화지를 자른다.

6. 도안 2의 루돌프, 눈사람, 산타와 선을 예쁘게 색칠한다.

7. 네임펜으로 재량껏 더 그려 꾸밀 수 있다.

8. 외곽선을 따라 가위로 도안 2를 오린다.

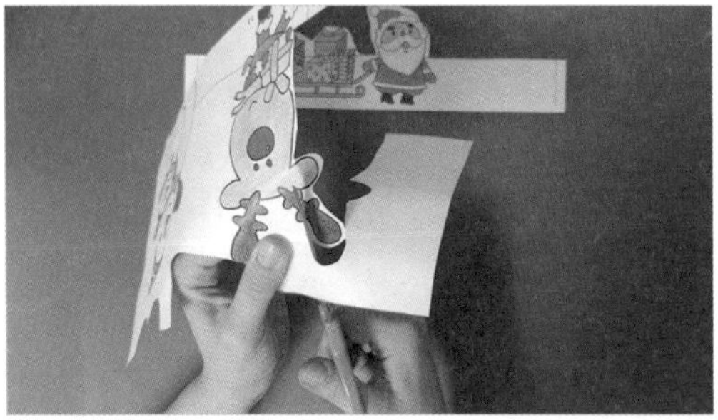

9. 외곽선이 곡선인 부분은 천천히 잘 오리도록 노력한다.

10. 도안의 모든 그림을 잘 오린다.

11. 도안 1에 도안 2의 루돌프와 눈사람을 아래쪽에 붙인다.

12. 그 앞으로 산타와 선물을 아래쪽에 붙인다.

13. 사진과 같이 배치해 잘 붙인다.

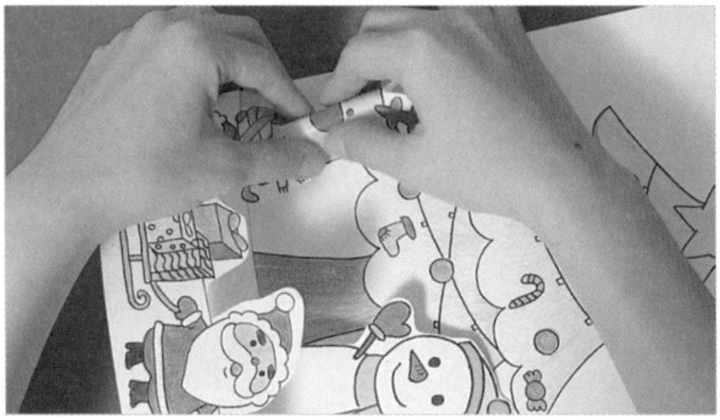

14. 처진 루돌프를 절반으로 살짝 접어 꼿꼿하게 서도록 한다.

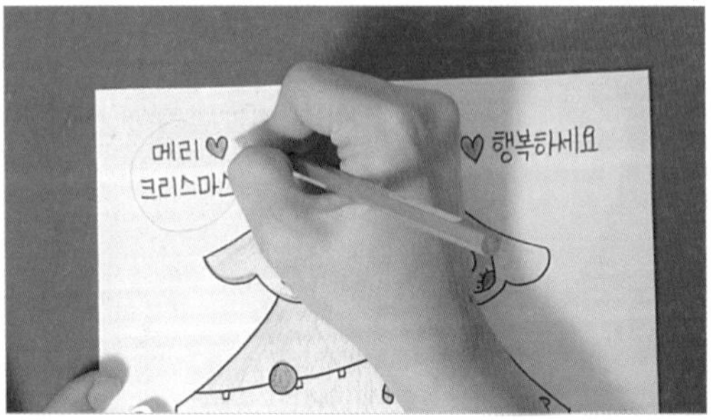

15. 도안 1의 위쪽에 크리스마스와 관련된 문구를 적는다.

16. 도안 1을 재량껏 예쁘게 꾸민다.

▶ 활동모습

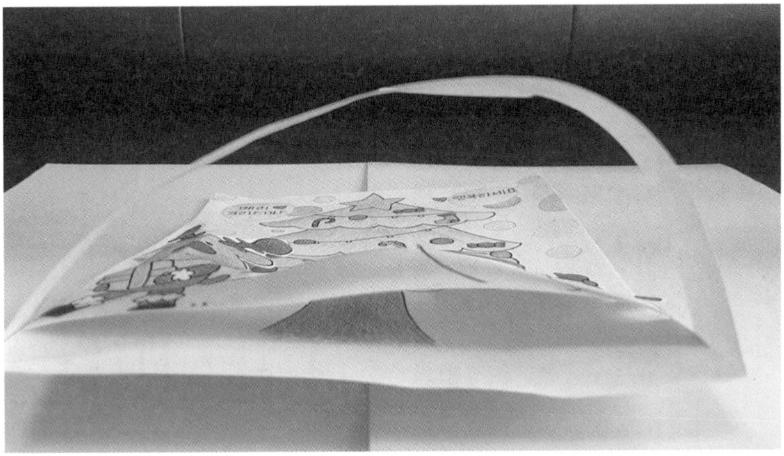

3겹으로 된 입체 미술로 단순한 컬러링에서 벗어나 멋진 효과가 나타나는 활동을 할 수 있습니다.

크리스마스와 관련된 다양한 그림이 있어 크리스마스 환경구성으로 매우 좋습니다.

놀이활용 Tip

1. 책 표지 날개에 제시된 QR코드를 스캔하여 받은 자료를 활용합니다.
2. 미술을 어려워하는 학생은 도안을 색칠하고 붙이는 작업에 집중할 수 있게 합니다.
3. 미술에 자신있는 학생은 기본 도안에 네임펜으로 그림을 좀 더 그리며 꾸밀 수 있게 합니다.
4. 도안 1에 쓰는 크리스마스 문구와 배경 꾸미는 것은 재량껏 할 수 있도록 합니다.
5. 만든 작품을 적절하게 전시해서 크리스마스 분위기가 나도록 합니다.

07 눈 내리는 겨울 3D PAPER

유아 | 초등 1~2학년 | 초등 3~6학년

#눈_오는_겨울 #겨울_느낌_물씬 #쉽지만_멋진_효과

제작영상

▶ 준비물

도안 1장 인쇄, 검은색 도화지(A4 사이즈), A4용지, 가위, 펀치, 연필, 색연필, 풀

▶ 활동설명

눈 오는 겨울 풍경을 주제로 한 3D PAPER입니다. 눈 내린 산과 마을을 배경으로 겨울과 관련된 그림이 제공돼 색칠해서 붙이면 됩니다. 도안에 자신이 그리고 싶은 그림을 그릴 수 있는 공간이 있어 재량껏 더 꾸밀 수 있습니다. 눈 오는 겨울 풍경을 예쁘게 꾸미고 환경을 구성해 보기 바랍니다.

▶ 활동방법

1. 도안을 인쇄해서 나눠주고, 빨간색 부분은 자신이 그리고 싶은 그림을 자유롭게 그릴 수 있는 영역이다.

2. 색연필로 도안을 예쁘게 색칠하며, 빨간색 부분의 눈 내리는 산의 윗부분은 색을 칠하지 않는다.

3. 빨간색 부분은 눈 내린 마을로 색연필로 잘 표현한다.

4. 도안 여백에 자신이 그리고 싶은 것을 그리고 색칠한다.

5. 선을 따라 도안을 가위로 오린다.

6. 오려낸 도안을 준비한다.

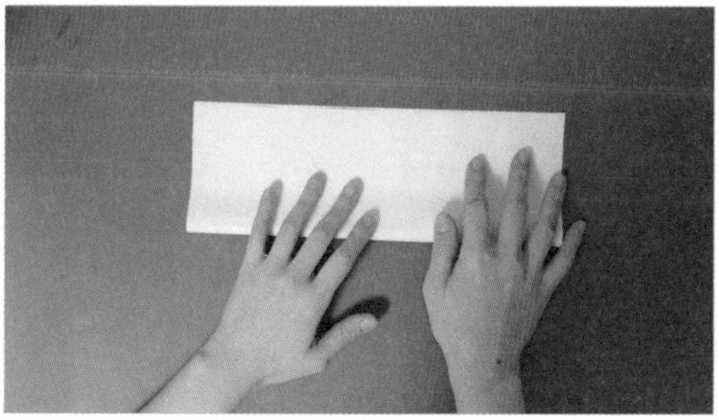

7. A4용지를 절반으로 계속해서 접는다.

8. 접힌 선을 따라 부채를 접듯이 접는다.

9. 가운데를 접고 풀로 칠해 붙인다.

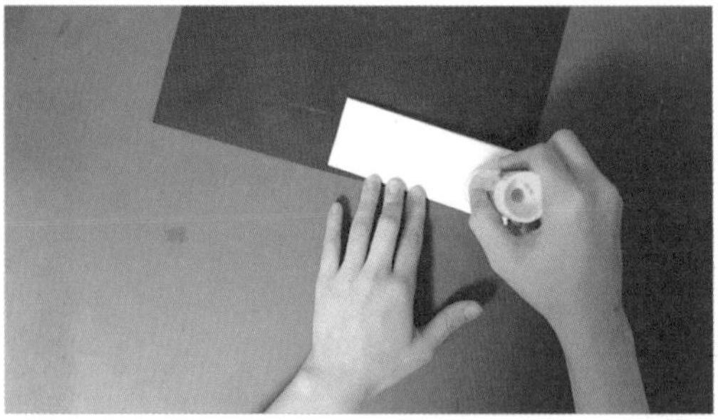

10. 접은 것을 검은색 도화지 아랫부분에 붙인다.

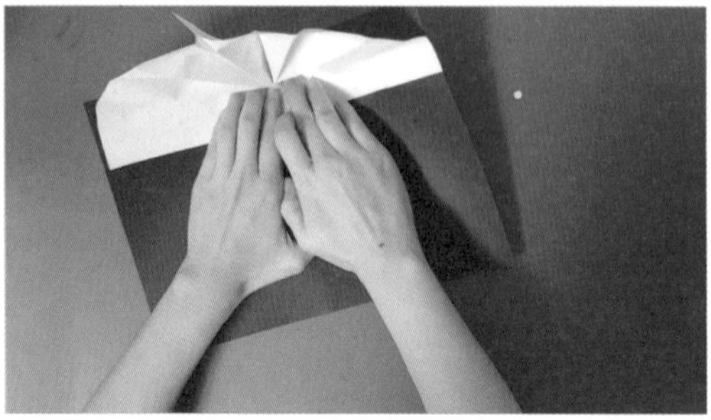

11. 사진과 같은 모양이 나오도록 잘 붙인다.

12. 검은색 도화지에 도안을 붙인다.

13. 아랫부분에 나머지 도안을 잘 배치해서 붙인다.

14. 도안의 남은 종이를 활용해 펀치로 여러 개의 작은 원형 종이를 만든다.

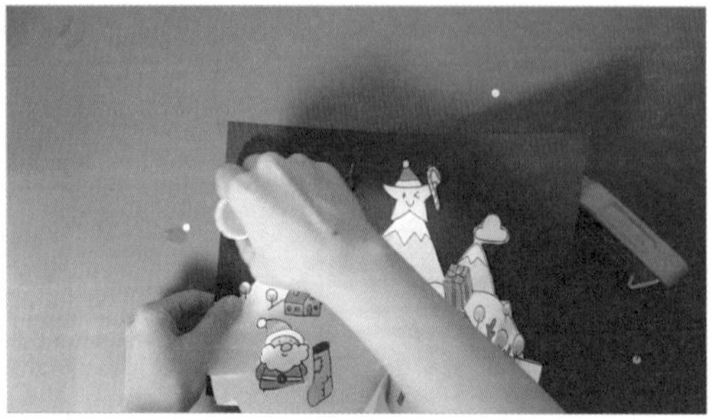

15. 검은색 도화지 윗부분에 눈 내리는 효과를 주기 위해 종이를 붙인다.

16. 많이 붙일수록 멋진 효과가 나타난다.

▶ **활동모습**

펀치로 자른 종이를 붙여 눈 내리는 효과를 나타내며, 많이 붙일수록 효과가 좋습니다.

아랫부분에 붙인 작품은 보는 각도에 따라 다양한 모습을 볼 수 있습니다.

놀이활용 Tip

1. 책 표지 날개에 제시된 QR코드를 스캔하여 받은 자료를 활용합니다.
2. 눈의 효과는 펀치를 이용해 작은 원형 눈을 붙여도 되고, 흰색 색연필로 그려도 됩니다.
3. 겨울과 관련된 작은 그림을 많이 그려 아래쪽에 자유롭게 붙이도록 합니다.
4. 세워지는 작품으로 자신이 원하는 곳에 편하게 전시하도록 합니다.
5. 눈 내린 산과 마을을 표현하기 위해서 색연필 사용을 최소화합니다.

08 새해 풍등 3D PAPER

유아 | 초등 1~2학년 | 초등 3~6학년

#연말연시_활동 #새해맞이_미술 #새해소원_적기

제작영상

▶ 준비물

도안 2장 인쇄(노란색 A4용지 필요), 검은색 도화지(A4 사이즈), 가위, 색연필, 풀, 펜

▶ 활동설명

연말연시에 하면 의미 있는 활동을 소개합니다. 새해를 맞아 자신의 새해 소원을 풍등에 적고 꾸미는 '새해 풍등 3D PAPER'입니다. 지난해의 좋은 추억은 잘 간직하고 새롭게 오는 새해의 소원을 적으며 뜻깊은 연말연시를 보내기 바랍니다.

▶ 활동방법

1. 도안 1은 타워 및 풍등 도안으로 노란색 A4용지로 출력하면 좋다.

2. 도안 2는 풍등을 들고 있는 아이들의 모습으로 2인당 1장씩 인쇄해서 나눠준다.

3. 검은색 도화지를 A4 사이즈에 맞게 자른다.

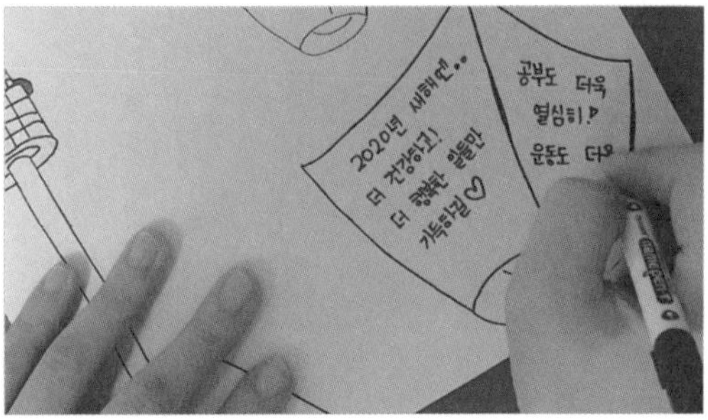

4. 도안 1의 풍등에 새해 소원을 적는다.

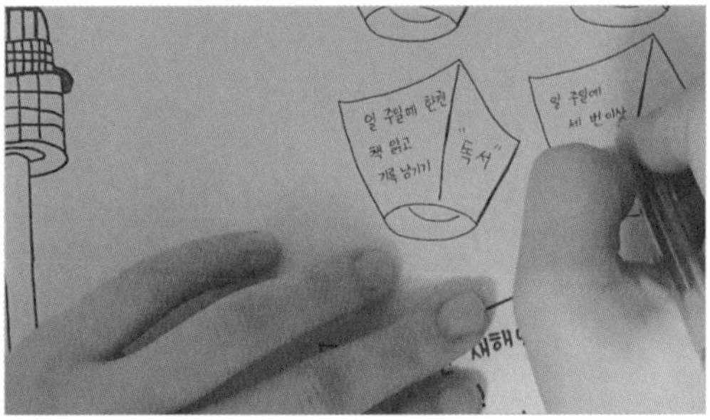

5. 두 번째, 세 번째 크기의 풍등에 소원을 적는다.

6. 도안 1을 색연필로 예쁘게 꾸민다.

7. 도안 2를 절반으로 자른 후 색연필로 예쁘게 꾸민다.

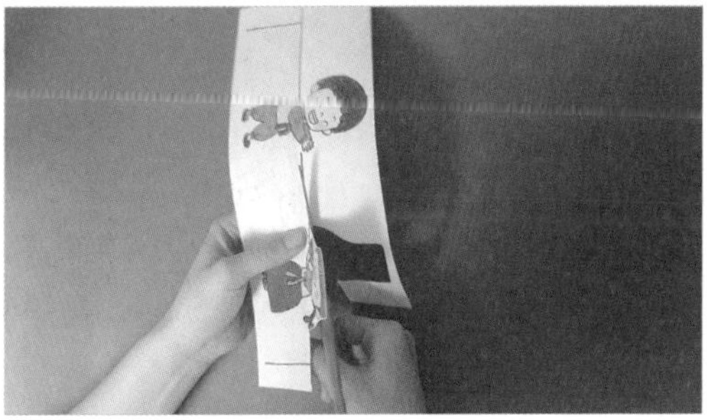

8. 도안 2를 외곽선을 따라 가위로 자른다.

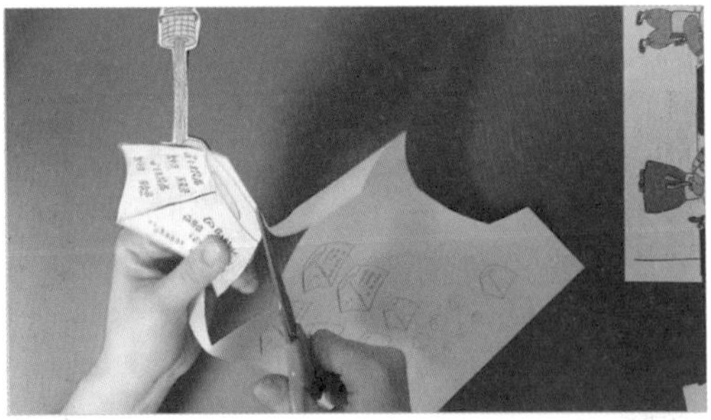

9. 도안 1의 타워와 풍등을 가위로 오린다.

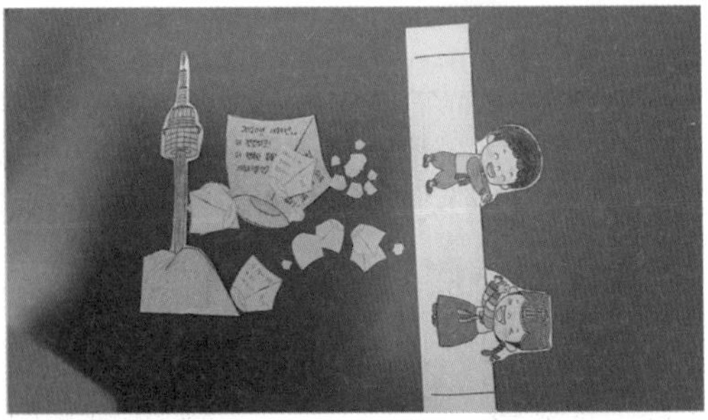

10. 검은색 도화지와 자른 도안들을 준비한다.

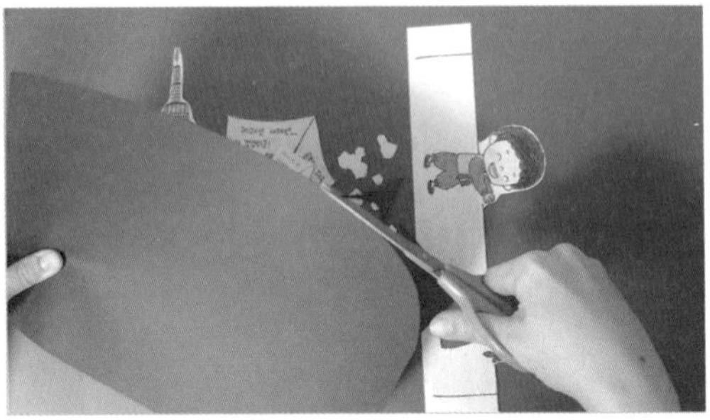

11. 검은색 도화지의 윗부분을 둥글게 자른다.(재량)

12. 검은색 도화지에 타워를 붙인 후 풍등을 위쪽으로 붙인다.

13. 도안 2에 가장 큰 풍등을 붙인다.

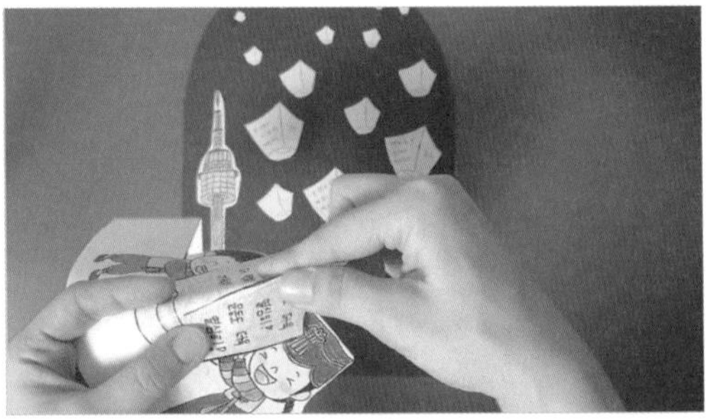

14. 풍등의 가운데 부분을 입체감을 표현하기 위해 선을 따라 살짝 접어준다.

15. 도안 2를 검은색 도화지 아래쪽에 붙여준다.

16. 입체감을 위해 검은색 도화지의 가운데를 한 번 살짝 접어준다.

▶ 활동모습

새해 자신의 소원을 신중하게 생각하며 적는 시간을 갖습니다.

세울 수 있는 구조로 교실이나 집 어디든 환경구성하기 쉽습니다.

놀이활용 Tip

1. 책 표지 날개에 제시된 QR코드를 스캔하여 받은 자료를 활용합니다.
2. 타워 그림은 예시 작품(제작영상)보다 좀 더 위로 붙여줍니다.
3. 풍등은 아래쪽에는 큰 것, 위쪽에는 작은 것(원근법)을 붙입니다.
4. 도화지 위쪽에 작은 풍등을 많이 붙일수록 멋진 효과가 나타납니다.
5. 자신이 쓴 소원은 앞으로 지킬 수 있도록 노력하며 생활하도록 합니다.
6. 만든 작품은 알맞은 곳에 세워 전시하도록 합니다.

<미술놀이 SOS>

간단한 컬러링보다 3D PAPER가 좋은 이유

컬러링은 제공된 도안을 따라 색칠하는 방식의 미술활동으로서 아이부터 어른까지 많은 사람이 즐기고 있습니다. 자신이 좋아하는 분야의 도안을 선택하여 자신만의 미적 감각으로 원하는 색을 칠하고 있으면 시간 가는 줄 모르고 몰입하게 되어 잡념이 사라지고 마음의 안정을 취할 수 있습니다. 이렇게 남녀노소 없이 즐기는 컬러링은 교육현장에서도 인기가 많으며, 교육적 의미를 갖는 도안을 인쇄하여 학생들에게 나눠주면 즐겁게 색칠하며 학습할 수 있습니다. 하지만 이런 컬러링도 자주 투입한다면 학생들은 지루해 하거나 실증을 느낄 수 있습니다. 이런 간단한 컬러링을 벗어난 입체 컬러링 미술활동인 3D PAPER의 좋은 이유는 다음과 같습니다.

첫째, 입체감이 있어 결과물에 대한 만족도가 높습니다

3D PAPER는 구조적으로 입체감을 나타냅니다. 작품을 보는 위치에 따라 다르게 보이며, 작품 내에서 세밀한 원근감이 표현됩니다. 구조적으로 가까이 있는 사물은 크고, 뒤에 있는 사물은 작아 뒷배경이 큰 규모의 작품을 위치시킬 수 있습니다. 즉, 작품과 관련해서 주가 되는 부분은 배경 부분에 위치시키며, 부수적인 부분은 앞쪽으로 위치시킵니다. 이에 작품을 감상하는 시각적인 부분에서 평면의 컬러링보다 입체감이 있는 3D PAPER의 만족도가 높을 수 있습니다.

둘째, 환경구성을 다양하게 할 수 있습니다

컬러링의 결과물은 한 장의 종이입니다. 이에 반해 3D PAPER는 구조적으로 스스로 설 수 있습니다. 게시판에 붙일 수도 있으며 사물함 위나 책장 위에 세워 둘 수도 있습니다. 또한 작품의 사이즈에 따라 원하는 곳에 환경구성품으로 활용할 수 있습니다. 특별한 날이나 시기에 맞는 작품 활동을 한 후 환경구성에 적극적으로 활용해 보기 바랍니다.

셋째, 적절한 노력과 적절한 시간이 필요합니다

미술시간은 보통 2시간으로 편성하는 경우가 많습니다. 너무 단순한 과정의 작품 작업을 한다면 시간이 남을 수 있어 다른 활동을 더 준비해야 하는 경우가 있습니다. 3D PAPER는 도안을 그리고 꾸미는 컬러링 과정을 거쳐 입체적인 작품으로 자르고 붙이는 과정을 더해야 하기에 적절한 시간이 필요합니다. 또한, 각 작품마다 자신의 개성을 더해 작품을 더 추가해서 그리고 꾸밀 수 있어 시간이 남는 학생들이 할 수 있는 거리가 충분합니다.

이와 같이 장점이 많은 3D PAPER 활동을 특별한 날이나 시기에 맞춰 활용해 보기 바랍니다.